吉林石油工业

(2025年 第二辑)

李 庆 主编

石油工业出版社

内 容 提 要

本书收录了中国石油吉林油田公司等单位近期科研成果,包括地质勘探、油田开发、石油工程、石油化工、清洁能源、经济管理、综合信息等方面内容,具有较高的理论水平和实践指导意义,对我国低渗透油气田的勘探与开发以及新能源利用具有一定的参考价值。

本书可供油气田地质人员、开发人员、工程技术人员和石油院校相关专业师生参考使用。

图书在版编目(CIP)数据

吉林石油工业 . 2025 年 . 第二辑 / 李庆主编 . --
北京 : 石油工业出版社, 2025.6. -- ISBN 978-7-5183-
7629-2

Ⅰ . F426.22

中国国家版本馆 CIP 数据核字第 2025FT4420 号

出版发行:石油工业出版社
(北京安定门外安华里 2 区 1 号　100011)
网　　址:www.petropub.com
编辑部:(010)64523760
图书营销中心:(010)64523633
经　　销:全国新华书店
印　　刷:北京中石油彩色印刷有限责任公司

2025 年 6 月第 1 版　2025 年 6 月第 1 次印刷
880×1230 毫米　开本:1/16　印张:6.75
字数:230 千字

定价:30.00 元
(如出现印装质量问题,我社图书营销中心负责调换)
版权所有,翻印必究

目 次

·地质勘探·

构造解释及成图方法应用……………………………………………………………李杭芮（1）
松南深层煤岩测井评价参数研究……………………………………王东旭　赵立芬　温许静（4）
叠前同时反演技术在薄储层预测中的应用……………………………纪栾茗　杨建波　张诗悦（7）
神字井洼槽断陷期储层物性及成岩特征研究…………………………董常春　唐　敏　屈伟伟（10）
德惠断陷火三段储集空间类型及孔隙结构研究………………………李艳秋　杨天红　吉　敏（14）
井震融合炮点布设技术在长岭断陷的应用研究………………………余圣华　罗春波　张庆斌（17）

·油田开发·

吉林油田大平台建产技术实践与展望…………………………………………………边晨旭（21）
红岗地区葡萄花油层研究及推广应用…………………………………………………王梓诺（26）
新立油田精细水驱挖潜技术研究及应用………………………庄　健　陈立丽　王　会（29）
扶余油田中高渗储层驱替实验方法研究………………………王亮亮　黄岩波　金梓桐（32）
木头低渗稀油油藏多组分蒸汽驱实践认识……………………王宪峰　何淑红　张继路（36）
地震波形指示反演技术在大情字井地区的应用………………………………………马骁骅（40）

·石油工程·

弯曲钻柱中声波传播特性与传输效果评价研究………………闫　炎　杨尚谕　韩礼红（44）
新疆庆玉1井二开高效提速技术研究与实践…………………田玉栋　陈柏山　严童睿（49）
致密气水平井提高缝控体积压裂技术研究……………………………………………冷　静（53）
基于嘴流模型的试气产量预测方法研究与应用………………范子谅　石建军　董　华（56）
英台致密气藏压裂提产降本技术研究与应用…………………彭东喆　孙嘉男　郑　彬（61）
气井大修治理技术研究…………………………………………………………………姚秀奇（64）
气井联动式防冻堵技术研究与试验……………………………………………………李　媛（68）
长春岭全程无清水压裂技术研究与应用………………………沈　洛　龚华伟　王丹蕊（72）
注水井分层测试技术在新木油田的探索与应用………………王成辉　南金华　费爱辉（75）
低温环境去除管道防腐层技术研究与应用……………………于国强　高景卫　郝国庆（79）

·石油化工·

"双碳"目标下乙烯装置节能增效优化研究……………………潘　宇　陈冠州　陈光岩（82）

·清洁能源·

风光短期功率预测及不确定性研究……………………………………………………吴冬琳（85）

·经济管理·

浅析吉林油田新能源项目技术经济………………………………………张春丽　丛国芬（88）

·综合信息·

地面系统判漏找漏技术研究……………………………………付天博　丁　蕾　杨　爽（91）
大数据技术在智慧油田的应用与展望…………………………吕　微　赵程程　于立舟（95）
游梁式抽油机井电功率曲线计算油井产量研究………………蒋康宁　张杨学　陈钧泽（98）

Jilin Petroleum Industry

CONTENTS

· Geology & Exploration ·

Application of Tectonic Interpretation and Mapping Methods ······ Li Hangrui (1)
Research on Log Evaluation Parameters of Deep Coal Rocks in Southern Songliao Basin ······ Wang Dongxu et al. (4)
Application of Pre-stack Simultaneous Inversion Technology in Thin Reservoir Prediction ······ Ji Luanming et al. (7)
Research on Reservoir Physical Properties and Diagenetic Characteristics during the Fault Depression Period in the Shenzijing Sag
······ Dong Changchun et al. (10)
Research on the Types of Reservoir Spaces and Pore Structures of the Third Member of Huoshiling Formation in Dehui Fault Depression
······ Li Yanqiu et al. (14)
Application of Integrated Well-seismic Shotpoint Layout Technology in Changling Fault Depression ······ Yu Shenghua et al. (17)

· Oilfield Development ·

Technical Practices and Prospects of Large-scale Platform Development for Productive Capacity Enhancement in Jilin Oilfield ··· Bian Chenxu (21)
Research and Application of the Putaohua Oil Reservoir in Honggang Area ······ Wang Zinuo (26)
Research and Application of Fine Waterflood for EOR Technology in Xinli Oilfield ······ Zhuang Jian et al. (29)
Research on Displacement Test Methods for Medium-high Permeability Reservoirs in Fuyu Oilfield ······ Wang Liangliang et al. (32)
Practice and Understanding of Multicomponent Steam Flooding in Mutou Low-permeability Light Oil Reservoir ······ Wang Xianfeng et al. (36)
Application of Seismic Waveform Indication Inversion Technology in Daqingzijing Area ······ Ma Xiaohua (40)

· Petroleum Engineering ·

Research on the Propagation Characteristics and Transmission Effect Evaluation of Acoustic Waves in a Curved Drill String ··· Yan Yan et al. (44)
Research and Practice on High-efficiency Drilling Speed-up Technology for the Second Spud of Qingyu-1 Well in Xinjiang ··· Tian Yudong et al. (49)
Research on Fracturing Technology to Improve Fracture-controlled Volume in Tight Gas Horizontal Wells ······ Leng Jing (53)
Research and Application of Prediction Method for Gas Test Production Based on Choke Flow Model ······ Fan Ziliang et al. (56)
Research and Application of Fracturing Technologies for Production Enhancement and Cost Reduction in Yingtai Tight Gas Reservoirs
······ Peng Dongzhe et al. (61)
Research on Workover Treatment Technologies for Gas Wells ······ Yao Xiuqi (64)
Research and Test on Linkage Anti-freezing and Plugging Technology for Gas Wells ······ Li yuan (68)
Research and Application of Totally Freshwater-Free Fracturing Technology in Changchunling Area ······ ShenLuo et al. (72)
Research and Application of Zonal Testing Technology for Water Injection Wells in Xinmu Oilfield ······ Wang Chenghui et al. (75)
Research and Application of Pipeline Anti-corrosion Coating Removal Technology in Low-temperature Environments ··· Yu Guoqiang et al. (79)

· Petrochemical Engineering ·

Research on Energy-saving and Efficiency Improvement Optimization of Ethylene Plant under Dual-carbon Goals ······ Pan Yu et al. (82)

· Clean Energy ·

Research on Short-term Wind and Solar Power Forecasting and Uncertainty ······ Wu Donglin (85)

· Economy & Management ·

A Brief Analysis of the Technical Economy of New Energy Projects in Jilin Oilfield ······ Zhang Chunli et al. (88)

· Comprehensive Information ·

Research on Leak Detection and Localization Technologies in Surface Systems ······ Fu Tianbo et al. (91)
Application and Prospects of Big Data Technology in Smart Oilfields ······ Lv Wei et al. (95)
Research on Calculating Well Production Using Electric Power Curves of Beam Pumping Units ······ Jiang Kangning et al. (98)

构造解释及成图方法应用

李杭芮

（中国石油吉林油田公司地球物理勘探研究院）

摘　要：研究区经历了多期次构造运动的影响，地层发生差异性挤压变形，岩性横向相变显著，致使地下介质呈现强烈的速度各向异性特征，地震波传播速度在纵、横向上均存在剧烈变化，严重影响目的层构造形态的准确落实及构造高点位置的精确识别。针对上述问题，系统剖析了构造解释过程中的误差来源，利用 GeoEast 软件重点评估了不同算法对构造成图精度的影响机制。通过对比各类算法的成图效果，厘定了各算法的适用条件与局限性。同时，优化了网格间距和搜索半径等关键参数。研究成果应用于长深工区实践的结果显示，构造形态与实际地质认识高度吻合，钻井误差控制在允许范围内，显著提升了构造解释的精度与可靠性。

关键词：地震勘探；构造成图；最小平方法；拉普拉斯算法

随着地震勘探技术的持续发展与革新，勘探目标已逐渐从简单构造转向更为复杂的油气藏体系。在此背景下，地震构造解释工作的精度和可靠性直接影响着油气田勘探开发过程中的关键决策，包括井位优化部署、储量精确评估以及油藏高效开发等核心环节。作为地震勘探成果的重要体现，深度构造图不仅是油气藏空间展布特征的综合表征，更是水平井轨迹优化设计与实时调整的基础依据。因此，如何通过时深转换获取能够真实反映地下构造形态的深度域构造图件，已成为当前油气勘探领域亟待解决的关键技术难题。

1　构造解释及成图

地震反射波法，就是通过人工激发的地震波在介质中的传播特性获取地下构造信息。在数据采集过程中获得的是时间域地震数据体，需要通过时深转换处理，将其转化为深度域数据体。时深转换作为关键处理环节，是实现时间剖面地震资料解释到实际需要的深度构造图的桥梁，该转换过程受到解释方案选择、速度模型建立和成图算法应用等多种因素影响，这些因素直接决定了最终构造成图的精度。因此，必须严格按照标准化流程进行各环节工作，以最大限度减少误差积累。

构造解释工作主要包括以下流程。

1.1　资料收集分析

（1）区域地质背景研究：系统分析工区构造演化史、断层体系特征及空间分布规律。

（2）基础数据收集：工区四角坐标数据、地震采集数据、钻井基础信息、测井曲线资料及地质分层数据等。

1.2　资料整理加载

（1）工区建立：创建井工区数据库、地震工区。

（2）数据加载及预处理：地震数据、井坐标加载、测井曲线标准化、井分层校对。

1.3　层位解释和标定

（1）开展目的层频谱分析：优选匹配的地震子波，子波频谱特征应与标定剖面保持一致。

（2）合成记录制作：基于声波、密度测井资料，分别制作正常极性和反极性合成记录，然后生成不同主频子波的合成地震记录并进行对比。

（3）层位标定：确保合成记录的极性与时间剖面相一致，精确对齐时间零线，综合利用合成记录与钻井分层数据实现合成记录的标定。

1.4　算法优选

应用 GeoEast 软件在研究区进行试验，该软件在构造成图模块方面主要有四种算法：最小平方法、拉普拉斯算法、反距离加权插值算法和薄板样条插值算法。

最小平方法：当随机误差为正态分布时，由最大似然法推出的一个最优估计技术[1]。最小平方法是寻求误差平方和最小函数的匹配，使得各个采样

作者简介：李杭芮，女，1997 年出生，2020 年毕业于成都理工大学勘查技术与工程专业，现从事地震资料综合解释研究工作，助理工程师。通信地址：中国石油吉林油田公司地球物理勘探研究院开发地震研究所，邮编：138000，联系电话：0438-6225287。

点较为均匀地分布于这一平面或曲面附近,且全部高出该面的点距之和与全部低于该面的点距之和的绝对值应当保持近似。

拉普拉斯算法:利用拉普拉斯方程进行数学计算,保留变化剧烈部分,抑制图像变化缓慢部分。

反距离加权插值算法:根据相近相似的原理可知,每个采样点都对插值点具有一定的影响,即权重[2]。权重随着采样点和插值点之间距离的增加而减弱,距离插值点越近的采样点的权重越大,往往会导致空间分布存在多点中心现象。

薄板样条插值算法:模拟了一块给定控制点的金属薄板,其数学思想是建立一个曲面方程,使该曲面通过给定的已知点(控制点),并使已知点的坡度变化最小,让整个曲面比较光滑。

在成图算法选择中应考虑实际情况优选算法,最小平方法适合断裂较少、井分布较均匀的区域,能更好地保留细节,但不够平滑,适用于计算 t_0 网格;拉普拉斯算法适用于断裂复杂的区域,成图更为平滑,适用于速度网格;反距离加权插值算法成图效果不好且误差大,适用于与已知点距离相关的条件,例如炮点能量分布;薄板样条插值算法更适合井多且构造简单平缓地区,更适用于二维插值,例如水平井轨迹。在后续成图工作中,应根据优选结果开展成图算法选择及成图工作。

1.5 构造成图

对基于解释获得的层位数据,分别采用四种算法进行网格化计算,以评估不同方法的适用性及成图效果。

网格间距的选择直接影响构造图的精度和平滑度,需根据实际数据特征合理设置:小间距适用于高分辨率数据,能较好保留细节,构造刻画更精细,但可能产生假构造或假高点,影响图件美观和真实构造形态的表达;大间距适用于低分辨率数据,曲线更平滑,减少噪声干扰,计算效率较高,但可能丢失局部构造细节,降低构造解释的准确性。成图时需结合工区构造复杂程度,在保证构造特征清晰的前提下,选择适当的网格间距,避免过度平滑或过度细化。

搜索半径决定了参与插值计算的已知数据点范围,影响网格化结果的精度和计算效率。小搜索半径计算速度快,适用于数据点密集区域;大搜索半径充分利用更多数据点,提高插值精度;采用自适应搜索半径,在数据稀疏区适当增大搜索范围,在数据密集区缩小半径,以平衡精度与计算效率。

1.6 图件清绘

利用双狐软件进行构造图清绘。清绘流程:(1)根据松南地震资料的线道距,设定默认搜索半径;(2)调整网格大小,分别测试50、100、200三个级别并分别作图,确保等值线连续完整,避免缺线或异常跳变,避免过度平滑或过度锯齿化;(3)经三级质控后,最终确定作图参数。

2 应用实例

2.1 地震解释

以长深工区南部作为研究对象,工区主要目的层主频为35Hz,其中青一段顶面对应一套强波峰反射,横向变化快,受岩性变化影响显著。为增强层位追踪的稳定性,选取波峰反射上部的零相位作为特征追踪层位。

在已有探井的区域内,采用"井控约束+地震追踪"的联合解释方法,以钻探井位为基准,利用井孔资料控制并指导该地区的剖面、平面及空间解释;建立连井线,并根据井标定结果进行多井对比,确定等时面的反射特征,完成连井剖面上的追踪,通过连井质控确定不同区域的解释方案;采用"基干线优先,逐级加密"的追踪策略,先解释关键测线,再逐步细化局部构造。

为确保层位等时性和闭合性,应进行严格质控:层拉平质控、色标质控和闭合差质控,确保整个工区的闭合差小于2ms。层位拉平是地震解释中最常用的一种方法,常被用于构造古地貌恢复[3]、古构造演化和平行地层切片分析等。

质控实例表明初始拉平结果显示下凹异常,与沉积规律不符,证明解释存在错误(图1)。对其进行局部修改后拉平剖面显示,上部 T_1 反射层附近发育晚期断层,早期沉积的地层在断层两侧呈现良好的对应关系。该方法体系有效提高了复杂构造区的层位解释精度,为油气藏精细描述奠定了可靠基础。

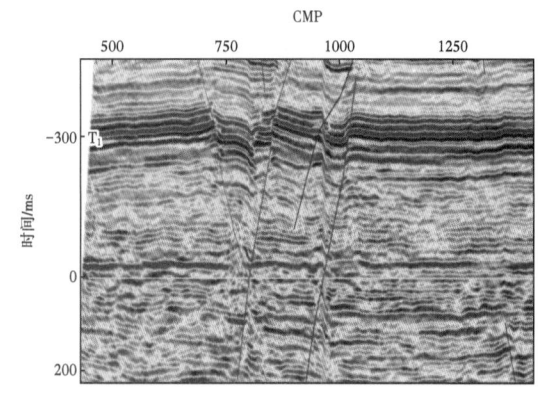

图1 1089线地震剖面图

2.2 成图方法应用

采用四种不同算法对 t_0 网格进行了计算分析，通过对图2的计算结果进行分析，获得如下认识：研究区 t_0 数据密度较大，不同算法的结果差异较小。从细节特征看，最小平方法计算结果与解释层位变化趋势吻合度较高，能较好地保留微小起伏特征；拉普拉斯算法计算结果相对圆滑，对小幅度的构造起伏有平滑作用。综合比较认为：t_0 网格计算应优先选用最小平方法。

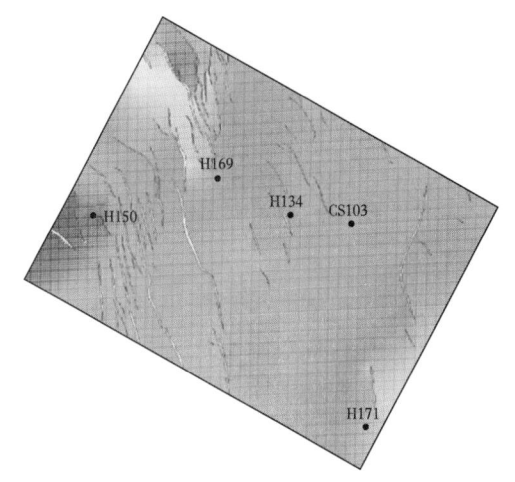

图4 拉普拉斯算法计算的速度网格图

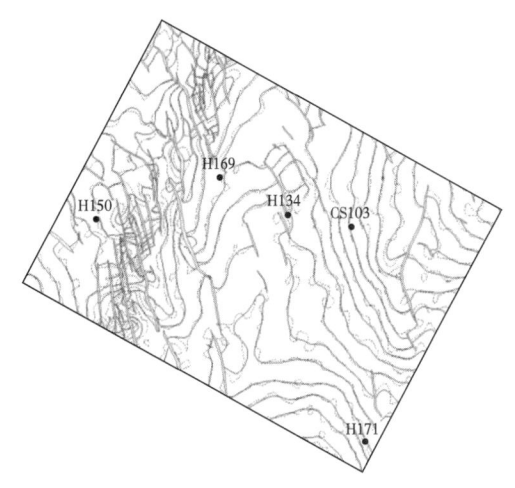

图2 两种方法计算的 t_0 等值线图

在计算速度网格时，平均速度场应呈现平缓变化趋势，与地层埋深呈正相关。拉普拉斯算法更适合速度网格计算，能更好地反映速度场的整体变化趋势。由图3和图4得出，断层参与计算时，最小平方法易出现断层内网格数据缺失和不稳定现象；拉普拉斯算法能更好地反映不同断块间的速度差异，计算结果更为可靠。基于上述分析结果，采用以下方案进行速度场建模：在充分考虑断层构造影响的前提下，运用拉普拉斯算法对速度散点数据进行网格化处理，最终生成了符合地质规律的速度等值线图。该处理方法具有以下优势：（1）有效保留了断块间的速度差异特征；（2）确保了速度场在断层两侧的合理过渡；（3）所得等值线形态平滑自然，真实反映了研究区速度场的空间分布规律。

3 结论

本文系统分析了不同网格化算法及参数对地震构造成图精度的影响。结果表明：拉普拉斯算法在刻画断层等突变在构造方面具有优势，其基于二阶微分算子的特性可有效增强构造边界识别；最小平方算法通过最小化残差平方和，在构造平缓区能获得最优平滑效果，适用于构造平缓区，建议分区域成图，即复杂的断裂带选择拉普拉斯算法，地势平缓的区域选择最小平方法。通过优化网格间距和采用自适应搜索半径策略，可有效平衡构造成图的精度与计算效率。经双狐软件验证，优化后的构造图闭合差小于2ms，等值线平滑合理，构造形态符合地质规律。研究提出的算法优选策略显著提升了构造成图精度，为油气勘探开发提供了可靠依据。

参考文献：

[1] 张锦明,郭丽萍,张小丹.反距离加权插值算法中插值参数对DEM插值误差的影响[J].测绘科学技术学报,2012,29(1):51-56.

[2] 倪晓东,邹德华,邓德标.薄板样条函数支持下的等深线追踪算法研究[J].测绘通报,2016(1):132-135.

[3] 沈加刚,张凤青,宋永忠,等.陆相地震沉积学砂体识别技术[J].大庆石油地质与开发,2013,32(4):129-133.

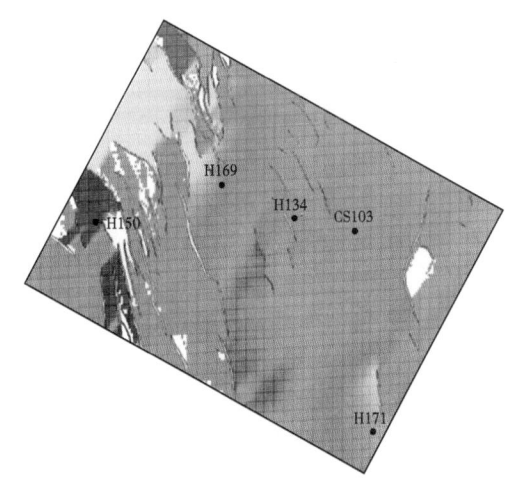

图3 最小平方法计算的速度网格图

本文编辑：台自权

松南深层煤岩测井评价参数研究

王东旭 赵立芬 温许静

（中国石油吉林油田公司勘探开发研究院）

摘 要：中国煤层气资源丰富，煤层气资源量位列世界第三。目前，吉林油田勘探开发向深部持续推进，通过研究深层煤储层特征、煤层气赋存机理和富集成藏规律，明确了深层煤层气成藏富集的主控因素及成藏机理。深层煤岩储集性测井评价参数包含宏观煤岩类型、工业分析、显微组分、煤体结构、镜质体反射率等，其中不同的宏观煤岩类型决定了煤岩的物性、裂隙发育程度。利用深层煤储层物性表征、含气量测试和有利区优选等关键技术成果，查明松辽盆地王府断陷深层煤层气资源分布，建立了该地区煤岩储集性测井评价方法，优选出有利勘探目标。

关键词：煤层气；深层煤储层特征；煤岩储集性测井评价

关于深层煤层气的界定，有关行业标准大都指的是埋深大于1000m的煤层气资源。随着勘探开发向深部持续推进，许多资料提到的"深层煤层气"一般比较含糊，而且埋深大于2000m的深层煤层气相关研究鲜有报道，所谓深层煤层气是指煤层埋深大于2000m的煤层气。

国内学者对深层煤层气理论技术难点与对策开展研究，认为深层煤层气实现高效开发，就要在成藏机理与赋存规律、高产主控因素及气藏开发精细管理、钻井与压裂技术措施等方面，推广与评价勘探"甜点"区优化滚动式、地质工程一体化、二开"一趟"式快速钻井、压裂由以往压开到压碎和排采带压快速修井技术。但由于深层煤层气勘探开发处于起步阶段，可借鉴的开发经验较少，效益开发模式和开发规律认识有待完善。此外，松辽盆地地质构造背景具有复杂性，深层煤层气成藏机理和成藏模式仍缺乏深入研究。

不同的宏观煤岩类型决定了煤岩的物性、割理及裂隙发育程度，通过对深层煤岩煤质测井评价等数据（宏观煤岩类型、工业分析、显微组分、煤体结构、镜质体反射率），可以获得更多煤层气信息：工业分析中固定碳含量高低与煤岩的物性、含气量直接相关；显微组分中镜质组含量高低与煤岩的生烃能力好坏、液化煤化转化能力高低相关性强；煤体的破坏程度直接影响压裂效果、水平井井筒稳定性以及工程"甜点靶区"优选的关键要素；镜质体反射率反映了煤级演化程度以及煤层气生气阶段。

1 煤体结构

为实现煤岩储集性定量表征和评价，建立煤体结构、显微组分、工业组分和孔隙度等关键参数模型，形成了松辽盆地南部（简称"松南"）深煤岩储

表1 研究区煤岩岩心描述表

类型	分类因素				
	宏观煤岩类型可分辨程度	层理完整度	煤体碎裂程度	裂隙及揉皱发育程度	手试强度	典型照片
原生结构	宏观煤岩类型界限清晰，宏观煤岩成分可辨	原生结构完整，层理连续	煤体完整	裂隙未错开层理，无揉皱及构造滑面	坚硬，较坚硬	
碎裂结构	宏观煤岩类型界限清晰，宏观煤岩成分可辨，局部轻微错动	原生结构受轻微破坏，层理易辨	煤体较完整或煤体破碎，碎块粒径一般大于5mm	外生裂理发育，裂隙将层理轻微错开，揉皱不发育，偶见构造划痕	较坚硬	
碎粒结构	宏观煤岩类型界限整体不可分辨，局部小块新鲜断面宏观煤岩成分可辨	原生结构受严重破坏，层理难辨，局部小块内部偶见层理结构	煤体破碎，粒径多为1~5mm	煤体多被裂隙切割成块状，常见揉皱，滑面发育	较疏松	
糜棱结构	宏观煤岩类型不可分辨，煤岩成分无法分辨	原生结构受严重破坏，层理消失	煤体多呈鳞片状、揉皱状	裂隙无法观测，揉皱及滑面极发育	疏松	

作者简介：王东旭，女，1991年出生，2015年毕业于长江大学测井专业，现从事测井解释研究工作，工程师。通信地址：中国石油吉林油田公司勘探开发研究院勘探规划研究所，邮编：138000，联系电话：0438-6227503。

集性分类评价指数。构造破坏程度越高，煤层就越容易扩径，自然伽马曲线数值就越高，电阻率曲线数值就越低。CS38井煤样的煤体结构整体较为完整，以原生结构煤为主。依据国家标准GB/T 30050—2013将煤体结构划分为原生结构、碎裂结构、碎粒结构和糜棱结构四类（表1）。对CS38和FT1H井共19块岩心描述资料进行统计，其中原生结构煤11块、碎裂结构煤8块。对不同煤体结构测井曲线响应特征进行分析，结果表明：当煤体结构越破碎时，灰分、密度呈增大趋势，伽马电阻率比值和声波呈减小趋势，通过构建煤体结构判别因子（即该区原生结构判别因子大于10，碎裂结构判别因子不大于10），实现对煤岩煤体结构的分类评价。

2 煤岩工业组分分析

煤层的工业分析是煤质评价的重点，通常由煤样实验室分析、测井体积模型法和数理统计法来确定[1]。测井体积模型法是利用孔隙度测井建立响应方程组，采用最优化方法求解获得。应用体积模型时，使用体积模型计算煤的碳、灰、水是处于地下原始状态，碳为煤层内有机质；灰为煤层内矿物质；水为煤层裂缝内自由水和基质孔隙中的束缚水之和。由于煤的组成成分非常复杂，简化的模型与实际情况存在差别，而且在体积模型中未考虑煤层吸附气所引起的测井响应值波动，导致体积模型预测精度有一定限制。最后，通过实验和参数相结合，使预测模型和结果十分接近现实。测井敏感参数与工业组分实验数据分析表明：灰分与自然伽马、密度呈正相关，与声波呈负相关；固定碳与自然伽马、密度呈负相关，与声波呈正相关；固定碳与水分呈正相关。最终，利用上述关系建立灰分、水分、固定碳及挥发组分的测井解释模型。

3 煤岩显微组分分析

沉积有机质的生烃能力取决于其有机质类型，而煤岩显微组分组成特征是反映煤层有机质类型的可靠标志。从煤岩学角度而言，煤的显微组分可分为"有机显微组分"和"无机显微组分"两大类[2]。有机显微组分是显微镜所能识别有机质的基本单位，以镜质组、丝质组为主。(1) 镜质组：是腐植煤中最主要的显微组分，来源于由植物茎、叶及木质纤维组织，经凝胶化作用（也称镜煤化作用）形成各种凝胶体。国内绝大多数煤都以镜质组为主，且其性质随变质程度呈规律性变化，镜质组可作为煤的代表组分；(2) 丝质组（惰性组）：原始物料与镜质组相同，但它是经丝质化作用形成的。由于丝质化成因、丝质化程度及原始物料不同，丝质组分为微粒体、粗粒体、半丝质体、丝质体和巩膜体等显微成分，因丝质组没有黏结性也称惰性组。无机显微组分为显微镜下能观察到的矿物。通过测井敏感参数相关性和显微组分实验分析数据，最终建立了镜质组、惰质组及其他组分的测井解释模型。王府煤岩具有特低水分、低灰分和高碳分的特征，煤岩品质高，其显微组分具有镜质组含量高，而惰质组、矿物组和壳质组含量低的特征。在此基础上，建立了王府煤岩工业组分、显微组分解释模型，明确了灰分与伽马、密度呈正相关，与声波呈负相关；固定碳与自然伽马、密度呈负相关，与声波呈正相关。在曲线标准化后，需要进一步研究深煤岩储集性测井评价方法。

4 测井曲线标准化

测井曲线标准化是多井解释与评价的基础，来源于不同测井公司、不同测井仪器、不同井别的测井资料之间通常存在着一些不反映地层变化的系统误差，曲线标准化的目的就在于消除这种误差，使各种仪器在不同时间得到的测井数据具有统一的标准范围。

实现测井资料标准化的前提是在油田范围内选出便于测井对比的标准层，一般要求标准层具有以下特征：在全油田范围内普遍分布且稳定；岩性、物性特征明显；井眼条件好，测井响应特征明显，便于对比；厚度较大。新民区块油藏多为砂泥薄互层，纵横向具有较强非均质性，难以找到标志层对测井资料进行标准化。通过对该区各井测井曲线的分析可知，青一泥岩段具有各井厚度稳定、高伽马值、三孔隙度测井曲线响应基本接近岩骨架值和较低的电阻率等测井响应特征，与其他层段区别明显，可选择作为本区相对标准层。

测井资料标准化的方法很多，比较常用的方法有交会图法、频率直方图法、趋势面法、均值—方差法和正态分布法等。通常，利用频率直方图法对测井曲线进行标准化工作，并分析此方法在该区块的适用性。这种方法的基本思路：利用关键井标准层的、且经过环境影响校正后的测井数据（如自然伽马）作为测井数据标准化的刻度模式，通过分析各井标准层测井数据的频率分布，逐一与油田标准模式进行相关对比，检查各测井数据的可靠性，并确定校正值。具体过程：

(1) 通过井间对比，找出油田范围内的标准层，标准层应满足岩性和电性特征明显、分布广泛和稳定泥岩段的条件。

（2）绘制出各单井标准层的自然伽马测井数据的直方图和频率交会图。

（3）通过对比油田标准层的自然伽马测井数据直方图或频率交会图的总变化趋势，得到油田标准模式图，即全油田标准层的总趋势图。

（4）将单井标准层测井数据的频率交会图或直方图分别与油田总趋势图进行重叠比较，通过移动单井频率交会图，使单井频率交会图的资料点落在总趋势图的范围内，并读出两者的差值，即为单井校正值。

通过对研究区测井曲线资料的分析，选取煤岩顶部稳定发育的泥岩层段作为标志层，应用频率直方图法，完成了三个区块86口井的自然伽马、密度、声波、中子和电阻率五条测井曲线的标准化处理。

5 煤岩孔隙结构、孔隙度解释模型

研究区深煤岩储层及顶底板发育有泥岩、碳质泥岩和砂岩三种岩性，这三种岩性在常规测井响应上具有明显区别。煤岩电性曲线特征明显具有典型的"二低三高"特征，即低密度、低自然伽马及高中子、高声波时差和高电阻率；泥岩电性曲线具有低电阻率、高自然伽马、高密度和中等中子的测井响应特征，而碳质泥岩测井响应特征整体介于二者之间。因此，应用常规测井能够较容易区分该地区的岩性特征。

相比于页岩，煤岩储层的微—纳米孔隙更加发育。采用低温CO_2+低温N_2+压汞+核磁共振的手段，优选各方法的优势孔径段，实现煤岩储层全尺度孔隙结构表征[3]。孔隙体积显示双峰结构，以主峰小于2nm的微孔为主，中大孔次之；比表面积显示为单峰结构，在小于2nm的范围内与孔体积变化趋势一致，微孔贡献的比表面积占比达98%以上。利用核磁共振实验对深煤层孔隙结构进行全孔径刻度，进而利用核磁共振测井[4]对孔隙结构进行分类评价，结果表明核磁共振曲线与孔隙体积形态相似，呈"双峰"特征。基于深煤岩储集性特征，优选灰分、固定碳、镜质组、孔隙度及煤体结构数据，构建深煤岩储集性分类评价指数，实现煤岩储集性的定量表征及评价，上部煤层储集性明显好于下部煤层。

通过岩心与测井响应关系分析可知，孔隙度与自然伽马、密度、声波相关性较好，与自然伽马、密度呈负相关，与声波呈正相关。在此基础上，建立了孔隙度测井定量评价模型，首先基于灰分建立孔隙度模型，然后基于核磁共振计算数据建立煤岩孔隙度模型。

通过各类关键参数模型，优选灰分、固定碳、镜质组、孔隙度及煤体结构数据，构建深煤岩储集性分类评价指数，实现煤岩储集性的定量表征及评价。

6 王府煤岩储集性分类评价指数

煤岩储集性分类评价指数：

$$RPI = \frac{VIT \times \phi \times MTJG}{A_{ad}}$$

式中　RPI——煤岩储集性分类评价指数；
　　　VIT——镜质组含量；
　　　ϕ——孔隙度；
　　　MTJG——煤体结构判别因子；
　　　A_{ad}——灰分含量。

7 结论

初步形成了研究区煤岩储集性测井评价方法，对煤岩储集性和煤体结构的评价至关重要。但是煤体结构评价又需要煤心的岩心观察，而松南深层煤岩的取心比较少，为了弥补取心资料的不足，结合文献进行了大量相关研究，最终根据中国煤岩气图版，利用自然伽马和井径、电阻率和井径交会图，确定王府火石岭组主要为原生结构煤，煤体结构比较好，主要表现为低伽马、低井径和高电阻率的特点。综合现有岩石物理实验数据、试气及测录井资料，开展研究区深煤层的储集性、含气性和可压性测井综合评价，并建立了深煤储层的"甜点"分类标准，为风险探井及老井的解释评价提供了测井技术支撑。

参考文献：

[1] 冯志强,刘嘉麒,王璞珺,等.油气勘探新领域:火山岩油气藏——松辽盆地大型火山岩气田发现的启示[J].地球物理学报,2011,54(2):269-279.

[2] 周翔,于世泉,张大智,等.松辽盆地徐深气田致密火山岩气藏气水分布特征及主控因素[J].石油与天然气地质,2019,40(5):1038-1047.

[3] 徐正顺,王渝明,庞彦明,等.大庆徐深气田火山岩气藏储集层识别与评价[J].石油勘探与开发,2006,33(5):521-531.

[4] 单玄龙,陈玉平,唐黎明,等.火山岩储层综合评价方法与应用——以松南气田营城组旋回三为例[J].山东科技大学学报(自然科学版),2011,30(3):1-6.

本文编辑：台自权

叠前同时反演技术在薄储层预测中的应用

纪栾茗[1] 杨建波[2] 张诗悦[2]

（1.中国石油吉林油田公司开发事业部 2.中国石油吉林油田公司地球物理勘探研究院）

摘 要：研究区中浅层普遍发育三角洲前缘相，砂层厚度约为1～6m。由于受碳酸盐胶结影响，渗透性砂岩与非渗透性砂岩以及砂岩与泥岩之间的波阻抗差异较小，导致地震响应特征不明显，难以利用纵波阻抗这种单一参数进行区分。为预测低孔渗砂岩薄储层平面展布特征，基于"两宽一高"资料，开展了叠前三参数同时反演技术研究。详述了叠前数据体分角度叠加、子波提取等叠前反演的数据准备，进行了叠前确定性反演与结果评价，证实叠前同时反演技术能够有效提升3～6m的薄砂岩的预测精度，为钻探提供了丰富而准确的技术依据。

关键词：两宽一高；叠前三参数同时反演；薄砂岩预测

松辽盆地南部中央坳陷区长岭凹陷油气资源丰富，经过多年勘探，形成了以中浅层常规油资源为主的增储上产目标。中浅层目的层以岩性油藏为主，三角洲前缘相带砂层厚度薄，青山口大部分储层厚度为1～6m，且横向变化快。因此，提出了识别薄储层平面展布特征的地质需求。通过地震数据在中浅层的主频及平均速度计算可知，理论上地震能够达到的极限分辨率为5.5m，因此，当将地震信息利用得足够彻底，理论上是可以实现5m厚度左右的储层识别。

以姚一段的葡萄花油层为例，该目的层主要为浅水三角洲沉积，砂岩横向变化快、纵向发育薄，岩性以粉、细砂岩为主，储层纵向厚度为2～6m，河道砂体宽度窄、横向变化快和不连片是受碳酸盐胶结的影响。由于渗透性砂岩与非渗透性砂岩以及砂岩与泥岩之间的波阻抗差异小，地震响应特征不明显，采用单一的纵波阻抗难以区分泥岩、渗透性砂岩和致密砂岩，需要利用纵横波多参数叠前反演进行储层分布的预测。

叠前反演的弹性阻抗与入射角密切相关，且与纵横波速度、密度等参数有关。由于同时利用了纵横波速度，其计算产生的弹性参数远比叠后反演更丰富，可区别岩性与含油气性，为钻探提供更丰富、更准确的依据[1]。

充分利用"两宽一高"（宽频、宽方位和高密度）地震资料，积极探索5m以下薄砂层识别参数及预测方法，开展了基于道集优化处理、AVO属性分析及叠前弹性参数反演的有效储层定量预测技术研究，落实目的层有利沉积相带及优质储层分布，指导一体化井位部署。

1 叠前反演数据准备

1.1 压缩感知高分辨率处理

压缩感知（Compressed Sensing，CS）理论是Donoho于2006年提出的新的信号压缩传输重构理论。该理论指出，对于一个稀疏信号，可以构建一个测量矩阵进行线性投影，将信号进行压缩采样得到低维信号，然后通过特定重构算法恢复原始稀疏信号。通常情况下，原始信号不是稀疏的，但是可以利用稀疏变换方式将原始信号进行稀疏化。

基于压缩感知的提高分辨率技术，在大幅提高分辨率的同时，不仅能保持地震数据原有的信噪比，而且还能保持地震数据的相对振幅关系和时频特性，一定程度上补偿了地震数据的低频成分。其主要通过以下两个步骤实现：一是通过薄层匹配追踪和稀疏反演获得高精度反射系数与子波；二是利用连续小波变换的途径达到拓宽地震数据分辨率的目的。

根据提频前后的结果对比分析可知，在利用压缩感知技术提高分辨率前，原始地震资料高频衰减较快，而提频后的地震资料高频衰减较慢。利用压缩感知技术提频后，不仅保持着原有地震资料的信噪比，而且地震资料的主频得到大幅度提高，也提高了地震资料的分辨率。

作者简介：纪栾茗，女，1990年出生，2015年毕业于西南石油大学资源勘查工程专业，现从事地震资料综合解释研究工作，工程师。通信地址：中国石油吉林油田公司开发事业部规划经营科，邮编：138000，联系电话：0438-6258382。

1.2 角度叠加分选

为了便于 AVO 分析,需要把固定炮检距的记录转化成入射角或者一定角度范围内叠加的道集记录。在实际处理中,为了能改善 AVO 道集记录的信噪比,提高横向分辨率,可以选择每个角度道集中达到八次或者八次以上覆盖的记录做叠加。此次利用 AVO 响应特征对划分结果进行监控,保证划分出的部分角道集叠加剖面能够比较好地体现出与井点一致的 AVO 响应[2]。经过对比分析可知,青一段底埋深最深处有效 CRP 道集的最大入射角为 55°,结合其他井的实际情况,设定连片三维有效的最大入射角为 48°,为了尽可能地提高数据的信噪比,为后续反演提供高质量数据基础,对角度进行了 1°的重叠,最终确定以 7°~16°、15°~24°、23°~32°、31°~40°和 39°~48°五个角度道集进行叠加,叠加后地震剖面信噪比较高,远、中、近角度叠加能量变化合理,满足叠前反演要求。

1.3 叠前标定与子波提取

合成地震记录是联系地震与测井的纽带,合成记录的精度直接影响地震地质层位的标定结果,以及子波求取的准确性。基于部分叠加数据的叠前同时反演情况,对每个不同角度叠加数据体采用相应子波进行反演,子波选取的适当与否直接影响反演的最终结果。由于子波提取是个反复迭代的过程,应注意以下几个关键环节:首先,子波长度一般为 100~200ms,子波半长度可以被地震采样率整除;其次,提取子波时窗一般为 2~5 倍的子波长度,尽可能地靠近目的层,且避开断层,应选择地震资料品质较好的区段进行提取;再次,不同角度子波在主频范围内应该保持子波相位相对比较稳定;最后,用于叠前反演分角度提取的多个 AVO 子波在振幅能量上应该与地震保持一致,并存在一定的 AVO 现象[3]。

在测井岩石物理分析校正的基础上,对工区内探评井进行了分角度叠加体的井震标定,从标定的结果上看,五部分叠加体的相关系数均很高,地震叠加体与合成记录的匹配度高。在五部分叠加体的基础上,提取了多井的部分叠加体子波,该子波相位较稳定,主峰能量集中,可以用于后续区块的反演研究。

2 叠前确定性反演

2.1 叠前确定性反演技术

利用叠后波阻抗反演和弹性阻抗反演,只能得到波阻抗或弹性阻抗的信息,不能直接求取纵波速度、横波速度和密度这三个基本的弹性参数。基于地震反射波振幅与不同入射角反射系数有关的理论,叠前同时反演利用多个(至少 3 个)不同角度的部分叠加地震数据体来同时(或同步)直接反演各种弹性参数,如纵波阻抗、横波阻抗、密度和泊松比等,进而预测储层岩性、物性及流体性质。对于每个部分叠加数据体应用相同的褶积模型,并且应用 Knott-Zoeppritz 方程或者 Aki-Richards 近似方法,确定适合每个部分叠加数据的反射系数。

应用 AVO/AVA 约束稀疏脉冲反演算法生成的弹性模型,比应用 L1/L2 稀疏准则的各个输入角度叠加道集具有更宽的带宽。AVO/AVA 约束稀疏脉冲反演算法得到的是绝对弹性参数模型,而实测地震数据中缺失的低频成分却无法直接使用稀疏脉冲反演得到,需要建立低频趋势模型作为反演的约束条件。在反射率域,首先进行角度道集数据的非约束反射率反演,然后通过加权叠加,把得到的反射系数转换成为弹性差异,并将得到的弹性差异进一步与低频模型组合为弹性参数。对弹性参数开展完全约束同时反演,可以提高合成地震记录与输入角度叠加数据之间的相关性。此外,应选择弹性差异与低频模型的合并频率,以确保从分角度叠加数据中得到更多信息,还能够避免幅度谱出现间隙。

2.2 叠前确定性反演结果及评价

从该区前期岩石物理分析可知,纵横波速度比属性对砂泥岩的区分效果较好,且纵横波速度比 1.78 为砂泥岩的值域界限。图 1、图 2 分别是确定性反演的纵波阻抗和纵横波速度比剖面图,图 1 中深色调对应纵波高阻抗,图 2 中深色调对应纵横波低速度比属性。在反演结果基础上,依据岩石物理规律,对砂岩进行了刻画,镂空白色是泥岩,保留的是砂岩,井上投影的浅色是泥岩,深色是砂岩。利用井上实际钻遇的砂岩厚度进行验证,速度比属性提取结果对厚度大于 5m 的砂岩吻合度较好,表现为

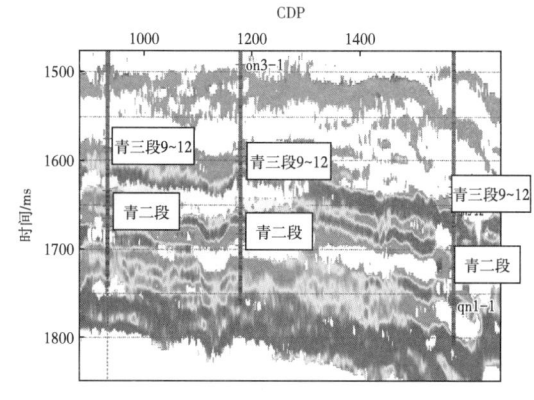

图 1 过黑124—黑115—黑195 连井反演阻抗剖面图

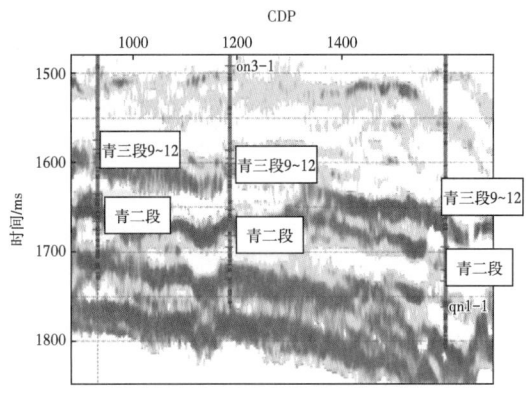

图 2　过黑124—黑115—黑195连井速度比剖面图

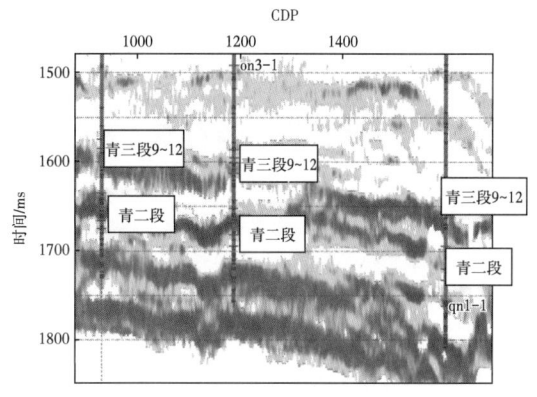

图 4　提频后数据反演速度比（砂岩）剖面图

纵横波低速度比的异常，而厚度小于 5 m 的砂岩则难以预测。

2.3　提频道集砂体预测

前期对 CRP 道集进行了压缩感知提频，获得了高分辨率的道集数据。

基于提频处理后的叠加体，开展了叠前确定性反演，得到了高分辨率的纵横波速度比属性，图 3、图 4 是过黑124—黑115—黑195井的反演速度比结果剖面。井上投影的是测井解释的岩性曲线，深色调是砂岩，浅色调是泥岩。图 3 为提频前数据反演速度比剖面，图 4 是提频后数据反演速度比剖面。从图中可知，在纵向分辨率上提频后的速度比得到明显提升，对薄层砂岩的预测效果较提频前提高。从井上的 GR 曲线与反演速度比的对比可以看出，反演结果与井上的砂体吻合度较好。同时，与原始地震反演结果相比，提频后的地震反演结果分辨率更高，对薄层的识别效果更好。

在岩石物理分析结果指导下的砂岩雕刻基础上，对雕刻后的纵横波速度比数据进行了分砂组的厚度累积，得到了姚一段Ⅱ砂层组的叠前预测砂岩厚度平面图（图 5）。

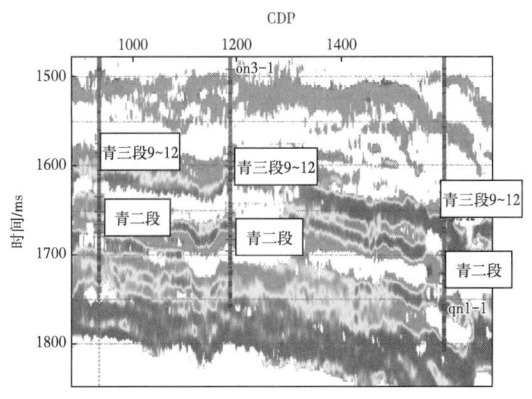

图 3　提频前数据反演速度比（砂岩）剖面图

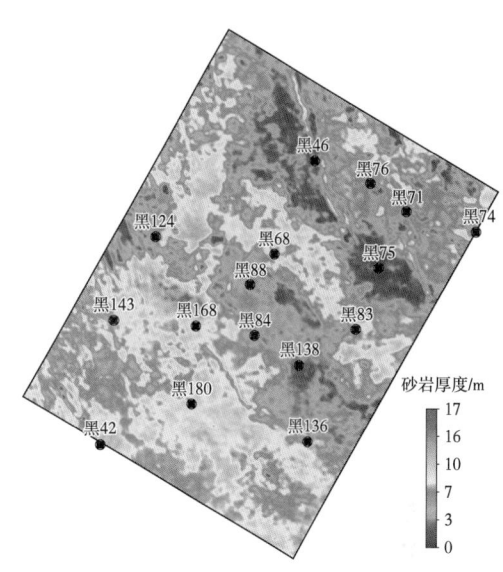

图 5　姚一段Ⅱ砂层组叠前预测砂岩厚度分布图

3　结论

基于"两宽一高"资料，通过提频地震数据的波形指示反演，完成了主要砂层组储层厚度和物性展布特征的刻画，形成了一套系统的叠前弹性参数反演的地震预测技术系列，实现了分步预测，准确地落实了有利储层的分布特征。充分利用"两宽一高"资料宽方位优势，可以定量识别 5 m 以上砂体，后验井的岩性与砂岩预测吻合度较好。

参考文献：

[1] 曹孟起,王九拴,邵林海.叠前弹性波阻抗反演技术及应用[J].石油地球物理勘探,2006,41(3):323-326.

[2] 苑书金.叠前地震反演技术的进展及其在岩性油气藏勘探中的应用[J].地球物理学进展,2007,22(3):879-886.

[3] 强敏,周义军,钟艳,等.基于部分叠加数据的叠前同时反演技术的应用[J].石油地球物理勘探,2010,45(6):895-898.

本文编辑：台自权

神字井洼槽断陷期储层物性及成岩特征研究

董常春　唐　敏　屈伟伟

（中国石油吉林油田公司勘探开发研究院）

摘　要：神字井洼槽位于松辽盆地南部长岭断陷中部，断陷期地层主要包括火石岭组、沙河子组和营城组。各层段储层岩性多样，主要包括碎屑岩、火山碎屑岩和火山熔岩。各岩性对应的物性差异性较大，需要通过实验获取储层参数，以落实纵向优质层段，明确横向分布范围。在此基础上，再划分成岩阶段，分析机械压实作用、胶结作用、交代作用及溶蚀作用对储层物性的影响。最终研究结果表明：火山碎屑岩物性整体最好，火山熔岩次之，陆源碎屑岩最差；具有火山物质来源的陆源碎屑岩物性整体更好，营城组物性整体最好，火石岭组次之，沙河子组最差。

关键词：储层物性；碎屑岩；火山岩；孔隙度；渗透率

1　研究区概况

神字井洼槽位于长岭断陷中部，表现为受前神字井断裂控制的"西断东超"的箕状断陷，呈北北东向展布，南北长60km，东西宽10km，面积600km²，沉降中心靠近神字井断裂根部，断陷期地层包括火石岭组、沙河子组和营城组[1]。

研究区岩心样品分布极不均匀，在进行储层物性规律分析时[2]，根据样品在不同层位的分布状况，以断陷地层营城组、沙河子组和火石岭组为基本单元，按照碎屑岩、火山碎屑岩和火山熔岩储层三类岩性，分别进行孔隙度、渗透率的归纳，并参照中国石油天然气行业标准SY/T 6285—1997、致密砂岩气地质评价标准GB/T 30501—2014，以及长岭断陷致密储层评价标准进行基本特征分析（表1）。通过常规薄片、铸体薄片、扫描电镜和X衍射分析等方法进行综合分析，依据有机质成熟度、黏土矿物的组合类型、自生矿物组合的变化和岩石结构特征四类指标，对断陷期储层进行成岩阶段划分[3]。

2　碎屑岩物性基本特征

2.1　储层孔、渗分布特征

通过火石岭组、沙河子组和营城组三个层段孔隙度和渗透率特征的对比发现，火石岭组和营城组的孔隙度相对较好，50%以上的样品属于Ⅰ～Ⅱ类储层，沙河子组相对较差；渗透率方面，火石岭组低渗的砂体占33%，而营城组只有22%的样品为超低渗—低渗砂体。整体上火石岭组碎屑岩储层的孔隙度和渗透率相对于营城组要好些，沙河子组碎屑岩储层物性相对最差。由碎屑岩孔隙度、渗透率与深度关系可知：随着埋深不断加大，储层物性逐渐变差，当深度约为4000m时，孔隙度、渗透率达到最小，分别是0.3%和0.03mD；当深度达到约为4700m时，储层形成了一个欠压实的次生孔隙发育带，孔隙度、渗透率分别达到了7.9%和1.51mD；之后，随着深度的增加孔隙度、渗透率又快速减小。

2.2　储层物性与岩相、岩性相关性

通过研究区火石岭组—营城组35块碎屑岩样品的物性、沉积相和岩性相关性分析表明：辫状河三角洲前缘的席状砂和水下分流河道微相储层物性相对最好，大部分样品孔隙度在3%～5%之间，部分超过5%，大部分样品渗透率在0.04～0.10mD之间，

表1　长岭断陷致密储层类型划分评价标准表

岩石类型	孔隙度 φ/%	储层分类	渗透率 K/mD	储层分类
	分类依据：吉林油田		分类依据：致密砂岩气地质评价方法（GB/T 30501—2014）	
碎屑岩	φ≥5	Ⅰ	K>50	高渗
	3≤φ<5	Ⅱ	10<K≤50	中渗
			1<K≤10	低渗
	φ<3	Ⅲ	0.1<K≤1	特低渗
			≤0.1	致密
	孔隙度 φ/%	储层分类	渗透率 K/mD	储层分类
	分类依据：油气储层评价方法（SY/T 6285—1997）			
火山岩	φ≥15	Ⅰ	K≥10	Ⅰ
	10≤φ<15	Ⅱ	5≤K<10	Ⅱ
	5≤φ<10	Ⅲ	1≤K<5	Ⅲ
	3≤φ<5	Ⅳ	0.1≤K<1	Ⅳ
	φ<3	Ⅴ	K<0.1	Ⅴ

作者简介：董常春，男，1981年出生，2006年毕业于大庆石油学院地球物理学专业，现从事地质勘探工作，高级工程师。通信地址：中国石油吉林油田公司勘探开发研究院松南天然气研究所，邮编：138000，联系电话：0438-6226199。

部分大于 0.1mD，最高达 3.4mD，达到Ⅰ~Ⅱ类孔隙度，特低—低渗级别。

物性与岩性相关研究显示：凝灰质砂砾岩物性最好，接近于Ⅰ类孔隙度、低渗级别；其次为凝灰质砾岩、砂岩和砂砾岩，储层物性也相对较好；凝灰质泥岩物性最差，说明粒度较粗的陆源碎屑岩物性整体更好。

3 火山碎屑岩物性基本特征

3.1 储层孔、渗分布特征

火山碎屑岩样品主要来自火石岭组和营城组。

火石岭组：共有 8 个火山碎屑岩样品，平均孔隙度为 2.3%，孔隙度主要分布在两个区间（5%~10% 和 0~3%）；平均渗透率为 1.11mD，主要分布在小于 0.1mD 区间，占样品总数 75%。参照火山岩储层类型划分标准，火石岭组的火山碎屑岩孔隙度属于以Ⅴ类为主、Ⅲ类为辅，渗透率属于以Ⅴ类为主、Ⅳ类和Ⅱ类为辅的储层类型。

营城组：共有 58 个火山碎屑岩样品，平均孔隙度为 5.55%；平均渗透率为 0.73mD，主要分布在小于 0.1mD 的区间，占样品总数 70%。参照火山岩储层类型划分标准，营城组的火山碎屑岩孔隙度属于以Ⅱ~Ⅳ类为主、Ⅰ类和Ⅴ类为辅，渗透率属于以Ⅳ~Ⅴ类为主、Ⅰ~Ⅲ类为辅的储层类型。

研究区火山碎屑岩孔隙度、渗透率与埋深关系显示，随着埋藏深度的增加，研究区火山碎屑岩孔隙度有减小的趋势，而渗透率分布与埋藏深度相关性不明显。

3.2 储层物性与岩相、岩性相关性

火石岭组：共有 8 个火山碎屑岩样品，平均孔隙度为 2.3%，孔隙度主要分布在两个区间（5%~10% 和 0~3%），其中分布在 5%~10% 区间的样品占总数的 13%，分布在小于 3% 区间的样品占总数的 88%；平均渗透率为 1.11mD，主要分布在小于 0.1mD 区间，占样品总数的 75%，另有 13% 的样品分布在 0.1~1.0mD 区间，13% 样品分布在 5~10mD 区间。参照火山岩储层类型划分标准，火石岭组的火山碎屑岩孔隙度属于以Ⅴ类为主、Ⅲ类为辅，渗透率属于以Ⅴ类为主、Ⅳ类和Ⅱ类为辅的储层类型。

营城组：通过研究区 36 块火山碎屑岩样品的岩相、物性与岩性相关性分析研究表明，爆发亚相中的空落堆积微相储层物性相对最好，大部分样品孔隙度在 5%~15% 之间，约占全部测试样品的 53.8%，部分超过 15%。但是火山碎屑岩的渗透率大部分样品均较低，主要分布在小于 0.1mD 区间，只有少部分空落堆积微相的渗透率分布在 0.1~1mD 区间，少量分布在 5~10mD 区间。整体上，营城组空落堆积微相的火山碎屑岩孔隙度属于以Ⅱ~Ⅲ类为主，渗透率属于以Ⅳ~Ⅴ类为主、Ⅱ类为辅。火山物性与岩性相关显示，火山角砾岩和火山凝灰岩物性整体较高，沉火山角砾凝灰岩物性相对较差。

4 火山熔岩储层物性基本特征

4.1 储层孔、渗分布特征

研究区内未钻遇火石岭组火山熔岩，此次只对营城组火山熔岩物性特征进行分析。

营城组共计 84 个火山熔岩样品，平均孔隙度为 5.70%，各级别分布相对比较均匀，其中分布占比最高的在小于 3% 区间，约占 44%；平均渗透率为 0.29mD，主要分布在小于 0.1mD 区间，占样品总数的 81%。营城组的火山熔岩孔隙度中Ⅴ类和Ⅲ类储层占比相对较高，Ⅰ类、Ⅱ类和Ⅳ类储层次之，渗透率是以Ⅴ类为主、Ⅳ类为辅的储层类型。

4.2 储层物性与岩相岩性相关性

通过神字井洼槽火石岭组、沙河子组和营城组不同层位不同岩性储层物性对比综合分析可知（表2）：

表 2 神字井洼槽孔隙度、渗透率综合评价表

	项目	营城组		沙河子组		火石岭组	
		孔隙度/%	渗透率/mD	孔隙度/%	渗透率/mD	孔隙度/%	渗透率/mD
碎屑岩	平均值	8.13	0.37	5.58	0.09	4.90	1.14
	分布范围	0.8~9.8	0.01~1.43	0.6~1.9	0.002~0.03	1.5~9.5	0.01~3.4
	样品个数	14	9	19	19	3	3
	有利岩相	辫状河三角洲前缘的席状砂和水下分流河道微相					
	有利岩性	凝灰质砂砾岩最好，凝灰质砾岩、凝灰质砂岩、砂岩和砂砾岩次之					
	评价	Ⅱ类为主、Ⅲ类为辅	致密为主，超低—低渗为辅	Ⅲ类	致密	Ⅱ~Ⅲ类为主、Ⅰ类为辅	致密为主，低渗为辅
火山碎屑岩	平均值	5.55	0.73			2.30	1.11
	分布范围	0.1~22.99	0.01~17.31			1.2~6.9	0.01~8.12
	样品个数	58	40			8	8
	有利岩相	爆发亚相中的空落堆积微相					
	有利岩性	火山角砾岩、火山凝灰岩					
	评价	Ⅱ~Ⅳ类为主、Ⅰ类、Ⅴ类为辅	Ⅴ类为主、Ⅳ类为辅			Ⅴ类为主、Ⅲ类为辅	Ⅴ类为主、Ⅳ类为辅
火山熔岩	平均值	2.55	0.035				
	分布范围	0.1~20.4	0.01~8.39				
	样品个数	84	47				
	有利岩相	上部微相最好，下部微相次之					
	有利岩性	酸性熔岩、基性熔岩					
	评价	Ⅴ类、Ⅲ类为主、Ⅰ类、Ⅱ类为辅	Ⅴ类为主、Ⅳ类为辅				

营城组物性整体最好，火石岭组次之，沙河子组最差；火山碎屑岩物性整体最好，火山熔岩次之，陆源碎屑岩最差；具有火山物质来源的陆源碎屑岩物性整体更好。

5 储层成岩特征

5.1 机械压实作用

结合研究区主要目的层样品镜下薄片观察和孔隙度、渗透率与深度变化关系，对3000m以深地层开展成岩作用分析。整体上，孔隙度与渗透率随着埋深的增大，储层物性逐渐变差，特别是在储层埋深大于3700m以后，其物性快速递减，在4700m左右存在一个欠压实的次生孔隙发育带。砂岩储层孔隙度一般从0.3%～3.9%增加到1.5%～7.9%，渗透率从0.03～0.12mD增加到0.04～1.51mD。随着压实作用的发展，颗粒的接触关系随着埋深的从浅到深，由点—线状接触发展为线—凹凸状接触关系（图1）。

图1 长深107井4082.00m营城组凝灰质砂岩显微图

5.2 胶结作用

胶结作用是孔隙水的溶解组分在砂岩孔隙中沉淀结晶，从而使松散沉积颗粒胶结起来，转变成坚固的岩石。胶结作用的最终结果使胶结物充填到粒间孔隙内，使有效孔隙减小，是导致岩石孔隙度降低的原因之一，主要形成于成岩期，特别是成岩晚期。研究区胶结作用强烈，胶结物类型主要有硅质胶结、碳酸盐胶结（主要为方解石、白云石）、自生黏土矿物（高岭石、绿泥石、伊利石和伊/蒙混层黏土）胶结等类型。

5.2.1 硅质胶结

硅质胶结为研究区重要的胶结类型，含量在0～15%之间，以石英次生加大形式为主，次生加大石英的碎屑部分与胶结物部分光性方位一致，常见二者间存在黏土薄膜，在偏光显微镜下易与碎屑部分区分。通过扫描电镜资料可知，营城组石英次生加大达到Ⅱ级，沙河子组石英次生加大达到Ⅲ级。一般随着深度的加大，硅质增生丰度增加，局部出现完好的石英晶体，并彼此互相穿插，形成镶嵌结构，致使孔隙进一步减小（图2）。区内石英次生加大一般向孔隙方向生长，并充填孔隙，可能使原来较大的粒间孔变为晶间孔，次生加大强烈使颗粒恢复其规则的几何外形。

图2 长深41井4468m营城组孔隙中的次生石英显微图

5.2.2 碳酸盐胶结

研究区碳酸盐胶结主要有方解石和白云石，其中最常见的碳酸盐胶结物为方解石（图3），以亮晶方解石为主，部分为泥晶方解石，白云石胶结物相对较少，主要表现为白云石充填孔隙。薄片中，碳酸盐胶结物多呈斑块状，局部可见连晶结构，充填于碎屑颗粒之间的孔隙或交代其他组分。此外，在火山岩中也可见方解石充填裂缝。

图3 长深39井5040m沙河子组显微图

5.2.3 自生黏土矿物胶结

研究区共有9块样品进行了黏土矿物X射线衍射定量分析（表3），样品均采自于营城组。分析结果显示，区内自生黏土矿物主要由伊/蒙混层、伊利石和绿泥石组成。所有测试样品中均未见高岭石，说明区内营城组地层埋藏较深，高岭石已经消失，并转化成伊利石或者绿泥石等矿物。

表3 沉积岩黏土矿物X射线衍射定量分析表

井号	深度/m	地层	黏土矿物相对含量/%			混层比/S%
			I/S	It	C	I/S
长深41	4246	K_1yc	92	3	5	5
长深41	4260	K_1yc	67	3	30	5
长深41	4280	K_1yc	66	2	32	5
长深41	4304	K_1yc	76	5	19	5
长深41	4346	K_1yc	28	2	54	5
长深41	4356	K_1yc	31	5	64	5
长深41	4385	K_1yc	54	1	45	5
长深39	4602	K_1yc	44	1	55	5
长深39	4663	K_1yc	81	8	11	5

注：参照标准SY/T 5163—2018《沉积岩中黏土矿物和常见非黏土矿物X射线衍射分析方法》。

扫描电镜下，伊利石呈不规则鳞片状、丝缕状和发丝状，多分布在颗粒表面，或充填于粒间孔隙内；区内绿泥石含量较高，大部分样品含量分布在19%~70%之间，扫描电镜下主要呈板状或叶片状；伊/蒙混层是蒙皂石向伊利石转化的中间产物，当断陷层处于中成岩阶段时普遍存在，其在研究区营城组中含量也较高，普遍分布在28%~81%之间，最高可达92%；伊/蒙混层比中的S%是划分成岩阶段的重要标志之一，表3中显示当其埋深在4200~4600m时，伊/蒙混层比中的S%为5%，含量较低。

5.3 交代作用及溶蚀作用

交代作用及溶蚀作用本质是被交代矿物的溶解和交代矿物沉淀的同时进行并不断替代的过程。研究区主要发生的交代作用是方解石、白云石对骨架颗粒和基质的交代。在长深39、长深37等井的薄片和铸体薄片中，普遍存在长石颗粒部分或全部被方解石交代，而且可见方解石呈连晶状充填胶结，对储层物性有一定的影响。长深40井气孔亥仁安山玄武岩和部分火山碎屑岩中也可见碳酸盐交代充填气孔和长石碎屑，并堵塞孔隙。

研究区储层中普遍存在长石、岩屑等碎屑颗粒的溶解现象，大量的长石、岩屑溶解并形成了许多粒间或粒内溶孔，并在约4700m处形成了一个次生溶蚀孔隙带。此外，研究区目的层火山岩中的气孔、斑晶、矿物晶屑和火山基质等火山碎屑常被溶蚀形成粒内孔，为后期绿泥石和含铁碳酸盐的沉淀提供了物质基础。

5.4 成岩阶段划分

火石岭组—营城组埋藏相对较深，镜质体反射率（R_o）主要分布在0.9%~3.64%之间，T_{max}值主要为293~609℃（其中部分暗色泥岩的T_{max}值小于435℃），测试样品伊/蒙混层比中的蒙皂石含量S%全部为5%，结合岩石结构特征和自生矿物的组合特征，将研究区火石岭组—营城组储层划分为两个成岩阶段，即中成岩A期和中成岩B期。

中成岩A期：该成岩阶段埋深为3600~4300m，镜质体反射率R_o>0.5%~1.30%，最高热解峰温T_{max}>435~460℃，已达到成熟演化阶段。该成岩阶段储层颗粒以点—线接触为主，整体成岩作用相对低，石英次生加大为Ⅱ~Ⅲ级，储层物性相对较好，粒内溶孔及铸模孔发育。

中成岩B期：该成岩阶段埋深为4300~6000m，镜质体反射率R_o>1.30%，最高热解峰温T_{max}>460℃，已进入成熟—高熟演化阶段。该成岩阶段伊/蒙混层比中的S%大部分小于15%。储层颗粒以线—凹凸状接触为主，石英次生加大以Ⅲ级为主，岩石变得更加致密，孔隙度减小，孔隙类型以裂缝和少量次生溶孔为主。

6 结论

（1）碎屑岩随着埋深不断加大，储层物性逐渐变差，在深度约为4000m时，孔隙度、渗透率达到最小，分别为0.3%和0.03mD；当深度达到约4700m时形成一个欠压实的次生孔隙发育带，孔隙度、渗透率分别达到了7.9%和1.51mD；之后，随着深度的增加，孔隙度和渗透率又快速减小。储层普遍存在长石、岩屑等碎屑颗粒的溶解现象。

（2）火山熔岩、火山碎屑岩孔隙度随着埋深的增加有略微减小的趋势，埋深大于4500m的渗透率分布整体上较埋深小于4500m的渗透率要小，孔隙度和渗透率随着埋深的增加而略微减小。

（3）2000~4000m碎屑岩层系、3000~5000m的火山岩层系，以及与烃源岩有纵向叠置或者侧向对接关系的区带是理想的勘探目标。

参考文献：

[1] 韩云.松辽盆地杏西地区地震储层预测技术研究[D].长春:吉林大学,2012.

[2] 王宁.地震储层预测方法研究及应用[D].武汉:长江大学,2012.

[3] 杜新江.储层预测技术应用研究[D].成都:西南石油大学,2002.

本文编辑：台自权

德惠断陷火三段储集空间类型及孔隙结构研究

李艳秋[1]　杨天红[1]　吉　敏[2]

（1.中国石油吉林油田公司勘探开发研究院　2.中国石油吉林油田公司新立采油厂）

摘　要：松辽盆地南部德惠断陷发育致密砂岩和致密凝灰岩等构造—岩性型气藏，是吉林油田天然气勘探重点领域。但由于深层致密储层成因复杂，优质储层成藏机理不清，有利储集相带不落实，导致深层天然气勘探一直还未获得突破。针对德惠断陷火三段致密凝灰岩储层，通过岩石薄片、扫描电镜、高压压汞和核磁共振等技术手段，确定含气储层岩性主要为含角砾凝灰岩、流纹质凝灰岩和流纹角砾凝灰熔岩，储集空间类型主要包括残余粒间孔、气孔、脱玻化孔、次生溶孔和裂缝，并根据孔喉特征划分为三大类、六小类，明确了储层微观特征，为后续开展储层分类评价、目标优选及储量提交提供了技术支撑。

关键词：致密凝灰岩；储集空间；结构表征；分类评价

近年来，由于全球常规油气产能日益下降，而非常规油气产量占比持续上升，成为全球油气产量增长的重要部分。致密油气藏属于非常规油气藏范畴，以其储量可观、分布广泛等特点成为主要关注的目标之一。其中，致密火山岩油气藏正逐步成为油气勘探的新目标，展现出广阔的开发前景。在19世纪末期，首次在美国圣华金盆地的火山岩中发现油气藏，在随后近一百多年勘探中，全球近100多个国家先后发现了300多个火山岩油气藏。我国于1957年首次在准噶尔盆地西北缘火山岩中发现油气藏。20世纪70年代中期以后，又先后在渤海湾盆地、四川盆地和准噶尔盆地等火山岩中发现油气藏。目前，我国几乎所有含油气盆地都发现了火山岩油气藏，火山岩储层日益受到人们的重视。2002年，随着松辽盆地徐家围子大型火山岩气田的发现，显示了火山岩勘探的广阔前景，揭开了我国火山岩勘探的新篇章。2005年，长深1井获日产天然气 $46\times10^4m^3$ 的工业气藏，开创了松辽盆地南部深层天然气勘探的新局面。

随着勘探的逐步深入，松辽盆地南部多个断陷带在火山岩中取得突破。其中，德惠断陷有多口探井于碎屑岩、火山岩储层中获得重大突破，成为东部断陷带两个千亿方天然气储量勘探目标区之一，德深81井于火三段致密凝灰岩储层试气获得突破，日产气 $5.1\times10^4m^3$，展现了致密凝灰岩储层良好的勘探前景。地质研究认为，德惠断陷发育致密砂岩和致密凝灰岩等构造—岩性型气藏，是吉林油田天然气勘探的重点领域，但由于深层致密储层成因复杂，优质储层成储机理不清，有利储集相带不落实，深层天然气勘探一直还未获得突破。因此，对德惠断陷火石岭组致密凝灰岩储层开展研究，通过多种地质实验，确定其储集空间类型及孔隙结构特征，明确了影响致密凝灰岩储层储集能力的主要因素，并开展储层分类评价，为火山岩目标优选与储量提交提供了技术支撑。

1　区域地质概况

德惠断陷处于松辽盆地南部东南隆起区，东邻伊通地堑，南邻梨树断陷，西邻登娄库背斜带，北邻王府断陷。断陷深层自下而上发育石炭—二叠系基岩，上侏罗统火石岭组，下白垩统沙河子组、营城组、登娄库组地层。火石岭组形成于盆地断陷期，是盆地早期发育的一套火山岩和火山碎屑岩，该沉积时期火山运动活跃，火山岩相沉积比较普遍，局部发育碎屑岩沉积。火石岭组底部为火山岩相，向上逐渐变为滨浅湖、扇三角洲以及冲积扇相。盆地断陷区与隆起区厚度差别明显，整体为一套断陷湖盆火山岩相加辫状河三角洲沉积体系。火山碎屑岩段以整合—不整合发育在粗安岩段之上，代表火石岭组中期的火山喷发和断陷充填。由于断陷两侧断裂的差异活动，东部抬升形成隆起剥蚀区，西部沉降形成以火山碎屑岩为主的充填，沉积一套扇三角洲相和半深湖相的火山碎屑岩、砂砾岩及泥岩的岩性组合。德惠断陷主要发育有营城组、沙河子组和火石岭组三套烃源岩，暗色泥岩区域分布稳定，具有较好的成藏物质基础。德惠断

作者简介：李艳秋，女，1975年出生，1998年毕业于中国石油大学（华东）化工工艺专业，现从事岩矿鉴定与储层微观特征研究工作，高级工程师。通信地址：中国石油吉林油田公司勘探开发研究院实验室，邮编：138000，联系电话：0438-6393312。

陷火石岭组和营城组岩性主要为火山岩，局部夹火山碎屑岩，对于火山岩油气藏而言，主要起到储集空间的作用，而沙河子组时期存在大套的泥岩沉积，可作为优质的烃源岩。

2 德惠断陷火石岭组岩性特征

德惠断陷火三段的喷发模式为裂隙式喷发为主，即喷发模式以爆发相为主，无溢流相，无或有少量熔岩，以火山碎屑岩为主[1]。通过德惠断陷19口井岩心观察和349张火山岩薄片鉴定统计分析可以看出：研究区目的层中流纹质（含角砾）凝灰熔岩占比最高，其次为晶屑岩屑凝灰岩，再次为玻屑晶屑凝灰岩、火山角砾岩和熔结凝灰岩。同时，结合产能数据，确定含气储层岩性主要为含角砾凝灰岩、流纹质凝灰岩和流纹质角砾凝灰熔岩。

3 储集空间类型及特征

通过研究区样品铸体图像和扫描电镜分析，确定德惠断陷火三段储集空间主要包括原生孔隙、次生孔隙和裂缝，其中原生孔隙主要为残余粒间孔和气孔，而次生孔隙主要包括脱玻化孔和次生溶孔。

3.1 原生孔隙

原生孔隙是指在岩石形成时生成的孔隙。在成岩作用过程中，经压实、胶结、压溶和充填等作用，原生孔隙将逐渐减少，研究区原生孔隙主要包括残余粒间孔和气孔。岩石中可见碎屑颗粒的粒间孔隙部分被次生石英、长石、碳酸盐和黏土矿物等充填，形成残余粒间孔；气孔则是岩浆喷出地表后，在冷凝固结过程中由于压力骤降和挥发组分逸散而形成的孔隙，多呈圆形、椭圆形和不规则形，部分气孔被成岩演化过程中产生的次生矿物（如石英、碳酸盐、绿泥石和沸石等）半充填而形成残余气孔（图1），丧失了部分原始孔隙，从而降低了储层的储集物性[2]。

3.2 次生孔隙

次生孔隙主要为脱玻化孔和次生溶孔。脱玻化孔是在埋藏的过程中，随着时间、温度和压力的变化而发生强烈的脱玻化作用而形成的孔隙。当有水介质存在时，经水解脱玻化，其中一部分组分随孔隙水流失，剩余组分则发生重结晶而转化为雏晶或微晶，进而形成新的矿物。脱玻化的形成过程包括了玻璃质的溶解、沉淀、重结晶和金属离子的迁移转化等一系列地球化学作用，形成新矿物时导致体积缩小，从而在不同矿物之间形成大量的微孔隙。脱玻化收缩孔常出现于玻璃质含量高的玻屑凝灰岩和晶屑玻屑凝灰岩中，孔隙内常见充填大量粒状石英和长石（图2）。

图2 DS16井脱玻化孔电镜图

次生溶蚀孔主要由溶蚀作用产生，研究区的次生溶孔主要包括粒内溶孔、斑晶溶孔和基质溶孔。其中，粒内溶孔为长石、岩屑等碎屑发生溶蚀而形成的孔隙（图3）；斑晶溶孔为火山熔岩中长石斑晶被溶蚀而形成的孔隙，多为不规则状；基质溶孔为火山熔岩中微晶基质被溶蚀而形成的一系列的微小孔隙，基质溶孔虽然孔径小，但分布面积大，与其他孔隙和裂缝等连通起来，可大大提高火山岩储层的渗透性[3]。

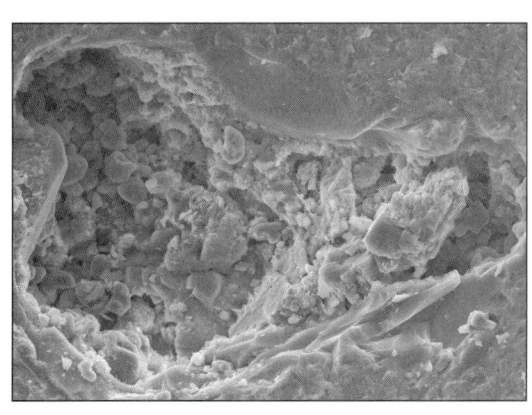

图1 DS102井残余气孔电镜图

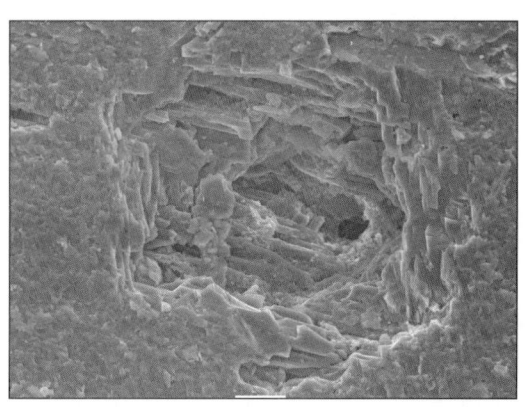

图3 DS36井长石粒内溶蚀孔电镜图

3.3 裂缝

裂缝是火山岩中重要的储集空间类型之一，在某些特定岩石中作为储层空间的占比很高，主要包括构造缝、风化缝和溶蚀缝，这些裂缝发育在各类火山岩中，具有存储和沟通的双重作用。其中，构造缝广泛分布在各种火山岩中，是因构造运动产生的应力变化所形成的裂缝；风化缝主要通过风化淋滤作用和成岩作用而形成，多数裂缝呈碎块状、碎裂状和杂乱状，少部分则呈网状和不规则状的微细裂缝，网状风化缝多被碳酸盐和泥质充填，不规则状风化缝多以开启状态为主；溶蚀缝常见于镜下，主要通过成岩作用形成，或是在早期构造裂缝充填后，在构造裂缝边缘溶蚀扩大并开启的裂缝，缝面多呈弯曲状或分叉状，此类裂缝既可发育在不整合面附近，也可形成于火山岩深部。裂缝发育的内因主要取决于岩石的脆性，而控制裂缝的构造因素主要是作用力的强弱、性质、受力次数、变形环境和变形阶段等[4]。研究区储层在微观与宏观上均发育大量裂缝和微裂隙，部分未被充填，可增强储层渗透性（图4）。

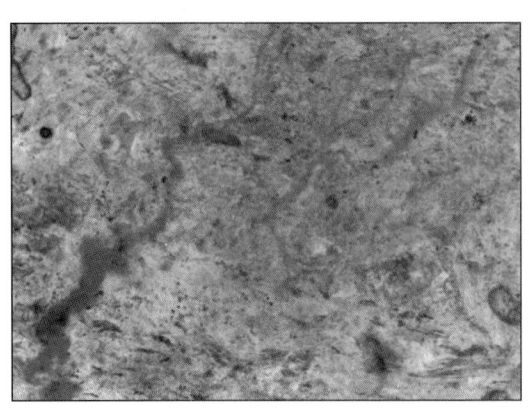

图4 DS16井微裂隙铸体图

4 孔隙结构表征

研究区发育多种孔隙类型，孔喉结构多样，为储层表征带来了较大挑战。研究主要采用高压压汞与核磁共振等技术定性—定量地表征研究区不同孔径的分布特征，包括形态学特征、孔隙度（面孔率）和孔径分布等[5]。

根据核磁共振与压汞数据，德惠断陷火石岭组储集空间类型主要分为三类：第Ⅰ类主要以大孔为主，弛豫时间峰值大于10ms；第Ⅱ类以中孔为主，弛豫时间峰值介于1~10ms；第Ⅲ类以小孔为主，弛豫时间峰值小于1ms。在此基础上，再根据退汞效率将喉道分为三类：中喉（退汞效率大于35%）、细喉（退汞效率35%~26%）及微喉（退汞效率小于26%）。按照孔喉特征，将德惠断陷火石岭组储层划分为三大类六小类（表1），岩性从火山碎屑熔岩到火山碎屑岩到火山熔岩，孔隙和喉道逐渐变小。

表1 德惠断陷火石岭组孔喉分类数据表

断陷	层位	分类	孔喉类型	进汞饱和度/%	退汞效率/%	孔隙度/%	平均孔喉半径/μm	主要岩性	代表性井
德惠断陷	火石岭组	第Ⅰ类	大孔中喉	75.98~95.18	37.80~47.49	10.46~18.13	0.074~0.133	火山碎屑熔岩	DS81井
		第Ⅱ类	中孔中喉	72.45~81.16	36.39~46.61	6.36~16.08	0.013~0.433	火山碎屑熔岩与火山碎屑岩	DS16井
			中孔细喉	71.87~77.72	27.13~35.48	8.06~14.00	0.017~0.093		N101井
			中孔微喉	52.49~64.83	20.12~25.14	10.98~11.42	0.012~0.014		DS19井
		第Ⅲ类	小孔细喉	48.55~75.94	28.56~35.14	3.78~7.53	0.008~0.221	火山碎屑岩与火山熔岩	DS94井
			小孔微喉	42.90~69.51	20.44~21.31	3.13~3.38	0.008~0.009		DS94井

通过研究，明确了研究区致密凝灰岩储层储集空间类型及孔隙结构特征，为进一步开展储层综合评价奠定了基础，对于勘探目标优选及储量提交具有重要意义。

5 结论

（1）德惠断陷火三段含气储层岩性主要为含角砾凝灰岩、流纹质凝灰岩和流纹质角砾凝灰熔岩。

（2）德惠断陷火三段储集空间包括残余粒间孔和气孔等原生孔隙、脱玻化及溶蚀作用形成的次生孔隙和不同类型的裂缝，其中次生孔隙和裂缝对储层物性具有一定的改善作用。

（3）根据孔喉特征，将德惠断陷火三段储层孔隙结构划分为三大类六小类，为下一步储层评价及目标优选提供了依据。

参考文献：

[1] 王璞珺,郑常青,舒萍,等.松辽盆地深层火山岩岩性分类方案[J].大庆石油地质与开发,2007,26(4):17-22.

[2] 杨双玲,刘万洙,于世泉,等.松辽盆地火山岩储层储集空间特征及其成因[J].吉林大学学报(地球科学版),2007,37(3):506-512.

[3] 舒萍,曲延明,丁日新,等.松辽盆地北部庆深气田火山岩储层岩性岩相研究[J].大庆石油地质与开发,2007,26(6):31-35.

[4] 常丽华,曹林,高福红.火成岩鉴定手册[M].北京:地质出版社,2009.

[5] 陈欢庆,蒋平,张丹锋,等.火山岩储层孔隙结构分类与分布评价——以松辽盆地徐东地区营城组一段火山岩储层为例[J].中南大学学报(自然科学版),2013,44(4):1453-1463.

本文编辑：台自权

井震融合炮点布设技术在长岭断陷的应用研究

余圣华[1]　罗春波[1]　张庆斌[2]

（1.中国石油集团东方地球物理勘探有限责任公司大庆物探分公司　2.中国石油吉林油田公司地球物理勘探研究院）

摘　要：长岭断陷一次三维地震探勘已经全部覆盖，二次地震勘探的观测系统设计一般采用井炮或者震源，而在复杂区域则采用井震融合激发的方式。由于油田对二次采集的地震资料频率要求更高，而且在提高资料分辨率的同时，还要降低勘探成本，单一激发方式的观测系统设计已不能满足生产需求。因此，从长岭断陷的勘探目标出发，结合地质任务需求，利用近期已完成的一块井炮三维和震源三维的重合施工区域进行观测系统融合设计，分析不同井震比例对叠加剖面频率的影响，这些措施不仅提高了高频信号的信噪比，进而提高了长岭断陷目的层资料的频率，还降低了勘探成本。

关键词：井震融合；高频信噪比；子波整形；滤波器

随着地震资料采集技术不断发展，施工过程中对安全环保的要求也越来越高，井震融合的施工方式在地震采集中也越来越常见。在目前的施工过程中，一般采用全井炮或全可控震源的激发方式，在不具备布设井炮的地方布设可控震源，或是在不具备可控震源施工条件的区域布设井炮，以达到减少资料缺口面积的目的[1]。随着油田勘探程度的不断提高，对地震资料重新采集的要求也越来越高，难度也随之增大，同时还要考虑降低勘探成本，这就需要采用合适的观测系统设计方式来满足上述要求。

以长岭断陷为例，一次三维地震资料频带偏窄，有效频宽为12~60Hz，分辨地层最小厚度为14~20m，基本能满足砂层组级砂岩预测的需要，但却无法满足单砂层（3~5m）分辨的需要，储层识别精度也难以满足地质需求[2]。

选取长岭断陷有炮点重合区域的两块三维地震探勘区作为研究区，研究区的炮点重合区域面积为40km²，分别为A三维（井炮）和B三维（震源）。其中，A三维（井炮）采用单井、有线单点和高覆盖（400次）的施工方法，资料信噪比高，现场叠加剖面目的层的扫描频率在80Hz左右，有利于分辨单薄砂层，但是难以满足高效地震采集的需求，而且安全风险和勘探成本较高，也不符合环保要求；B三维（震源）采取单台单次震源、节点和高覆盖（1564次）的施工方法，资料低频丰富，现场叠加剖面目的层的扫描频率在70Hz左右，但由于单台震源激发能量弱，高频段信号能量不足，导致高频信号较弱，地震纵向识别能力有限，不利于薄砂体的分辨。因此，利用综合井炮和震源的优势，采用井震融合的观测系统，在控制勘探成本和提高资料频率方面开展研究。

1　A三维和B三维的施工参数分析

1.1　施工参数

在研究区（图1）中，A三维（井炮）于2018年采集，勘探目标是中浅层，包括泉头组四段、青一段Ⅲ和Ⅳ砂层组、青二段Ⅳ砂层组、青三段Ⅻ砂层组及姚家组一段，主要地质任务是突出地震资料属性与岩性的对应关系，实现单层4m以上厚度砂层的可定量预测，以及单层2~4m厚度砂层可识别；B三维（震源）于2020年采集，勘探目标是中浅层兼顾深层，主要地质任务是提高分辨率，满足中浅层常规油及页岩油储层的预测要求。其次是查清深层各主要地层内幕地震相特征，用于研究营城组、沙河子组、火石岭组圈闭及气藏的保存条件，寻找油气富集区。从二次采集的A三维（井炮）和B三维（震源）施工参数可知（表1），主要是覆盖次数和激发方式存在一定差异。

作者简介：余圣华，男，1984年出生，2007年毕业于长江大学勘查技术与工程专业，现从事地震采集方法研究工作，高级工程师。通信地址：中国石油集团东方地球物理勘探有限责任公司大庆物探分公司，邮编：138000，联系电话：0438-5076583。

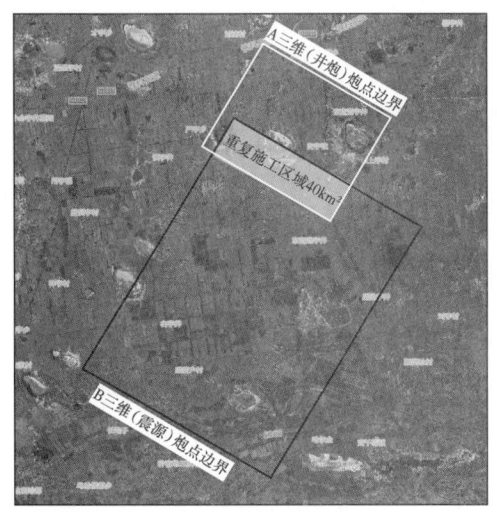

图 1 A 三维和 B 三维重复施工区示意图

表 1 A 三维和 B 三维的施工参数表

项 目	2020 年 B 三维（震源）	2018 年 A 三维（井炮）
观测系统类型	46L10S544R	40L6S320T1R
面元大小 /m	10×10	10×10
覆盖次数 / 次	68 纵 ×23 横 =1564	20 纵 ×20 横 =400
接收道数 / 道	2.5024×10⁴	1.28×10⁴
纵向排列方式	5430-10-20-10-5430	3190-10-20-10-3190
炮道距、炮点距 /m	20、20	20、20
接收线距、炮线距 /m	20、80	120、160
最大非纵距 /m	4590	2390
最大炮检距 /m	7110	3986
横纵比	0.85	0.75
炮密度 /（炮 /km²）	625	312.5
炮道密度 /（道 /km²）	1564×10⁴	400×10⁴
激发因素	单台单次 EV56	井深在高速层下 2～3m，药量 3～4kg
检波器组合方式	单点单个 5Hz 检波器	单点单个 SD-5Hz

研究区地表较平坦，海拔高程为 140～150m，局部相对最大高差达到 10m。该区表层结构主要为低速层和高速层二层结构，低速层深度基本随地表的起伏而变化，低速层厚度为 6～10m，低速带速度一般为 300～500m/s，高速带速度一般为 1670～1750m/s，激发岩性以含泥灰沙和黄沙为主。其中，农田区表层一般多为灰土，3～6m 基本为黄沙，并含有少量胶质成分，5～6m 以下含有少量胶泥。高岗区岩性基本分为两层，10～15m 以上为黄色细沙，以下逐渐变为灰色细沙，激发岩性较差；泡子区 0～3m 岩性为淤泥夹黄沙，3～7m 为灰色软泥，7～10m 为黄色细沙，10m 以下逐渐变为黑色胶泥。

研究区构造位于松辽盆地南部中央坳陷区长岭凹陷中部，东北与乾安构造相连，西邻大布苏斜坡，东邻孤店斜坡，南部为大情字井油田。该区地层自上而下依次为新生界的第四系；新近系泰康组、大安组；白垩系上统的明水组、四方台子组、嫩江组、姚家组、青山口组；白垩系下统的泉头组、登娄库组、营城组、沙河子组、火石岭组。其中，中浅层主要目的层为上白垩系嫩江组、姚家组、青山口组，以常规油和页岩油为主。反射层 T_1（姚家组顶界面反射）的下伏地层以棕红色泥岩为主，夹灰色粉砂质泥岩，其上覆地层为嫩一段，岩性以黑色泥岩为主，表现为深湖相沉积特征。声波时差曲线为一明显的正台阶，在地震剖面上对应中高频、强能量、三相位波组最下部的波峰反射，全区反射特征稳定、一致，易于对比追踪，地震反射时间在 1240～1460ms 之间。反射层 T_2（泉头组顶界面反射）一般由三相位组成，第一相位、第二相位振幅较强，第三相位振幅时强时弱、较连续。视频率为 61～63Hz，反射时间为 1720～1920ms。

1.2 频率影响因素分析

长岭断陷的勘探目标是中浅层的 T_1 和 T_2，重合区域目的层 T_1 和 T_2 的埋深分别是 1600m 和 2300m。根据覆盖次数分析可知，B 三维（震源）和 A 三维（井炮）的目的层 T_1 和 T_2 的覆盖次数基本相当，一般情况下震源施工覆盖次数应为井炮的 2～3 倍。为此，将 A 三维（井炮）的井炮进行覆盖次数退化分析，方案 1 炮线距抽稀为原始的 4 倍，方案 2 炮线距抽稀为原始的 3 倍，方案 3 炮线距抽稀为原始的 2 倍（表 2）；对叠加剖面的 50～60Hz 高通部分进行分析，并形成分析结果（表 3）。从中可以发现，A 三维（井炮）采用井炮施工，目的层频率高于 B 三维（震源）。在方案 1 中可以看出，即使目的层的覆盖次数只有原来的五分之一，频率也明显高于 B 三维（震源）。另外，将 A 三维（井炮）的覆盖次数减一半

表 2 不同分析方案的目的层覆盖次数表

方案种类	设计覆盖次数 / 次	T_1 覆盖次数 / 次	T_2 覆盖次数 / 次	备注
B 三维（震源）	1564	120～128	254～265	震源
A 三维（井炮）	400	102～108	214～221	井炮
方案 1	100	25～27	53～55	A 三维（井炮）退化处理，炮线距抽稀 4 倍
方案 2	150	37～40	79～82	A 三维（井炮）退化处理，炮线距抽稀 3 倍
方案 3	200	51～54	107～110	A 三维（井炮）退化处理，炮线距抽稀 2 倍

表 3 不同方案的分析结果表

方案种类	B 三维（震源）	A 三维（井炮）	方案 1	方案 2	方案 3
T_1 可连续追踪频率 /Hz	55	70	59	64	67
T_2 可连续追踪频率 /Hz	45	65	50	57	63

进行处理分析，中、浅和深层全频段信噪比均有所降低，高频端信号频率降低 2Hz 左右。该区域 B 三维（震源）的震源单炮高频在 60Hz 以上，基本看不到有效反射信号。因此，采用高覆盖次数并不能有效提高目的层高频信号的频率，若要提高高频端信号的信噪比，激发方式是关键因素。

2 井震融合的观测系统设计

2.1 井震融合比例设计

B 三维（震源）和 A 三维（井炮）重合区域的炮点面积为 40km²，满覆盖面积为 11km²，重合区域 B 三维（震源）涉及 2.533×10⁴ 炮，A 三维（井炮）涉及 1.2906×10⁴ 炮。根据观测系统，进行了不同井震比例的方案设计，共融合设计出 4 种方案（图 2 至 图 5），图中深色是井炮点位，浅色是震源点位，图 2 至 图 5 的井震比例分别为 1∶3、1∶5、1∶7、1∶9。

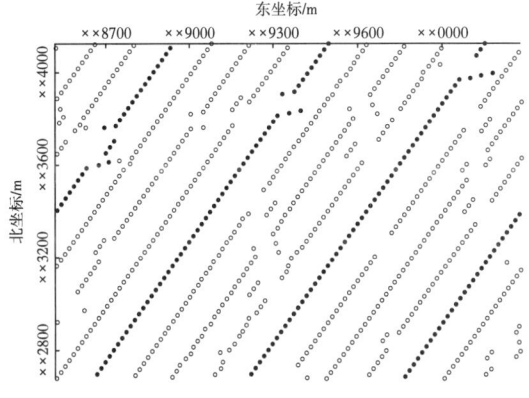

图 2 方案 1 炮点显示图

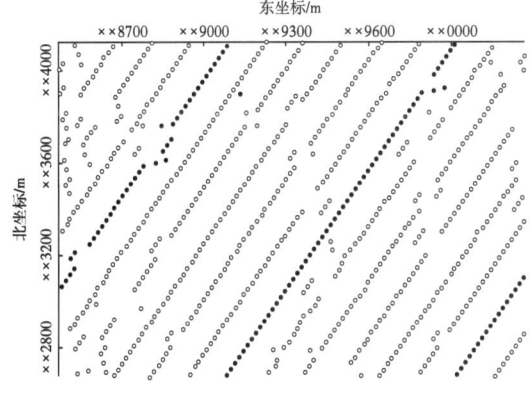

图 3 方案 2 炮点显示图

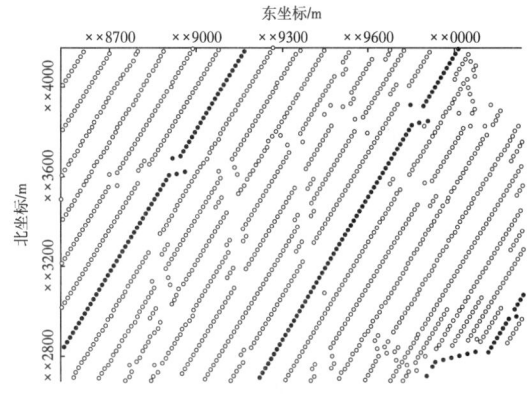

图 4 方案 3 炮点显示图

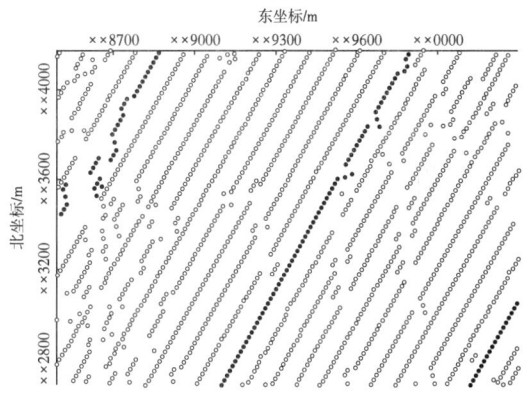

图 5 方案 4 炮点显示图

2.2 井震资料的处理方法

将 A 三维（井炮）和 B 三维（震源）资料融合在一起处理，分频资料反而比 A 三维（井炮）差，主要是激发源不同所导致的。由于炸药震源是在高速层顶界面下激发，而可控震源是在地表面激发，这就形成了一个时差，处理时这个时差就会导致不同向叠加现象，因而降低了资料品质。因此，应消除这个时差后再进行叠加处理。具体做法：一是设计井震共同点，即在野外施工时，在相同的激发点采用井炮和可控震源方式进行激发，通过分析两种激发方式的单炮时差，进行时差校正，以消除井炮和可控震源之间的时差；二是子波整形，以井炮数据为期望输出数据，并对可控震源数据采用滤波器，以消除得到的数据与井炮数据在子波形态和时间方面的差异[3]。

由于研究区资料为不同年度采集，没有井震共同点。因此，采用子波整形的办法解决激发源的时差问题，主要是采用滤波器的方法。详见下列公式：

$$y(t) = f(t) \times s(t) \qquad (1)$$

式中 $s(t)$——被整形数据；

$f(t)$——要设计的滤波器；

t——时间，ms；

$y(t)$——整形结果。

$$E = \sum_t [d(t) - y(t)]^2 \qquad (2)$$

式中　$d(t)$——期望输出数据；

$y(t)$——整形结果；

t——时间，ms；

E——$y(t)$ 与 $d(t)$ 之间的最小平方误差。

解式（1）和式（2），计算滤波器系数（$f_0, f_1, \cdots, f_{n-1}$）以使误差最小。首先将平方项展开，将整形结果表达式代入，则有：

$$E = \sum_t d_t^2 - 2\sum_t d_t \sum_\tau f_\tau s_{t-\tau} + \sum_t \left(\sum_\tau f_\tau y_{t-\tau} \right)^2 \qquad (3)$$

式中　E——$y(t)$ 与 $d(t)$ 之间的最小平方误差；

d_t——t 时刻期望输出数据；

f_τ——τ 时刻滤波器系数；

$s_{t-\tau}$——$t-\tau$ 时刻被整形数据；

t——期望输出时间，ms；

τ——滤波器时间，ms；

$y_{t-\tau}$——$t-\tau$ 时刻整形结果。

欲使误差 E 最小，则对上式取偏微分，并令其为零，则有：

$$\begin{bmatrix} r_0 & r_1 & \cdots & r_{n-1} \\ r_1 & r_0 & \cdots & r_{n-2} \\ \vdots & \vdots & & \vdots \\ r_{n-1} & r_{n-1} & \cdots & r_0 \end{bmatrix} \begin{bmatrix} f_0 \\ f_1 \\ \vdots \\ f_{n-1} \end{bmatrix} = \begin{bmatrix} g_0 \\ g_1 \\ \vdots \\ g_{n-1} \end{bmatrix} \qquad (4)$$

式中　$(r_0, r_1, \cdots, r_{n-1})$——被整形数据 $s(t)$ 的自相关；

n——采样点；

$(g_0, g_1, \cdots, g_{n-1})$——期望输出 $d(t)$ 与被整形数据 $s(t)$ 的互相关。

利用 Levinson 递归算法就可得到滤波器系数（$f_0, f_1, \cdots, f_{n-1}$）。经过子波整形后，A 三维（井炮）+B 三维（震源）数据叠合处理后，资料品质比单独处理的剖面有所提升（表4）。

表4　不同方法的剖面分析表

方案种类	B 三维（震源）	A 三维（井炮）	A 三维（井炮）+B 三维（震源）叠合处理	子波整形后 A 三维（井炮）+B 三维（震源）叠合处理
T_1	反射同相轴强，可追踪	反射同相轴很强，可清晰追踪	反射同相轴较强，可清晰追踪	反射同相轴强，可清晰追踪
T_2	反射同相轴弱，不可连续追踪	反射同相轴较强，可清晰追踪	反射同相轴强，可模糊追踪	反射同相轴较强，可清晰追踪

2.3　不同比例的观测系统分析

按照上述方案进行叠加处理，分析不同方案的资料品质，结果显示：全频资料品质差别不大，T_1 和 T_2 连续性好，信噪比高。从 40~50Hz 高通部分来看，A 三维（井炮）和 4 种方案的 T_1 都可见强且连续反射信号，T_2 反射信号连续性好，而 B 三维（震源）T_2 反射信号非常弱；从 50~60Hz 高通部分来看，B 三维（震源）T_1 反射信号相对较弱，方案 3 和 4 的 T_2 反射信号弱；从 60~70Hz 高通部分来看，B 三维（震源）的 T_1 看不到反射信号，而 A 三维（井炮）的 T_2 反射信号弱。

通过定量分析，获得以下结果：（1）通过井震融合布设观测系统能有效提高目的层的频率；（2）当井震比例为 1∶3 时，图 2 所示方案 1 的资料品质与 A 三维（井炮）基本相当，叠加剖面 T_1 能达到 70Hz，T_2 能达到 65Hz；（3）当井震比例为 1∶5 时，图 3 所示方案 2 的叠加剖面 T_1 能达到 65Hz，T_2 能达到 60Hz；（4）当井震比例分别为 1∶7 和 1∶9 时，图 4 和图 5 所示方案 3 和方案 4 的叠加剖面 T_1 能达到 65Hz，T_2 能达到 55Hz；（5）B 三维（震源）叠加剖面 T_1 能达到 55Hz，T_2 能达到 45Hz。

3　结论

（1）针对长岭断陷井炮、震源施工的优缺点，通过井震融合布设的观测系统能有效提高目的层的频率。当井震比例大于 1∶5 时，叠加剖面目的层 T_2 的频率比震源施工能提高 15Hz 左右，与井炮施工频率基本相当；当井震比例小于 1∶5 时，叠加剖面目的层 T_2 的频率能提高 10Hz 左右。

（2）井震融合技术充分利用了现有的资料（多次采集），通过提取更多属性信息，使资料在时间、空间和属性上相互补充，最大限度地提高了资料处理成果的质量，为综合研究提供了更加丰富和准确的信息。同时，既提高了资料分辨率，又降低了勘探成本。

参考文献：

[1] 鲍巨香.多次采集的地震资料高精度融合处理方法研究[D].青岛:中国石油大学(华东),2018.

[2] 田锦瑞,亚东菊,张昭,等.复杂障碍物区三维地震观测系统多方位角变观设计技术及应用[J].物探化探计算技术,2023,45(5):585-591.

[3] 崔庆辉,尚新民,滕厚华,等.高密度三维地震观测系统设计技术与应用[J].石油物探,2020,59(1):12-22,59.

本文编辑：台自权

吉林油田大平台建产技术实践与展望

边晨旭

（中国石油吉林油田公司开发事业部）

摘　要：自2008年以来，吉林油田大平台建产技术在扶余城区成功应用于动用压覆资源，已累计建成10口井以上大平台116座，涵盖平台井1844口，建产能 $63.5×10^4$ t，节约占地约 $80×10^4 m^2$，新建产能桶油完全成本下降到50美元以内，实现了低品位资源的高效动用。经过十余年的技术探索与实践，理念不断拓展创新，技术不断迭代升级，不断融入新能源、CCUS两大战新产业，形成了一套多专业协同提效的特色建产技术，成为助力吉林油田转型发展的新质生产力。下步还将继续拓展大平台技术的应用场景，如利用大平台建产技术对老油田实施整体重建，融合数智化转型，改变多井低产、管理难和效率低的现状，实现减员增效，促进管理模式的不断变革。

关键词：大平台建产；新能源；数智化；转型发展

1 大平台发展历程

吉林油田大平台建产技术经历了四个阶段的发展，理念不断更新并且技术不断升级。目前，已形成完善的大平台效益建产技术系列，新建产能中平台井占比达到96%，桶油完全成本降至50美元以下。

1.1 探索试验阶段

2008—2013年，该阶段主要特点是被动解决压覆资源动用的问题。技术理念是采取直井和水平井组合，主要成果是定型浅层大位移水平井钻井技术和引进螺杆泵举升技术，实现了扶余油田38座平台的推广应用，有效地解决了压覆资源的动用（图1）。

图1　扶余油田城平12平台井场图

在扶余油田全面推广直平结合模式的平台井建产，累计实施38座平台552口井，建产能 $35×10^4$ t，封井486口，带动了 $3386×10^4$ t压覆资源高效开发，阶段年产油提升到 $31×10^4$ t，对比不调整增加 $22×10^4$ t，采收率提高5.8%，对比不调整提高10.4%。同时，在三新等村屯压覆地区也实现推广。

1.2 规模推广阶段

2014—2021年，该阶段主要特点是主动破解低油价效益建产的问题。技术理念是创新形成大平台集约化建井模式，主要成果是建成集约化钻井、工厂化作业、整体压裂、低成本双井抽采油橇装化建设的大平台模式，百万吨产能投资下降到80亿元，在新立采油厂实施19个大平台，建产能 $10×10^4$ t 以上，保证了新立采油厂年稳产 $30×10^4$ t。

2014年以来，受国际油价大幅下跌和资源劣质化的双重影响，常规建产方式难以为继，产能规模大幅缩减，生产经营形势十分严峻。吉林油田公司依托三年自主经营改革，积极转变思路，在前期认识基础上，开始探索低油价集约化建井的新模式。

2014—2015年，针对新立Ⅲ区块开发矛盾突出，常规建产无效益的问题，按照"双提双降"的理念，利用三个大平台，整体部署新井109口，治理老井26口，建产能 $5.2×10^4$ t，内部收益率9.9%，实施后区块开发效果和效益得到极大改善。

作者简介：边晨旭，男，1970年出生，1993年毕业于大庆石油学院油藏工程专业，现从事油田开发管理工作，高级工程师。通信地址：中国石油吉林油田公司开发事业部，邮编：138000，联系电话：0438-6258473。

该阶段实现了低成本开发技术集成应用，形成了集约化钻井模式，钻井提速22%；实施集团压裂改造，单井提产110%；研发了橇装一体化装置，地面工程投资降低30%，运行费用降低20%，大平台建产技术具备了成熟推广条件。

1.3 迭代升级阶段

2014—2021年，规模推广大平台集约化建井以来，原油产量持续上升，产能效果逐步改善，实现了量的合理增长，但质的有效提升还未实现，这对开发理念提出了新的更高的要求，需要统筹储量、产量、投资和成本等要素的合理匹配。

大平台集约化建产再升级，研发一体化集成装置、多功能无人值守橇装间，形成井间站一体化地面建设模式替代常规中型站场，并融合新能源，应用分散式光伏、空气源热泵等技术降低运行成本，实现"节约占地50%、投资降低30%、运行费用降低20%"，实现区域零碳生产。通过大平台集约化建产进一步深度融合新能源与数智化转型，由"双提双降"进一步拓展为"四提四降"，开发效果进一步提升，全面推进减员增效与节能减排。

该阶段主要特点是积极应对低成本开发提效的问题。技术理念是集约化建产与新能源融合、数智化的结合，主要成果是增加了无人值守、智能管控和绿电替代的功能，建设亚洲最大陆上平台——新立16号平台，平台井达72口（图2），通过融合新能源技术，采出了第一桶零碳原油，建设项目桶油完全成本下降到50美元以内。

图2 新立采油厂16#平台俯瞰图

1.4 场景拓展阶段

2023—2025年，该阶段主要特点是融合互促发展新质生产力。技术理念是建设绿色低碳区域微网，主要成果是拓展了大平台与新能源、CCUS的融合，建成了黑72区块CCUS负碳生产示范区、庙20区块"孤岛式"绿电全替代示范区和大50区块生态红线资源绿色高效开发示范区，带动松南地区桶油完全成本下降16美元。

2 形成的配套技术

2.1 油藏工程

形成了大数据支持下的精细油藏描述技术[1]，统筹地质工程一体、地上地下交互和新老井协同设计，通过纵向有利砂体精准挖潜（图3）、平面新老井注采重构和同层同步干扰压裂改造，水驱控制程度由72%提至85%，采收率提高6%以上。油藏工程向精准表征地下流场延伸，以建模和数模为依托，精准落实砂体展布，精确认识剩余油分布规律，结合油层钻遇，实时完善地下油藏认识。

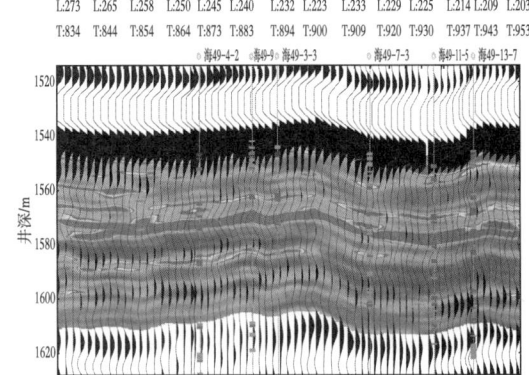

图3 AC\LLD协同反演识别有效储层辨别剖面图

2.2 钻井工程

创新形成了大平台钻井灵活调整及防碰优化技术，实现了丛式井平台密集井网集中建井，支撑平台快速建产，对比前期钻井平台井场面积缩小50%（图4），中靶精度由20.8m提高至7.6m，井眼最近防碰距离仅为1.6m。钻井工程向高质量钻完井技术延

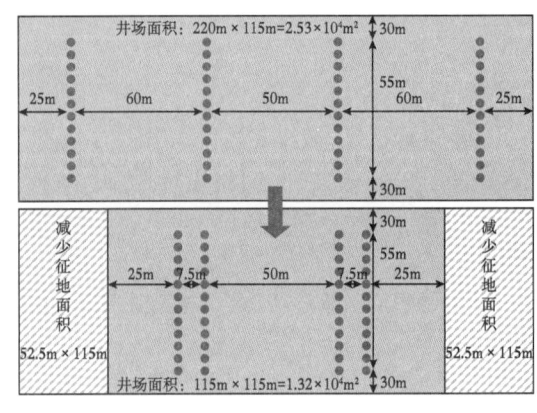

图4 钻井井场优化设计图（节约占地约50%）

伸,地质工程一体化优化平台位置、规模及井序,满足油藏滚动开发需求,实现零丢井、效益最优及质量提高。

2.3 采油工程

建立了以"全藏压驱"技术理念为核心的砂体、井网和缝网相匹配的改造模式[2],对比常规改造体积提高100%,压后产量提高25%;自主研发了以"液压抽"和"双驴头"为代表的新型"一机双井"举升装备,不同机型节约投资23%~58%,平均节电率在20%以上。采油工程向全藏改造低成本采油延伸,精细认识油藏,小层精细优化,以"全藏压驱"理念,整体认识、整体设计、整体实施及规模推广液压双抽。

2.4 地面工程

形成了井、间、站合一建设模式及配套技术,研发一体化气液缓冲加热增压装置,替代小型固定式接转站,模块化功能橇灵活组站替代传统中型接转站,地面建设时间缩短50%,投资降低40%,运行费用降低15%。地面工程向新能源深度融合延伸,定型标准平台井场光伏配置,固化建设技术路线,提升绿电生产能力和新能源消纳比例,大力推进一体化集成装置。

3 取得的主要成果

吉林油田积极转变观念,持续探索低渗透油田大平台集约化建产模式,通过井位部署整体规划、钻井井群整体设计、压裂全藏整体改造,努力实现效益效果最大化。平台建设平稳有序,截至目前,累计建成大平台116座,平台井1844口,建产能63.5×10⁴t/a,节约占地83.5×10⁴m²,其中新立16号平台总井数72口,占地1.8m²,为亚洲陆上第一大采油平台。

大平台集约化建产实现研发一体化集成装置和多功能无人值守橇装间,形成井间站一体化地面建设模式替代常规中型站场,并融合新能源,应用分散式光伏和空气源热泵等技术降低运行成本,实现"节约占地50%、投资降低30%,运行费用降低20%",实现区域零碳生产。

通过大平台集约化建产进一步深度融合新能源与数智化转型,由"双提双降"进一步拓展为"四提四降",开发效果进一步提升,全面推进减员增效与节能减排。"大平台集约化建产+新能源融合+数智化转型"建产新模式的成功,有效破解了资源劣质与高质量发展需求之间的矛盾,低品位资源动用和新能源互融互促,两化转型提升管理水平,打造战新产业融合降本增效示范工程。

(1)建成了CCUS负碳生产示范区。针对黑72区块特低渗和低饱和度油藏,创新"CO_2驱+平台组"建产模式,整体部署新井125口。该模式降低了储量动用下限、提高采收率20%,内部收益率由水驱6.03%提升至9.98%,新建桶油完全成本48.3美元。

(2)建立了"孤岛式"绿电全替代示范区。庙20区块应用4个大平台"源网荷储"一体化打造区域微网(图5),实施后产量由0提高到4×10⁴t,年替网电2085×10⁴kW·h,桶油完全成本由83美元降至47美元,内部收益率8.7%,后续进一步扩大10×10⁴t/a产建规模,同步破解低品资源开发与新能源自消纳两项难题。

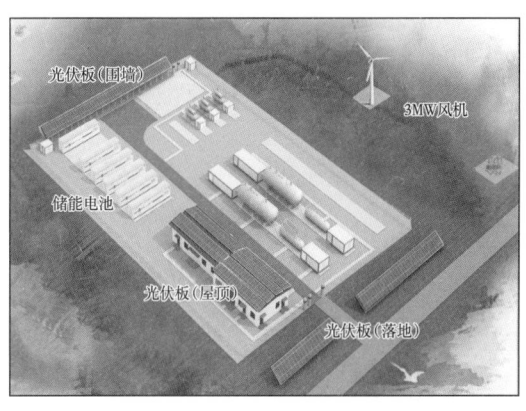

图5 "孤网运行"模式图

(3)打造了生态红线资源绿色高效开发示范区。大50区块升级大平台井群部署模式,实现内涝区集中高效管理,总体规划产能15.5×10⁴t/a。其中,2022—2024年建产11.2×10⁴t/a,后评价内部收益率10.8%,新建桶油完全成本46美元,融合低碳生产模式,实现清洁电力占55%,清洁替代率40%。

4 下步技术需求

4.1 资源品质低,效益建产的需求

自营区探明未动用储量多且品质低,主要以特低渗扶余油层为主,其中特低丰度占比82%,千米井深日产小于1t的占比77%,按照传统建产方式无法实现效益建产。

4.2 开采效率低,持续提效的需求

老区井况井网问题突出,地面设施及管网老化严重,红线资源动用迫在眉睫。不正常井占比高达21.5%,油水井数比高达2.8,开发效果持续变差;地面系统新度系数低为0.32,管网漏失率高,同时运行效率低且能耗大;红线储量占比高,20%储量受限,17.5%管网高风险,安全环保形势严峻。

4.3 高质量发展的需求

吉林油田已进入全面非常规开发阶段，需统筹处理好质的有效提升与量的合理增长两大关系，为绿色低碳转型高质量发展积蓄动力。

5 存在问题及攻关方向

5.1 存在的主要问题

（1）井位部署方面。油藏更复杂，方案设计需更精准，"低、薄、快、散"的油藏特征需要"甜点"的精准刻画，含油性的精准表征，油层力学参数的精细定量评价。

（2）钻井降本方面。科学泄压、井筒瘦身和短水平段水平井钻井方面还需优化。

（3）压裂提产方面。低成本全藏驱替改造体系、新老井层在新井网下的整体压裂设计和蓄能洗油一体化压裂需要进一步完善。

（4）采油工艺方面。大平台建产模式举升工况更加复杂，大井斜、长位移和高狗腿严重限制机采指标提升。

（5）新能源融合方面。需从设计上与新能源深度整合，建立适应风光发电规律的高效工艺流程。

5.2 下步攻关方向

5.2.1 精准设计井位，优化平台规模与井型

（1）攻关薄储层预测及剩余油定量化表征技术，实现井位的精准设计；多专业结合科学设计平台规模实现投资最优。推广井约束高分辨率储层参数反演技术[3]，攻关4m薄层定量预测技术，符合率达到85%以上。

（2）攻关大平台直平联合井网部署方式，大幅度提高单井产量及经济效益。新224位移大于990m大斜度井优化为短水平段水平井，内部收益率由6.87%提高到7.92%。

5.2.2 转变观念，科学设计，实现高效钻井

从科学泄压钻井、井筒瘦身和短水平段井三个方面开展研究，科学方案设计，攻关技术短板，为降低成本和提高单井产量探索一条新途径。

（1）科学泄压方面。加强地质、注采关系研究，明确注水压力、受效方向和周边断层圈闭等信息，区块泄压标准一事一议，进一步降低对周边老井产量的影响；深入攻关调整区科学泄压安全钻井技术，确保在少泄压情况下优质安全高效钻完井。

（2）开展井眼瘦身技术试验。瘦身方案：一开 ϕ311mm 钻头+ϕ244mm 套管，二开 ϕ200mm 钻头+ϕ139.7mm 套管。有效降低套管和水泥使用，减少钻井液外排费用，同时钻井风险较低，不影响采油压裂。预测2000m井深可节约5.03万元。

（3）开展短水平段井技术试验。在储层多、薄的区块部署大斜度井和短水平段井，提高储层裸露面积，提高开发效益；采用大斜度井+小于500m水平段进行开发，纵向覆盖多套层位，主力油层部署水平段、上部或下部油层部署大斜度段，钻井费用按常规大斜度井计费，降低综合开发成本。

5.2.3 升级集约化整体压裂技术，进一步提高单井产量

（1）结合新老井联合动用，精细认识老区注采关系、剩余油分布和老裂缝对新井压裂影响程度，新老井层整体改造。深化认识老井网下新老井层注采现状，认识部分井层能量亏空、部分井层水淹严重等复杂注采规律；深化认识剩余油分布，量化规律认识；深化认识老人工裂缝现状，老裂缝在新井网下注采规律及对新井压裂影响。

（2）完善整体压裂技术，推广低成本压裂技术措施，整体认识及整体改造，实现全藏驱替，实现产能提高5%且降本8%的目标。完善新老井层在新井网下技术对策，结合注采规律认识，制定针对性技术对策；完善低成本暂堵转向、堵水压裂和功能型压裂液技术，增大改造体积并降低投资；完善蓄能和洗油一体化压裂技术，实现蓄能提压+渗析置换洗油效果。

5.2.4 持续推进工艺优化，实现机采指标与免修期水平同步增长

（1）泵径降级。低产地区小泵投产，全生命周期提升泵效，为抽油杆优化创造应力条件。

（2）杆径瘦身。井况适宜井替换五分杆，通过底部加重解决小杆受压失稳和弯曲偏磨问题。

（3）冲次控速。"大传动比抽油机+高极数电机"控制冲次，节能降耗的同时缓解管杆偏磨。

5.2.5 加快清洁能源替代，助力绿色发展转型

综合评价新能源利用技术，明确适用范围：结合现场实际应用情况，评价大平台配套建设光伏围墙、小风机、光热、空气源热泵和井筒取热等新能源技术的适应性，并摸索出效益临界点，形成设计指导意见，为后期大平台配套设计新能源推广提供技术支撑。

6 应用前景

按照吉林油田公司"三分天下"布局，以高标准打造松南老油田 400×10^4t 稳产为目标，构建大平台效益建产"四大工程"，助力公司实现负碳油田转型发展。

6.1 老油田压舱石工程

以零碳油田为目标，聚焦三大区带，按照三

个层次，以大平台融合建产模式为载体，深度融合"CCUS""新能源"等战新产业协同增效，打造股份公司级"大情字井大平台+CCUS大幅提高采收率上产百万吨工程""三新大平台+新能源大幅控投降本上产百万吨工程"；油田公司级"红岗大平台+红线资源效益开发上产百万吨工程""扶余大平台+层系井网重组稳产 $50×10^4$ t 工程"；采油单位级"低效无效经营单元治理工程"，支撑原油 $400×10^4$ t 效益稳产。

如三新压舱石工程突出大平台技术对老油田实施整体重建，同时融合数智化转型，改变多井低产、管理难、效率低的现状。技术路线是以"断流线控流场、建流线强流场、变流线匀流场"为核心的时空流场调整理念为指导，定型主体区变流线注采重构模式，加快高丰度区层系嵌套组合、低丰度区抽稀井网改造试验推广，创新外围薄值区短水平井立体井网补能开发方式，拓宽老区调整新路径，2025—2026年持续建设庙南地区融合绿电自消纳开发样板工程，扩大新立Ⅳ~Ⅴ区块景观带变流线注采重构试验，开辟Ⅲ区块两套井网嵌套重组、民26抽稀式井网改造、新224短水平井立体井网补能试验区，每年新增生产能力 $10×10^4$ t 以上。同时，迭代升级大平台"地下嵌套式井网重组、地上街道式管网布局"3.0版，为同平台周期性注采换向及层系井网互换创造条件，实现水驱控制程度提高10%、水驱动用程度提高5%、综合提采5%~8%的目标。

大平台建设与新能源互融互促，聚焦高成本治理，加快新老区绿色智能转型。针对"两江一湖"环保敏感地貌及高能耗、高成本开发现状，优化地面总体布局、重构骨架平台管网，综合应用风光发电、余热、地热、光热、电加热及储热技术，实现能耗和碳排双减目标。加快以新北老区为代表的"先瘦身再替代"微网示范工程建设，推广以庙20新区为代表的"孤岛绿电采油"开发模式，"十五五"分步建成新立零碳、新民低碳和新木减碳生产示范基地，目标年绿电占比提升3%，年地面运行成本降低5%。

6.2 SEC储采平衡工程

（1）高效推进未动用储量效益建产。自营区未动用储量存量多，优选出潜力储量。应用大平台融合建产模式控投降本，可实现近 $2000×10^4$ t 储量效益动用，可建产能 $32×10^4$ t/a。

（2）控制预测储量升级动用。聚焦"四大"富油区带，加强控制和预测储量升级动用技术攻关，协同大平台建产模式升级推广，"十五五"规划建产能 $43×10^4$ t/a。

6.3 生态红线储量再利用工程

吉林油区在查干湖和莫莫格保护区涉及红线储量约 $2×10^8$ t。主要分布在新立和英台地区，采用大平台建井避让方式，对红线区开展老区治理协同未动用储量效益开发，建产规模 $12×10^4$ t/a，可逐步盘活退出资源。

6.4 合作回归区二次开发工程

合作回归区采出程度低及储量动用率低，开发潜力大，民47、新216、大50和庙20等应用大平台融合建产模式进行二次开发，成效显著（2024年产油 $27.3×10^4$ t），现有合作区产能建设潜力 $64.46×10^4$ t/a，到2024年底具备产能建设潜力项目8个，可建产能 $24.87×10^4$ t/a。

7 结论

（1）大平台融合建产实现了低品资源的效益开发。吉林油田全面推广大平台建产方式，近年实现投资效益的大幅提升，新增生产能力 $129×10^4$ t，优化了产量结构，拉低桶油完全成本下降16美元，实现了量效齐增。

（2）大平台融合建产带动了开发理念的不断创新。大平台融合建产的实践证明，只有正视低品位的现实不会改变、低油价的现状不会改变和低成本的路径不会改变这三个基本面，通过理念的不断创新，才能走出一条低品位资源低成本效益开发的现实路径。

（3）大平台融合建产推动了配套技术的不断升级。通过四个阶段技术的迭代升级，目前已形成"大平台集约化建井+新能源融合降本+数智化转型提效"的建产模式，并实现了全领域拓展推广，同时培植了大平台与CCUS、新能源两大战新产业深度融合的新质生产力。

（4）大平台融合建产促进了管理模式的不断变革。利用大平台技术对老油田实施整体重建，融合数智化转型，改变了多井低产、管理难和效率低的现状，为减员增效奠定了基础。

参考文献：

[1] 侯启军,冯志强,冯子辉,等.松辽盆地陆相石油地质学[M].北京:石油工业出版社,2009.

[2] 赵政璋,吴奇,马新华,等.水平井压裂酸化改造技术[M].北京:石油工业出版社,2011.

[3] 李照永,付志国,迟博,等.低渗透扶杨油层单砂体识别与储层定量分类评价[M].北京:石油工业出版社,2013.

本文编辑：温志杰

红岗地区葡萄花油层研究及推广应用

王梓诺

（中国石油吉林油田公司勘探开发研究院）

摘　要：红岗地区位于松辽盆地南部西部斜坡带，纵向发育黑帝庙、萨尔图、葡萄花、高台子和扶余等多套含油层系，资源量丰富。随着优质资源逐年动用，剩余资源品质差，"十三五"时期开发效果差，产能建设进入瓶颈期，难以满足稳产需求。通过创新"大油藏"研究模式，开展系统油藏整体研究，明确了葡萄花油层砂体展布规律及成藏主控因素，落实油藏开发潜力，通过多参数储层分类评价，锁定了有利建产目标，实现资源高效开发，并将研究思路推广至扶余油层，形成了下步效益建产技术序列，有效支撑区带稳产及再次上产。

关键词：葡萄花油层；双物源沉积展布规律；多参数储层评价技术

大安油田葡萄花油层前期研究普遍认为西部物源沉积，但在近年来开发过程中也提出存在北部物源的观点，但始终没有系统研究支撑多物源观点，导致砂体展布规律认识不清。大安向斜东部葡萄花油层为岩性油藏，含油性好，含水20%~30%，向斜轴部以西为油水关系复杂，含油性差，含水85%以上，东西油藏特征差异大，成藏主控因素认识不清。基于以上两方面存在问题，创新开展"大油藏"整体研究[1]，明确葡萄花油层储层展布规律及成藏主控因素，落实油藏有利开发目标。

1　创新模式驱动葡萄花油层高效开发

1.1　葡萄花"大油藏"研究地质再认识

为了进一步明确大安油田葡萄花油层储层及油藏特征，收集整理1619口井基础数据资料（包含大庆探评井146口）开展2402km²区域整体构造、沉积、储层和油藏的全流程和系统性研究，明确构造对油气的控制作用和砂体展布规律，并落实了油气成藏主控因素，形成葡萄花油层两方面地质再认识。

（1）形成双物源沉积规律认识：通过地质和物探多方法物源分析，明确西、北双物源控制下砂体展布规律[2]，其中大安向斜东部受控于北部大庆物源沉积体系，向斜西部受控于西部白城水系物源沉积体系，整体表现为北厚南薄特征。通过观察岩心，结合电测曲线形态，明确了不同沉积微相的岩性和电性特征，从而识别单井沉积相标志。同时，充分融合前人研究成果，建立沉积模式。通过逐井逐层精细刻画，明确了葡萄花油层浅水三角洲环境下，以贯穿南北分流河道及滩式展布席状砂为主的沉积展布特征[3]（图1）。

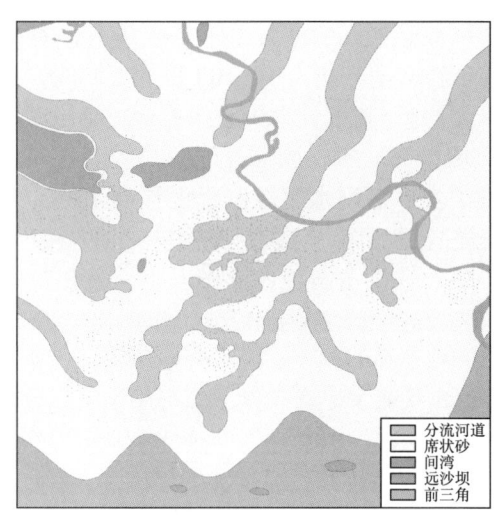

图1　大安油田葡萄花4小层沉积微相展布规律图

（2）形成东西差异控藏认识：依托区域构造、沉积和储层特征整体研究，明确东、西部两支物源砂体控藏作用，东西两侧构造和储层物性不同是造成油藏特征差异主要原因。大安地区东西向表现为两坡夹一洼和向北倾没向斜构造，东部为油源断裂发育的断背斜构造区，圈闭条件好；西部为斜坡，断层不发育，圈闭条件差[4]；油源特征上，以青一段油源为主，大安地区临近北部齐家古龙生油凹陷，暗色泥岩厚度40~75m，TOC在1.0%~2.2%之间，R_o在0.6%~1.0%之间，油源条件充足，物质基础好；储层特征上，西区红87井孔喉半径在1.6~6.3μm之

作者简介：王梓诺，女，1992年出生，2020年毕业于东北石油大学矿物学、岩石学、矿床学专业，现从事油田开发工作，工程师。通信地址：中国石油吉林油田公司勘探开发研究院油田开发所，邮编：138000，联系电话：0438-6227570。

间，东区大27井孔喉半径在0.53~1.06μm之间；红87井排驱压力更低，渗流特征更好（表1）。

表1 红87井、大27井微观参数统计对比表

井号	深度/m	孔隙体积/cm³	歪度	峰态	分选系数	均质系数	中值压力/MPa	退汞效率/%	渗透率/mD	孔隙度/%	中值半径/μm
红87	1718.1	2.476	0.306	0.705	3.984	0.255	2.077	23.65	17.4	20.6	0.364
大27	1427.05	1.243	0.482	1.307	1.583	0.402	6.508	33.339	1.93	10.4	0.112

1.2 相控多参数储层分类评价

通过"大油藏"整体研究，明确了大安油田葡萄花油层砂体展布规律，落实了大安向斜构造东部大50区块油藏开发潜力。针对葡萄花油层薄互层发育、甜点识别难度大的特点，依托宏观沉积微相展布规律认识[5]，进一步深化储层评价技术，通过开展相控下油层厚度、有效厚度、储层物性和含油性定量刻画，多参数融合，锁定了油藏"甜点"目标，落实了有利建产目标（图2）。

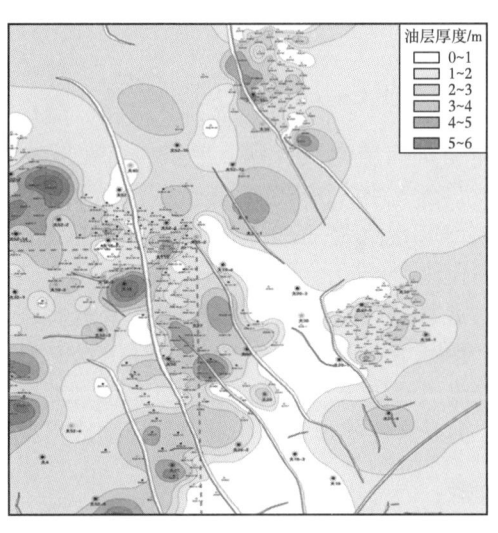

图2 大50区块葡萄花油层厚度等值图

根据井控程度、主力层发育个数、有效厚度、储层参数及生产动态特征，将有利目标划分为3类[6]（表2）：优质区主要位于大52-2、大35—大39、大30—大38井区，井控程度高，主要发育3~4个小层，有效厚度3m以上，储层物性270~290μs/m，井区内探评井试油4~8m³，生产井平均单井累计产油3486t，老井葡萄花层补压提产效果好，平均单井提产1.9t，效益开发潜力大；潜力区主要位于大52-15等外围低井控井区，主要发育2~3个小层，有效厚度2~3m以上，储层物性260~280μs/m，井区内老井常规压裂稳定期日产油1.0t，新工艺下产量认识不清，需实施骨架井，进一步落实储层发育及产能水平，明确开发"甜点"及动用潜力；待落实区主要位于大52-3—大52-5井区，井控程度低，主要发育1~2个小层，有效厚度2m以下，储层物性245~275μs/m，由于储层薄，井区内老井平均单井累计产油1642t，开发效果差，下步通过评价开发一体化，实施评价井，进一步深化地质认识，攻关有效开发方式，落实开发潜力，带动薄、差资源规模动用。

表2 大50区块葡萄花有利目标分区分类划分标准表

类别	井控程度	主力层数	有效厚度/m	储层物性/μs/m	动态特征	动用对策
优质区	较高	3~4	≥3	270~290	探评井试油4~8m³，邻井累计产油3000t以上老井补压提产1.9t	滚动外扩整体实施
潜力区	中等	2~3	2~3	260~280	老井日产油1.0t，新工艺产量认识不清	实施骨架井落实"甜点"及产能水平
待落实区	中等	1~2	1~2	245~275	投产井累计产油1642t	实施评价井深化地质认识攻关有效开发方式

1.3 多专业一体化保障效益实施

在明确有利目标基础上，针对优质区及潜力区采用大平台建井模式进行整体规划部署，并通过多专业一体化方案优化及精细实施，保障资源科学、合理和高效开发。

在方案优化上，综合地质落实程度、靶前位移、地面条件、环评下达时间和生产运行等情况，优化形成最佳平台摆布及实施节奏；由11座大平台调整为15座平台井群，分三批实施，通过新老统筹兼顾、合理设计产能及投资优化，IRR提高1.08%，百万吨产能投资下降15.3亿元，实现方案源头经济效益达标。

在实施过程上，通过厂院前后线紧密跟踪，随钻有效砂体和沉积微相刻画，及时更新地质认识，优化井位调整及实施顺序，生产上保障了一次性上钻组织，地上、地下—地质、工程深度结合，最大程度落实井区资源。

在钻遇效果上，通过精细方案研究及实施过程严格把控，首轮井取得了较好效果。其中，取心井和控制井平均钻遇油气显示17.7m，以油斑、油迹为主，虽然个别小层在测井曲线特征上表现为低电阻的特征，但显示级别仍以油斑、油迹为主，且从岩心分析化验结果来看，含油饱和度在45.1%~63.1%之间（图3和图4），进一步揭示区域油藏落实；首轮井平均单井钻遇有效厚度4.2m，整体上多层发育，以2、4、6小层为主，北部大52-2井区2、4小层向北发育物性优质条带，结合沉积规律认识，向北可继续扩大部署实施；南部大30井区2、4小层符合预期，6小层发育好于预期，但整体向南储层发育减薄，为沉积前缘，外扩潜力小。

在投产效果上，以油藏认识为基础，地质、工程、生产多专业和多轮次联合优化，定型压裂改造模式，针对不同类型储层个性化设计改造规模，优化水井投注方式，充分动用井控储量，最大程度发挥产能

水平，保障资源科学、合理和高效开发；综合储层发育厚度及参数指标，将新井分为4类：Ⅰ～Ⅲ类（有效厚度不小于3m）45口井，占比87%，预测单井日产油2.3t以上，Ⅳ类7口井（有效厚度2.1m），预测单井1.3t；目前完钻新井全部投产，平均单井日产油2.2t，超设计预期46%，开发效果好，下步针对同类储层可继续扩大实施，提高区块生产能力。

图3　1585m完钻取心井岩心实物图

图4　1596m完钻取心井岩心实物图

2 "大油藏"研究技术应用

红岗地区扶余油层剩余资源量大，随着资源逐年动用，劣质化严重，整体低产低效，进入"十四五"时期后未开发；借鉴葡萄花油层"大油藏"研究模式，从宏观油藏认识入手，明确储层发育规律及成藏主控因素[7]，落实了海坨子南部红116区块扶余油层规模效益开发潜力。

红116区块油藏类型为断层岩性油藏，近物源沉积，储层发育厚度大，开发潜力大，但面临油藏认识精度不够、储层变化快和批量实施风险高等问题；通过"精细物探解释、精细油藏描述、合理油藏工程设计、一体化方案优化及效益评价"，落实红116区块整装建产目标；在实施上，开发评价联合攻关，保障效益开发，融合新能源、数智化建设，进一步提高区块经济效益水平，打造红岗地区绿色低碳高效建产工程（图5）。

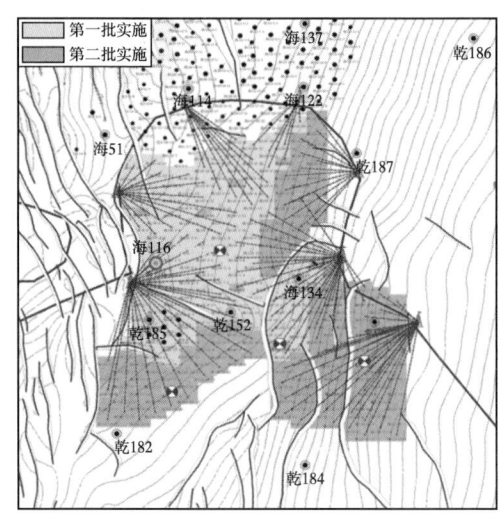

图5　海116区块规划部署图

3 结论

依托创新"大油藏"整体研究模式，深化了红岗地区葡萄花油层地质认识，形成西、北双物源控制下沉积展布规律认识及东西差异控藏认识；以"大油藏"地质研究认识为依托，精细储层"甜点"评价[8]，明确有利建产目标；通过规模部署分批认识，多专业一体化精细实施，实现区块高效开发；并将该研究模式推广至扶余油层，形成大50、红116两个十万吨级效益建产区块，并以其为引领，整体规划部署工作任务，提升产能建设形象，助力红岗地区再次上产。

参考文献：

[1] 吴鹏.松辽盆地白土山组地层特征对区域构造和水系发育的指示[D].哈尔滨：哈尔滨师范大学,2024.

[2] 贾立城,李襄真,黄笑,等.松辽盆地中—新生代构造—沉积演化及其对铀成矿地控作用[J].铀矿地质,2024,40(1).90-104.

[3] 王小敏.松辽盆地朝长地区扶余油层油藏分布规律[D].北京：中国地质大学(北京),2009.

[4] 温海波.松辽盆地北部西部斜坡区油气运移规律研究[D].大庆：东北石油大学,2012.

[5] 姜福聪.松辽盆地大庆长垣南部敖南油田隐蔽油气藏精细构造解剖及有利勘探潜力研究[D].成都：成都理工大学,2022.

[6] 钟建华,王永卓,倪良田,等.砂脉(砂注入体)型储层与油藏——以松辽盆地长垣地区西部萨葡夹层为例[J].地球科学与环境学报,2020,42(3):285-296.

[7] 张庆石.三角洲前缘砂体油气成藏主控因素及分布规律研究[D].成都：成都理工大学,2014.

[8] 张庆石,于丹,李君文.松辽盆地西部斜坡区萨尔图油层油气分布特征及控制因素[J].大庆石油地质与开发,2013,32(5):17-21.

本文编辑：温志杰

新立油田精细水驱挖潜技术研究及应用

庄 健 陈立丽 王 会

(中国石油吉林油田公司新立采油厂)

摘 要: 新立油田是一个已经注水开发30余年的典型低渗透油田,目前已经进入开发中后期,开发矛盾突出,稳产难度较大。在夯实油藏认识基础上,充分应用加密井资料,应用井震结合技术,通过构造精细解释、沉积微相研究和单砂体精细刻画,对油藏进行深刻的再认识,为精细水驱挖潜奠定了坚实基础;通过对开发效果、井网适应性评价、水驱特征及剩余油综合分析评价,深入揭示现阶段油田开发存在的问题,明确潜力方向,确定以完善注采井网、欠注井治理、精细注水层段划分等系列针对性注水一条龙管理技术对策,实现连续7年原油产量稳定。

关键词: 低渗透油藏;精细油藏描述;开发效果评价;水驱挖潜

1 油藏特点及目前开发面临问题

新立油田构造位于松辽盆地南部中央坳陷区扶新油气聚集带新立构造,东邻木头鼻状构造,北、西、南倾伏于古龙、长岭凹陷。储层沉积类型以河流相为主,开采目的层主要为扶余和杨大城子油层,储层纵向划分为9个砂层组26个小层,储层非均质性严重。储层以细砂岩和粗粉砂岩为主,储层物性差,并发育天然东西向裂缝,为典型低渗透构造岩性油藏。

新立油田已经注水开发30余年,目前已经进入"双高"开发阶段,油田开发矛盾突出,效益稳产难度大。存在油藏认识深度不足、局部井网不完善、注水井欠注严重、无效水循环严重、平面层间矛盾和挖潜方向不明确等开发矛盾,严重制约油田稳产形势。

2 精细水驱挖潜的技术方法

2.1 构造精细解释技术

井震结合,对构造进行精细解释,通过先后三次对三维地震资料进行精细处理、精细解释,构造精细解释精度由3×3精细到1×1级别,并引入后期加密井资料,结合油水井在开发过程中的动态反应,对微小断层进行再认识和再刻画,精细刻画了泉四顶、主力层顶面构造和断裂系统。三维精细解释后断层形态更加复杂化,小断层数量增加,局部小断层减少59条和新增68处,Ⅳ~Ⅴ区块南北向断层西移30~70m,且部分断层未贯穿油层;构造继承性强,形态为被断层复杂化的穹隆背斜,随着油层深度增加断层数量减少。

2.2 沉积微相研究及单砂体刻画技术

通过应用井震结合技术,精细沉积微相研究及单砂体刻画。

沉积微相研究表明:物源方向主要来源于西南方向,储层以曲流河点坝、三角洲分支河道和水下分流河道为主,物源方向条带状分布明显,河道宽度多在300~400m,主力层(8、14、16号层)在主体部位呈大面积分布,其他小层呈条带状或透镜体分布(图1)。

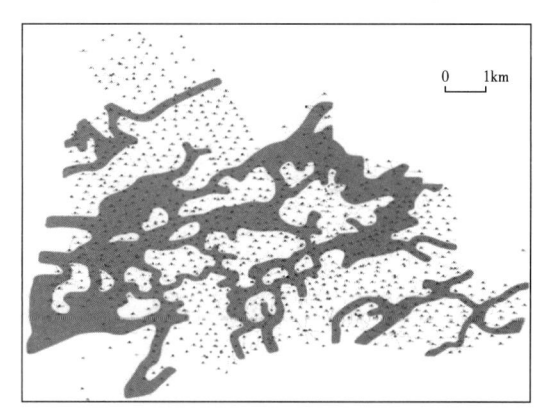

图1 新立油田14号层河道砂体分布图

单砂体刻画表明:储层为曲流河—三角洲沉积,砂体连续性较差,主体开发区的砂体连续性好于外围开发区;砂体横向变化快,河道窄,单砂体精细刻画后,砂体内部构型表明单砂体分布、叠加与泥岩隔挡关系复杂,单砂体内部注采井网完善程度不高(图2)。

作者简介:庄健,男,1968年出生,1991年毕业于大庆石油学院石油地质勘查专业,现从事油田开发研究及管理工作,高级工程师。通信地址:中国石油吉林油田公司新立采油厂,邮编:138000,联系电话:0438-6231007。

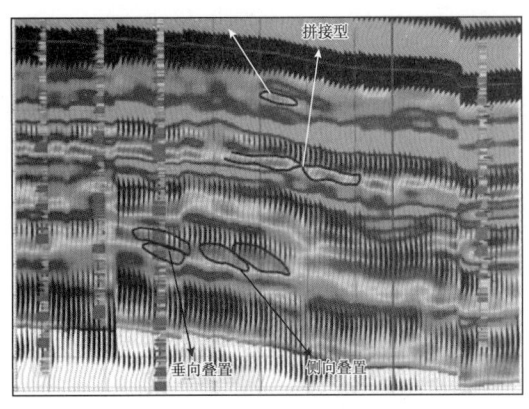

图 2 地震识别新立油田砂体叠置类型图

2.3 剩余油认识

利用构造精细解释、储层和微相认识和生产测试等方法，对剩余油分布有了深入的认识。总体看受断层遮挡和沉积影响，剩余油分布具有规律性，具体体现以下规律特征（图 3）：

（1）平面上剩余油：受沉积特点和加密调整方式影响，平面剩余油存在于水井排水井间注水滞留区、未受到注水波及的油井排油井间压降漏斗区、（构造高点、微相侧缘部位、砂体边部）油井排油井间及注采关系不完善区。

（2）层间剩余油：主要受层间非均质性影响，Ⅰ类层渗透性和连续性相对好且水淹较重；而Ⅱ、Ⅲ类层水淹相对轻。

（3）层内剩余油：主要分布在层内物性条件相对较差部位。

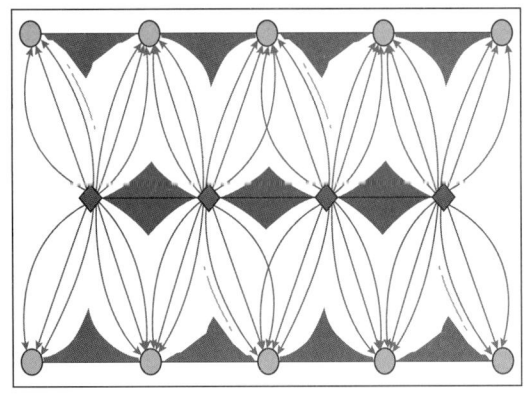

图 3 井间剩余油分布模式图

2.4 精细水驱挖潜技术对策

2.4.1 完善注采井网技术对策

油田注水开发进入中后期，剩余油高度分散，因此提高水油井数比，增加油井受效方向，扩大水驱波及体积，是提高采收率的有效措施。通过精细储层沉积微相研究及单砂体刻画发现，仍然有较大的完善单砂体注采井网挖潜空间。因此，在对剩余油认识基础上，灵活机动采取替代转注、换向驱转注和水井排转注等方式灵活转变井别，完善单砂体注采井网。共计实施油井转注 45 口，增加双向受效油井 85 口，水驱控制程度提高了 0.92%。

在井网得到完善的基础上，加大长停井复活力度，恢复油井 102 口，日产油能力 35.8t，增加可采储量 $4.87×10^4$t；恢复水井 24 口，日注水能力 $650m^3$，总体使得 66 个井组得到完善，恢复储量控制 $141.9×10^4$t。油井和水井利用率分别提高 7.7% 和 5.8%。

2.4.2 欠注井治理技术对策

随着注水开发时间的延长，注水井欠注问题日益突出。通过应用储层研究、油藏监测资料等综合分析发现，系统压力低、井况和井筒及储层污染是导致注水井欠注的主要因素。

针对不同因素导致欠注的注水井，采取系统及局部提压、重新补孔、酸化、正水击 + 负压等多种方式的降压增注措施，取得较好效果，共计治理 186 口井，有效率 78%。目前，日增加注水量 $1894m^3$；提高生产能力 21.0t，有效控制自然递减。

2.4.3 精细注水层段划分技术对策

为满足高含水开发期精细注水需要，综合分析分注的井况和地貌等因素，采取更新、大修、井下分注 + 动态层段重组、地面分注和浅调 + 井下分注等方式，提高分层注水适应性。

依据注入产出剖面分析及油井动态反应，注入产出矛盾突出，主产层吸水得不到保证，油井产量下降。结合注水井检管作业，对层间矛盾突出的注水井合理划分注水层段，强化现阶段主产层注水，控制非主产层注水，有效控制含水上升和递减（如吉检 3 井：Ⅰ段层间矛盾加剧，8 号层大量吸水，5 号层不吸水，对应油井产量下降。需将吸水能力强的 8、13、14 号层控制注水；5 号层加强注水）。

2.4.4 分区制定注水技术政策

根据不同地质单元地质特点、所处开发阶段、地层压力状况和开采特征等，应用类比法、相关分析法和物质平衡法等，不断完善注采调控政策。

在宏观注水政策指导下，完善分井区单元、分注采井组、分纵向层系和分潜力级别"四分精细"注水政策。依托油藏认识，做好井层注采关系、三个剖面协调认识以及注采劈分，实现"区块、注采单元、单砂体和不同类别井"的精细调控，满足精细水驱挖潜需求。通过精细注采调控，注采单元稳升率由 87.5% 提高到 94.4%，提高了 6.9 个百分点。

2.4.5 强化注水一条龙管理

从源头和注入井井口水质抓起，提升注入水水质。以源头来水控制、节点定参管理、防腐技术研究、强化设备清检和管网一体化冲洗技术研究为手段，形成技术提升与管理提速模式，实现注入水质稳步提升，出站水质达标率实现98.29%，井口水质达标率93.82%。

技术创新与引进，提高有效注水合格率。强化管理，创新攻关，不断提高分层注水工艺水平。以分注可靠、井筒畅通为方向，加大水井井况治理，年完成注水井况治理200井次，地质需求分注率达到92.1%。推广地面智能分注，助力油田注水精细化和分层调控智能化，持续实现有效注水的提升。持续加强测试流程化和单元化管理，促进六项管理指标不断提升。加大地面智能分注井推广规模，全油田有效注水达到81.5%。目前，132口地面智能井实现实时自动调控，节省测试班组3个，测试效率由3天降至10min，测试成本投入降低60%。

2.4.6 调堵结合无效水治理技术

进入双高开发阶段以来，无效水循环严重，平面层间矛盾日益突出。尤其主体区受储层非均质性强、多期调整、改造等影响，注采矛盾更加突出：纵向上不吸水厚度占1/3，不产液层占2/3；平面上方向性水驱明显，水驱指数持续上升，耗水率增加。

为缓解无效水循环带来的开发矛盾，实施油井堵水措施。综合结合静动态资料，"十三五"以来实施堵水274井次，成功率81%，井组递减均得到控制。未来，具有堵水潜力的井还有41口（井况正常17口、套变24口）。

开展低渗透油田调剖先导试验，探索适合于低渗透油藏调剖体系。2021年以来，针对注入压力低井，开展凝胶体系试验，实施试验5口井，实施有效率80%，经济有效率60%，调前油压9.9MPa，调后10.7MPa，递减法井组增油342t，45美元产出投入比1.7。

2.4.7 精细油井配套挖潜技术

围绕剩余油潜力评价、单井产能发挥状况评价、影响产能发挥因素分析，以及配套挖潜工艺技术适应性评价四方面，以改善注采关系为目的进行精细油井挖潜，实现措施增产和改善注采"双重"目的。

为实现增油和改善水驱开发效果双重目的，在潜力认识上做到"五个清楚"；方案设计和管理上做到"三个精细"；提高效益上做好"两个结合"，优化做好"五项改造技术"。

（1）深化未动用层潜力研究，提高储层动用程度。开展二次精细解释，不断深化油层和差层、强水淹和特强水淹层、油水同层未动用层潜力认识，不断完善注采井网，本着"试验—评价—再试验—再评价—效益动用"原则，效益排队，逐步动用，挖掘油藏潜力，提高储层动用程度。共计动用201口井，单井年增油保持在150t以上。

（2）深化已动用层潜力认识，有效挖潜，协调注采关系。综合运用井震结合和静动结合等方法，深化单砂体剩余油认识，重新完善选井选层技术标准，并针对不同剩余油类型，制定以"恢复注采、改善注采、建立注采"为目的配套改造技术对策，实施差异化改造设计。通过精选井选层、精细针对性施工设计和精细施工过程管理，平均单井增液幅度提高2~3倍，日增油0.88t、产量实现翻番，注采关系得到改善，地层能量得到有效利用。

通过持续精细水驱挖潜工作，实现了"注好水、注够水、精细注水、有效注水"目标。随着注水状况的改善，油田开发形势得到有效改善。油田自然递减率控制在9%左右，2024年控制到8.6%；水驱储量控制程度由2020年的82.9%提高到84.5%，水驱储量动用程度由2020年的65.6%提高到74.3%；老井含水上升率控制到0.14%，地层压力始终保持在原始地层压力12.2MPa附近。油田产量稳中有升，原油产量上升到$36×10^4$t，增加$1.5×10^4$t，综合递减率控制在3%左右；采收率提高1.2%；油田开发效益变好，桶油完全成本持续下降，由83.2美元/bbl下降到66.8美元/bbl。

3 结论

（1）精细的油藏认识是做好老油田稳产工作的基础，只有不断深化油藏认识，才能把握日趋复杂的开发变化趋势，才能不断深化开发规律和开发矛盾的认识，才能制定有针对性解决开发矛盾的各项方案。

（2）合理完善的开发井网是有效开发的前提。在油田开发中后期，随着含水的不断上升，耗水量逐步增加，开发成本增加，因此只有合理地完善注采井网，提高水驱控制程度，才能最大限度提高水驱动用程度，提高水驱采收率。

（3）适合于不同开发阶段的注水政策，是实现老油田稳产的关键。不同地质单元、不同开发阶段，需要制定不同的注水政策，而且注水政策也应该随着开发趋势的变化及时进行调整，才能保证开发形势向好的方向发展。

（4）低渗透油田注水见效慢，只有常抓不懈，才能见到效果。注水一条龙精细管理，是保证注水方案落实的有力手段，在落实中发现问题和解决问题，不断提高方案的精准度。

本文编辑：温志杰

扶余油田中高渗储层驱替实验方法研究

王亮亮[1]　黄岩波[2]　金梓桐[1]

（1.中国石油吉林油田公司勘探开发研究院　2.中国石油大庆钻探工程有限公司地质录井公司）

摘　要：针对扶余油田二次开发后剩余油分布复杂、水驱采收率提升受限的问题，通过微观实验与渗流特征分析，本文系统研究了储层物性演化、原油性质变化及渗流机制对剩余油分布与动用潜力的影响，为老区剩余油高效挖潜提供理论依据。研究表明，长期水驱导致高岭石分散运移，孔隙结构由中孔粗喉向小孔细喉演化，剩余油富集于中高渗储层的大孔隙中，但重质组分占比增加显著；润湿性向亲水转化虽扩大水波及范围，但高渗层易形成剩余油簇状滞留。通过并联驱替实验优化注采策略，发现封堵高渗层可提升中低渗层采收率6.8%，且间歇停注促进油水重新分布，有效动用绕流孔隙剩余油。本文为扶余油田特高含水期剩余油精准开发提供了微观实验支撑，对同类老油田稳产具有借鉴意义。

关键词：驱替实验；剩余油；中高渗

扶余油田经历二次开发后产量快速下滑，水驱采收率达30%，老区剩余油仍然需要进一步挖潜，研究剩余油的基础是确定剩余油分布的位置和性质，而微观实验对于剩余油的变化和动用潜力研究更具有实际意义[1-2]，针对剩余油驱替实验得到的实验结果，从微观角度上为剩余油区块的有效动用指明方向。

1 储层条件

1.1 黏土矿物变化

扶余油田储层黏土矿物含量9.47%，高岭石为主要的黏土矿物，东西区含量超过70%，平均67.5%，长期注水冲刷导致的高岭石的分散运移，是储层物性变化的主要因素，东西两区黏土矿物主要分布在储层的下部，中区黏土矿物主要分布在储层的上部。

1.2 储层物性变化

扶余油田储层成岩作用较弱，在长期水驱后微观孔隙中的黏土矿物发生溶蚀和分散等，导致孔隙结构发生改变，储层孔隙度、渗透率分布频带拓宽，峰值向高值方向偏移，储层非均质性加强。

1.3 剩余油饱和度变化

对1979—2015年，共19口检查井3310块岩心进行分析，从不同驱替阶段的剩余油饱和度变化看出，长期水驱后，中高渗透储层仍是微观剩余油富集的主要部位，但目前总体剩余油较少，需要通过其他手段降低剩余油饱和度，提高区块采收率。

1.4 孔隙结构变化

采用CT扫描与恒速压汞联用技术，定量表征长期水驱后孔隙结构演化规律：选取不同水洗强度的岩心，通过Micro-CT构建三维孔隙网络模型，结合压汞曲线获取喉道半径分布。实验发现，水驱10PV后，孔径超过50μm的大孔喉占比下降18.7%，1~10μm中孔喉增加12.3%，孔径低于1μm的微孔喉增幅6.4%，证实储层孔隙结构向"大孔退化、微孔增生"方向演化。

孔隙结构变化对微观剩余油分布具有显著影响。孔隙尺度和连通性是核心因素：较大的孔隙（50~300nm）和良好的连通性可促进剩余油聚集，提高采收率；而小孔隙（小于50nm）和较差的连通性则导致剩余油分散，形成油膜或油滴[3]。孔隙非均质性进一步加剧这种差异，例如孔隙配位数、形状因子和孔喉比等参数直接影响剩余油动用效率，高配位数孔隙（PM > 0.48）剩余油易被驱替，而低配位数孔隙（PM < 0.1）剩余油难以动用。此外，孔隙边缘矿物性质（如润湿性、表面粗糙度）通过改变油水界面张力影响剩余油赋存状态，亲油性矿

作者简介：王亮亮，男，1987年出生，2009年毕业于大庆石油学院化学专业，现从事油田勘探开发综合实验技术研究工作，工程师。通信地址：中国石油吉林油田公司勘探开发研究院实验室，邮编：138000，联系电话：0438-6393316。

物表面更易形成吸附油聚集。在页岩油藏中，介孔（2～50 nm）虽体积小，但其储集能力与大孔相当，溶剂抽提后孔隙结构改变可释放部分剩余油。水驱过程中，孔隙结构演化（如裂缝生成、小孔填充）会动态调整剩余油分布模式，从连续相向分散相转变。利用扫描电镜、铸体薄片观察不同水洗阶段的孔喉变化，初期孔隙类型以原生或剩余粒间孔隙为主，长期水驱后，主流通道以增大粒间孔隙为主，其次小孔中喉、小孔细喉较少。河道沉积下部以大孔粗喉和中孔粗喉为主，中部以中孔中喉和中孔细喉为主，上部则以小孔细喉型为主。

采用微流控芯片技术构建储层孔隙网络模型，通过分辨率 0.1μm 的高精度显微成像系统实时捕捉驱替过程中油水界面演化，实验发现，当毛细管数大于 $5×10^{-6}$ 时，驱替前缘突破模式从毛细管主导转为黏性主导，高渗通道内剩余油饱和度下降 12.3%，但小孔隙中油滴滞留量增加 8.7%。

2 原油性质

地层原油性质通过原油黏度、原油组分、原油凝固点、压力梯度及扩散吸附等多机制共同作用，直接影响剩余油的分布形态与可采性。优化流体性质可改善驱替效果，而深入研究其微观作用机制对制定高效开发策略至关重要[4]。

2.1 原油黏度变化

部分区块长期低饱和压力开采，地层原油气油比逐渐降低，原油脱气，从两相渗流变成三相渗流，叠加的贾敏效应造成地层原油黏度增大，渗流能力降低，形成微观剩余油。

油水黏度比是影响水驱油效率的核心因素。实验表明：原油黏度越高，驱油效率越低，但高黏度原油在特高含水期仍能通过提高驱油效率增加采收率。例如，当油水黏度比为 41.6 时，含水 90%～98% 阶段驱油效率可提升 10.8%，而黏度比为 5.87 时，仅提升 5.4%。此外，流体黏度还会影响渗流通道的形成，高黏度流体难以形成优势渗流通道，剩余油分布更均匀；低黏度流体则易形成通道，剩余油在通道周围聚集。

2.2 原油组分变化

残余流体成分（如黑油、挥发油、凝析油）的差异显著影响剩余油分布。凝析油因轻质组分扩散速率高，储层封存能力最强；挥发油依赖吸附作用但受杂质竞争抑制；黑油因扩散导致 CO_2 解吸，封存容量最低。在稠油热采中，原油黏度、蒸汽密度与原油密度差共同决定驱油效率，高黏度原油易因"液阻"现象滞留于孔隙结构差的部位。扶余油田东区各组分自 2005 年之后明显上升，西区原油组分保持平稳不变，东部和西部原油重质组分增加，与两区原油黏度变化有明确的对应关系。利用液氮对岩心进行冷冻，通过激光共聚焦处理技术，表征不同驱替阶段微观剩余油组分，随着驱替倍数增加，轻重组分同时减少，但重质组分百分含量增加。

利用液氮对岩心进行冷冻，通过激光共聚焦处理技术，表征不同驱替阶段微观剩余油组分，随着驱替倍数增加，轻质组分优先沿大孔喉运移，驱替后期含量下降至初始值的 20%，重质组分在孔隙壁面吸附富集，沥青质含量增加，形成黏弹性油膜，胶质在毛细管压力作用下向小孔隙运移，导致局部润湿性反转。轻重组分同时减少，但轻质组分减少更多，重质组分含量比例增加轻重组分比从 1.0763 下降到 0.1070，最终到 0.0830。

3 渗流特征

3.1 润湿性变化

开采初期扶余油层以中性及弱亲水性为主，随着开采年限增加，润湿性逐渐向亲水转化，水波及的孔道范围更大，低渗透层毛管动力作用突出，吸水排油效果明显，而高渗透层易形成剩余油，同时随埋深增加，润湿指数增大，储层自上而下亲水性增加（图1）。

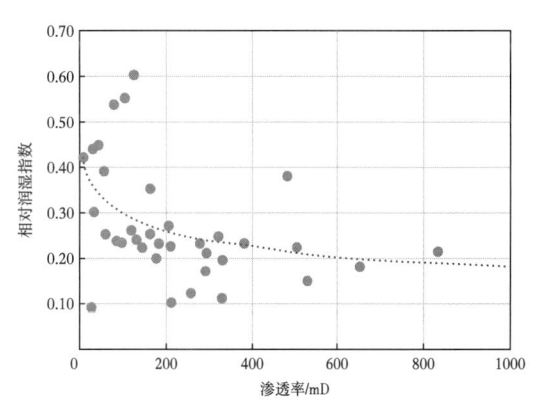

图 1 扶余油田渗透率和润湿性关系散点图

润湿性对微观剩余油的分布形态和驱替效率具有显著影响。在亲水模型中，剩余油多以油丝、油滴形式滞留于喉道或大孔隙中；而在亲油模型中，剩余油则主要呈膜状吸附于岩粒壁面，或滞留于小孔隙中，且油湿模型中剩余油尺寸更小。润湿反转技术可通过改变流体界面张力，有效动用绕流孔隙和盲端孔隙中的剩余油，但高反转程度（如接触角从 150° 降至 0°）可能导致大孔隙中原油卡断再捕获。此外，温度与润湿性存在交互作用：低温下（75℃）油湿模型因黏度影响驱油效率较低，而高温下（150℃）水湿模型因润湿性改善更显著提升采收率。数值模拟表明：润湿性改变可促进水相离子向三相接触线扩散，减少卡断现象，但非均质润湿分布可能引发原油回流，形成额外流动通道。

3.2 相渗曲线特征

渗透率较高的岩心，原始束缚水饱和度值相对较低，油水两相跨越宽度较大，注水驱替末期水相渗透率较高；渗透率较低的岩心，成藏时原始束缚水饱和度值相对较高，油水两相流动跨度较小，注水驱替末期水相渗透率较低；但油水两相同渗饱和度点值靠右，岩石亲水性相对较强，有利于水驱（图2）。

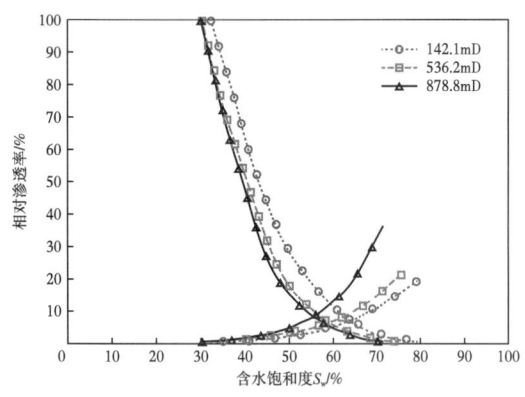

图2 扶余油田中高渗储层相渗曲线（中性润湿）图

相渗曲线通过量化油水两相渗流特性，对微观剩余油的分布形态和驱替效率具有关键影响。具体表现为以下三方面。

3.2.1 剩余油饱和度与相渗参数强关联

相渗曲线中的束缚水饱和度（30%~40%）和残余油饱和度（25%~79%）直接反映微观孔隙中剩余油的赋存状态。多周期注采实验进一步表明：残余油饱和度随注采周期增加逐渐降低，但束缚水饱和度同步下降，说明相渗曲线参数变化可揭示剩余油富集区的动态迁移规律。

3.2.2 渗流能力差异导致剩余油分级分布

相渗曲线交叉点（等渗点含水饱和度55.8%）和油相渗透率的差异，直接决定剩余油微观形态的分级特征。Ⅰ类储层油相渗透率高，剩余油以簇状自由态为主；Ⅲ类储层油相渗透率低，剩余油多呈孔隙沉淀状或狭缝状束缚态。微观仿真模型显示，喉道状剩余油占比3.8%，角隅状剩余油因毛管力作用占比13.1%，这些均与相渗曲线中低渗透区域的渗流能力衰减直接相关。

3.2.3 动态驱替过程优化剩余油动用

相渗曲线的非稳态特性为剩余油开发提供理论依据。多周期注采实验表明：气相相对渗透率随周期增加显著降低（滞后效应），而油相渗透率呈上升趋势，这种周期性变化可增强驱替体系对自由态剩余油的剥离能力，可优化相渗曲线参数，使含水率在40%~90%阶段的剩余油交互渗流效率提升6%~8%。在特高含水油藏中，基于相渗曲线分类的注采井网调整，可使水驱控制程度提高7.21%，采收率增加1.5%。

3.3 水驱油特征

随孔隙度上升，注入倍数越高，采出程度越大；但随着注入倍数上升，增加注入倍数对采收率提高幅度有限，很多低孔隙度样品并不比高孔隙度增加少。随渗透率上升，注入倍数越高，采出程度有增大趋势。

利用不同注入倍数采出程度差值对比，渗透率$K<80mD$时，随渗透率增加，增加注入倍数对采出程度增加没有明显影响；而$80mD<K<400mD$时，增加注入倍数，采出程度增加。说明物性越好的储层，越能通过加强注水提高采收率；低于80mD的储层，建议通过储层改造或者别的方式提高驱油效率[5]。

4 并联驱替实验

4.1 实验原理

利用多岩心水驱油实验装置，结合微观孔隙结构分析以及含油饱和度，开展微观剩余油可动条件研究，明确了不同水驱条件下孔隙动用范围（图3）。

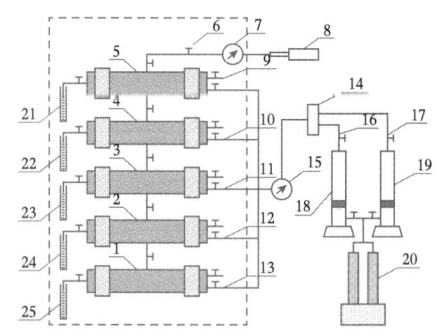

1，2，3，4，5—岩心夹持器；6，9，10，11，12，13，16，17—阀门；
7—压力传感器；8—围压泵；14—三通；15—压力传感器；18—油中间容器；
19—水中间容器；20—驱替泵；21，22，23，24，25—油计量管。

图3 并联驱替实验流程示意图

4.2 实验步骤

（1）抽空饱和地层水，建立束缚水饱和度，测定束缚水下油相渗透率。

（2）采用 0.2mL/min 恒速驱替至高渗透岩心含水 99% 以上，提速至 0.4mL/min 速度在驱替至高渗透岩心不产油为止。

（3）封堵高渗透岩心，增加中低岩心流量分配，驱替至中渗透岩心含水 99% 以上，停注放置 12h，使岩心中油水重新分布。

（4）再次进行 0.2mL/min、0.4mL/min 水驱，每次水驱都驱替至高渗透岩心含水率 99% 以上停止实验（表1）。

表 1　并联驱替实验岩心参数表

组	空气渗透率/mD	有效孔隙度/%	渗透率级差	油相渗透率/mD
1	47.49	18.43	1	15.48
1	104.02	17.62	2.19	49.35
1	156.56	19.7	3.3	59.2
2	86.03	22.74	1	31.77
2	189.89	24.73	1.98	67.64
2	270.63	24.93	3.04	81.32

4.3　实验结果

提高注入量可以提高孔隙的动用程度，提高不同渗透率级别的储层的采出程度 4.4%，短期内可以取得一定效果，长期效果越来越差。封堵高渗透层可以提高中低渗储层的注水分配量，可以提高采收率 6.8%。油水重新分布原油采出程度获得一定程度提高，初期高渗透层提高幅度较大，后期依靠低渗透层较多[6]（表2）。

表 2　并联驱替实验结果统计表

实验条件	第一组实验采收率/%			第二组实验采收率/%		
	47.49mD	104.02mD	156.56mD	86.03mD	189.89mD	270.63mD
0.2mL/min 恒速驱替驱替速度	45.16	44.39	50.69	23.08	36.23	46.36
0.4mL/min 恒速驱替驱替速度	50	53.16	58.9	30.77	40.58	50.26
封堵高渗透层岩心	54.39	56.67	58.9	37.69	46.38	50.26
放置24h后 0.2mL/min 恒速驱替驱替速度	54.84	56.67	60.27	37.69	47.83	52.86
放置24h后 0.4mL/min 恒速驱替驱替速度	56.45	56.67	61.64	39.23	47.83	52.86
提速2倍速度提高采收率	4.84	8.77	8.22	7.69	4.35	3.9
封堵高渗层提高采收率	4.39	3.51	0	6.92	5.8	0
油水重新分布后 0.2mL/min 恒速驱替提高采收率	0.45	0	1.37	0	1.5	2.6
油水重新分布后 0.4mL/min 恒速驱替提高采收率	1.61	0	2.74	1.5	0	0

5　结论

（1）提高注入量的选择与限制。在储层非均质性较弱、采油井含水率较低的区块或井组中，可优先实施提高注入量的策略。然而，需密切监测高渗透层的产液情况，一旦出现水窜导致产液量激增，应立即封闭高渗透层，防止储层非均质性加剧。这一措施有助于平衡不同渗透率层的采收率，避免资源浪费。

（2）调剖与堵水的协同优化。针对扶余油田调剖易引发注入水绕流的问题，建议结合油井堵水技术，利用高渗透条带增强平面水驱波及效率。在封堵高渗层后，通过调整注采井网，将注水量转向中低渗层，可提升整体采收率约 6.8%。此方法需结合相渗曲线特征，针对性设计注采方案，以实现剩余油的有效动用。

（3）间歇停注与油水重新分布的应用。在特高含水期，对水淹严重的井组实施短期停井，如开 10 天停 10 天或开 20 天停 20 天，可促使油水重新分布，尤其促进绕流孔隙中剩余油的活化。实验数据显示，停注后重启驱替可额外提升采收率 1.5%~2.7%，且对低渗层的增效作用更为显著。此方法适用于采出程度已接近极限的区块，为后续开发提供缓冲空间。

（4）实验与开发的协同路径。尽管室内驱替实验揭示了孔隙结构演变和润湿性调控等关键机制，但仍需结合现场数据验证。建议构建"实验指导开发、开发反馈实验"的闭环体系，通过扫描电镜观测储层微观损伤，优化封堵材料性能，利用生产动态反演相渗曲线参数，动态调整注采策略。

参考文献：

[1] 李奋.中高渗砂岩油藏水驱油效率及波及规律研究[D].青岛:中国石油大学(华东),2009.

[2] 代云鹏.辽河油区中高渗透油藏水驱开发效果评价研究[D].大庆:东北石油大学,2013.

[3] 张本华.中高渗砂岩油藏驱油效率的影响因素研究[J].科学技术与工程,2014,14(3):134-136.

[4] 朱志强,李云鹏,葛丽珍,等.砂岩油藏水平井见水后增产措施确定方法[J].特种油气藏,2017,24(2):107-109.

[5] 杨珂,徐守余.微观剩余油仿真实验研究[J].中国科技论文在线,2008,3(11):863-870.

[6] 周宗良,刘中春,侯吉瑞.高含水油藏微观剩余油分布特征及渗流机理[J].石油勘探与开发,2021,48(3):521-529.

本文编辑：温志杰

木头低渗稀油油藏多组分蒸汽驱实践认识

王宪峰[1] 何淑红[2] 张继路[1]

（1.中国石油吉林油田公司新木采油厂 2.中国石油大庆钻探工程有限公司钻井四公司）

摘 要：木头油田为中低渗稀油多断块岩性构造油藏，含水率上升快、高含水阶段水驱低效，剩余油富集且分散，采收率低，稳产难，提产手段匮乏。鉴于蒸汽驱及化学辅助蒸汽驱技术在稠油发展较快，为改善水驱效果和提高油田采收率，研究多组分蒸汽驱技术驱油机理，地质工程一体化，应用多组分蒸汽驱技术实践4口井，表现降黏、补能、驱替和提采等多重作用。其中蒸汽蒸馏和热驱作用在过程中更突出，降含水率、增油明显；吨油成本600元以内，经济有效；在低渗稀油油藏高含水开发阶段取得突破，技术适用性强，为低渗高含水油田提产挖潜提供新手段。多组分蒸汽驱技术在木头油田低渗稀油高含水油藏有一定规模应用潜力，为同类油田高效开发提供新技术借鉴。

关键词：多组分蒸汽驱；低渗透稀油油藏；高含水；地质工程一体化；实践效果

蒸汽驱及化学辅助蒸汽驱是提高稠油油藏采收率的重要方法。蒸汽驱热采技术在低渗稀油油藏高含水阶段开发研究与应用较少。根据文献统计，研究和应用主要经历了3个时期：20世纪60年代属于起步期，20世纪70—80年代进入黄金期[1]，20世纪90年代为试验拓展期。我国新疆克拉玛依浅层高黏常规水驱油田（六中区克下组），大庆油田高含水高黏常规水驱油田（葡北油田、萨北过渡带）、聚驱后油田（喇嘛甸油田）和高含蜡低渗透油田（朝阳沟油田），吉林浅薄层低渗透油田（扶余油田），胜利孤东以及大港羊三木等相继开展了蒸汽吞吐和蒸汽驱数值模拟和物理模拟实验，进行了小规模驱油试验[2]。结果表明：

（1）蒸汽吞吐、蒸汽驱替在轻质油藏是可行的，采油效果高于热水驱[3-4]。

（2）稀油油藏蒸汽驱具有原油蒸馏率高、利用蒸汽超覆机理提高纵向储量动用程度、利用蒸汽较大、比容扩大波及体积等突出优势。蒸汽蒸馏是主要采油机理，可以降低残余油饱和度。

（3）蒸汽吞吐、蒸汽驱是水驱油藏的有效补充，增加可采储量，提高油田采收率。对于黏度小于50mPa·s的轻质油藏，注水后利用蒸汽热力技术提高开发效果有很大的应用潜力，将成为挖潜轻质油藏剩余油的有效驱替技术。

2019—2024年，针对吉林木头油田前60区块低渗稀油油藏高含水开发期，表现含蜡高、凝点高、原油变稠、水驱变差、采收率偏低和上产手段匮乏等情况，调流场转变驱替方式，开展多组分蒸汽驱，实施4井次，效果显著，成功探索木头低渗稀油油藏高含水和低采出挖潜提产新技术新方法。

1 多组分蒸汽驱技术

多组分混合蒸汽驱采油技术是将热采、二氧化碳气驱和氮气驱集于一体的复合三次采油技术。其主要用柴油或原油等作为燃烧剂，在高压下进行爆燃，产生高温高压的二氧化碳和氮气气体；再通过水与之掺混进行热交换，水吸热汽化形成水蒸气。该技术是将定量的高温高压高饱和多组分蒸汽一并注入油层，加热并驱替原油，最后由生产井采出的开采方式。通过降低原油黏度，提高流动系数，扩大波及体积，提高动用程度，最终提高采收率（图1）。

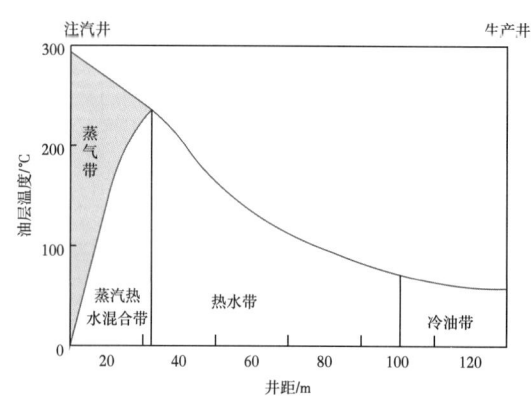

图1 蒸汽驱驱替过程示意图

作者简介：王宪峰，男，1970年出生，1997年毕业于大庆石油学院采油工程专业，现从事油田措施增产挖潜工作，高级工程师。通信地址：中国石油吉林油田公司新木采油厂地质所，邮编：138000，联系电话：0438-6228863。

根据现场试验和文献统计，认为低渗透轻质油藏蒸汽驱技术机理表现有以下五个方面。

1.1 气、热协同降黏作用

烟道气辅助蒸汽驱具有气、热混合降黏作用，是其主要的驱油机理。蒸汽作为热的有效载体，注入油层之后，使地层原油温度升高，黏度降低；另外CO_2在原油中具有极强溶解能力，N_2溶解能力虽没有CO_2强，也有一定溶解性，可使原油黏度进一步降低。

1.2 气、热协同膨胀作用

蒸汽携带的热量不仅能降黏受热膨胀，体积增加，同时砂岩基质颗粒受热膨胀，孔隙空间缩小，两者共同作用使部分原油排挤出孔隙，CO_2、N_2气体溶解到原油中后，原油体积膨胀，膨胀能使油排出孔隙。

1.3 CO_2抽提作用

烟道气中CO_2含量较低，CO_2对原油中的轻质组分有抽提作用，能从地层原油中萃取轻质组分。通过室内研究，烟道气辅助蒸汽驱比纯N_2辅助蒸汽驱采收率要高3%~5%，且随烟道气中CO_2含量增加，采收率也不断升高。

1.4 N_2补能驱替作用

烟道气中N_2含量较大，N_2压缩性很小，溶解性较弱，具有很强的弹性能，进入储层不断膨胀并能保持较高的驱替压力，补充地层能量，形成有效的弹性驱替。

1.5 疏通解堵作用

加热能有效消除微小固体，沥青胶质沉淀物和石蜡等盘结在近井油层带污染及堵塞疏通裂缝，减少渗流阻力，提产增产。

总之，高温高压高饱和多组分混合蒸汽，包括N_2（30%~40%）、CO_2（5%~15%）及蒸汽（40%~50%），烟道气辅助蒸汽驱替具有降黏、膨胀、解堵、抽提及补能等五大驱油机理；烟道气辅助蒸汽驱替的含水率远远低于纯蒸汽驱替[5]，烟道气辅助蒸汽驱替的开发效果好于蒸汽驱[5-6]。

2 区块及试验区概况

2.1 区块开发概况

前60区块构造形态为继承性西南倾单斜，储层平均孔隙度13.9%，渗透率2.7mD，平均油层中部深度1121m，主力油层以扶余油层3~7号层为主，油层平均厚度11.1m，地层温度56℃，地面原油密度（20℃）0.8660g/cm³；地面原油黏度（50℃）42.2mPa·s，凝点35℃，含蜡量25.5%，总矿化度$1.5296×10^4$mg/L，水型为$NaHCO_3$型，属于低孔特低渗透轻质构造岩性油藏。区块从2005年10月投入开发，目前，共有油水井303口，平均单井日产液6.5t，日产油0.4t，含水率94.26%，累计产油$56.58×10^4$t，累计注采比1.42，地层压力系数0.74，采出程度9.81%，采油速度0.26%。区块到近期快速递减，日产油由初期131t降到目前41t，开发形势变差，高含水低产，矛盾突出。具体表现：

（1）低孔超低渗透，原油存在脱气现象，含蜡量较高（26%），部分岩心显示速敏和水敏偏强，注水滞后低效。

（2）欠注井多，停产井多，油井普遍低产，驱替方向不均，水驱变差，存在注不进和产不出现象。

（3）主要产层单一，重复动用程度低，常规重复压裂和解堵等措施持续变差，效果不理想，缺乏稳产和上产手段。

2.2 试验区概况

试验区共规划4口注入井，27口采出井，生产层位扶余油层4号和5号小层，面积0.5353km²，有效厚度5.34m，储量$52.2×10^4$t，日产液70.7t，日产油6.0t，含水率91.5%，累计产油$5.5336×10^4$t，采出程度10.6%，剩余可采储量$3.22×10^4$t，地层压力5.5MPa。目前，低产低采高含水，注水驱效果较差，急需挖潜提采提效。

3 矿场应用效果

从2019年伊始，针对水驱变差，发展多组分蒸汽驱技术，在前60试验井区开展4口井，提产经济效果显著，解决了试验区油藏受高黏、高凝和高蜡等引起的渗流变差等问题，改善水驱，增加驱替，达到提产提采目的。

3.1 压力上升快，出口温度高，实现热驱替

实施井日配注蒸汽$1.1×10^4$m³，日实注气量为$(0.9~1.6)×10^4$m³，平均日注蒸汽$1.1893×10^4$m³，单井日注气量$(31~40)×10^4$m³，平均日注42~62天，累计注气$112×10^4$m³，折算地下孔隙体积0.029PV，氧气含量小于1%，锅炉出口温度230℃，井底蒸汽干度41%，单井注入压力上升9MPa，油井温度平均上升2~3℃，建立热驱替（表1）。

表1 前60区块低渗稀油油藏多组分蒸汽驱实施参数表

注入井号	注入时间	注入天数/d	注气量 日注气/m³	注气量 累计注气/m³	注水量 日注水/m³	注水量 累计注水/m³	累计柴油燃烧量/kg	出口温度/℃	出口压力 初始/MPa	出口压力 最后/MPa
前60-17-3	2019年10月11日—11月23日	24	17123	387320	40	910	37806	230	1	12.4
前60-19-7	2020年9月20日—10月26日	34	11893	404360	27	932	37662	230	1.2	12.1
前60-19-11	2020年10月2日—27日	24	13547	325120	30	728	26360	230	1.9	12.1
平均		27	14188	372267	33	856	33943	230	1.4	12.2

3.2 降含水补能增油，效果显著，油藏适用性好

统计4口井，措施前日产液144.8t，日产油7.8t，含水率94.6%，措施后日产液164.8t，日产油26.4t，含水率84%，含水率下降增油明显；油井最快注气15天见效，措施有效期13~15个月不等，代数和累计增油4713t，吨油费用537元（表2）。总体表现"两升、一降、一长、一显著"特点，即产液量升，产油量升，综合含水率下降，有效期长，补能热驱替效果显著，实现提产挖潜剩余油目的，与油藏建立很好技术适用性（图2）。

表2 前60区块低渗稀油油藏多组分蒸汽驱实施效果表

注入井号	注入时间	油井/口	见效/口	天数/d	井距/m	累计增油/t	有效期/月
前60-17-3	2019年10月11日—11月23日	5	3	36	245	1201.5	13
前60-19-7	2020年9月20日—10月26日	5	5	28	287	1772.3	15
前60-19-11	2020年10月2日—27日	4	3	30	219	752.2	14
前60-19-3	2024年5月17日—9月26日	13	10	62	290	987	
合计/平均		27	21	156	1041	4713	14

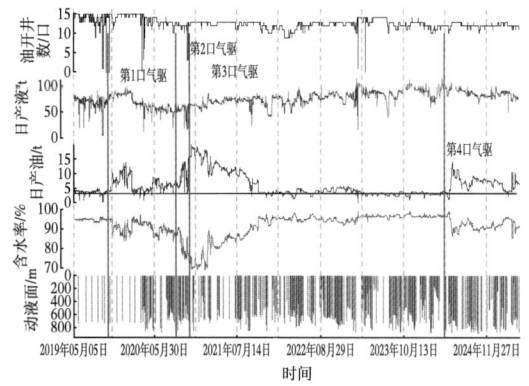

图2 前60区块试验区多组分蒸汽驱开采曲线图

前60-19-11井位于前60-19-7井西北方向且隔一井排，处油井排，一线油井4口。2020年10月2日开始蒸汽驱，12月4日完井，注气62天，累计注气量54.369×10⁴m³。注气15天后，初期日增油1.4t，含水率下降8.2%。截至2021年12月累计增油1283.5t，日增油0.6t。有效期长，共计28个月，体现区域整体优势，提高热驱替效果（图3和图4）。

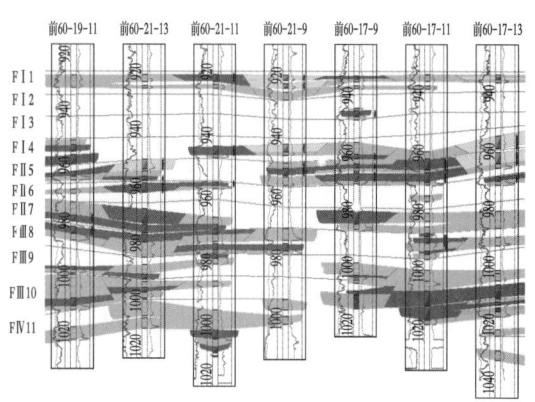

图3 前60-19-11井组油井砂体连通剖面图

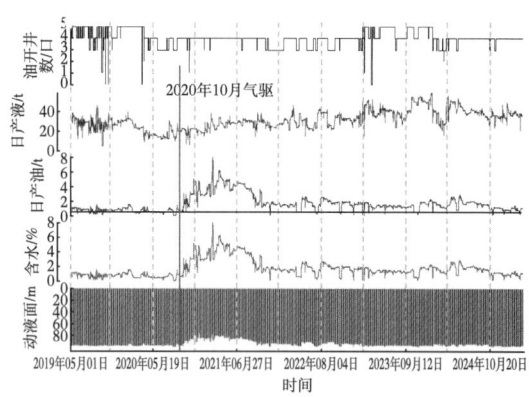

图4 前60-19-11井多组分蒸汽驱开采曲线图

前60-19-3井于2024年5月17日施工，1口注入井，12口采出井，有效9口井，整体体现油井套压上升、见效快（17天开始），液升、含水率下降、油升。和标定比井组最高日增油10.1t，含水率降12.7%，已累计增油978t，吨油成本563元，45美元投入产出1:3.8。

3.3 油井见效比例高，波及系数大，驱替效果好

一线油井27口，平均井距255m，总体表现："日产液升，日产油升，含水下降"特点，见效天数15~63天不等，平均见效反应天数31天（水驱一般95天），21口油井见效，见效率77.8%，见效比例高，扩大波及体积，驱替效率高，挖掘剩余油，提产提采。

见效方向多样化：

（1）中心井受效好，增油明显。

（2）垂直砂体与南北原注水受效差方向，增油好。

（3）措施井同排油井（东西向）见效效果好。

（4）构造较高部位油井见效略好；相反，原水

窜或砂体注水优势方向，增油差，有效期短。

（5）热驱与水驱可以起到1+1＞2效果，优势互补，增加了有效期，增产效果更明显。

采出离子组分变化：阳离子含量（尤其Na^++K^+）增加，阴离子含量见效期间Cl^-含量升高，说明气驱有效扩大了波及体积。

3.4 油井供液能力增强，增加原油流动性

一线油井27口，措施前后日产液由69t升至74t，功图充满程度提高0.05~0.28，平均动液面由730m升至682m，井底流压由2.64MPa提到2.98MPa，地层压力由5.50MPa升至5.83MPa。多组分蒸汽驱实施后提高目的储层供液能力，补充产层能量，增加原油流动性，扩大波及体积，驱替效率高[7]，达到提产挖潜提采目的。

3.5 提高试验井区采油速度与采收率

通过水驱甲型、乙型、丙型及丁型等规律曲线计算，含水率降低2.26%，地质储量采油速度由1.0%提高到1.4%，可采储量（乙型）增加0.6628×10^4t，提高采收率3.04%，即试验区通过蒸汽驱实现扩大波及体积，提高驱油效率，实现增加储层动用，提高采油速度与采收率（表3和图5）。

表3 前60区块多组分蒸汽驱驱替评价效果表

截取时间区间		甲型 可采储量/10^4t	乙型 地质储量/10^4t	丙型 可采储量/10^4t	丙型 可动油/10^4t	丁型 可采储量/10^4t	动态采收率/%
措施前		5.3501	21.4408	5.2346	5.6297	7.4239	5.1877	26.26
措施后	2020年	5.5766	22.4955	5.4257	5.7672	7.622	5.3504	
	2021年	5.8336	23.7342	5.6766	6.0372	8.0128	5.6097	
	2022年	6.0606	24.8344	5.8974	6.2816	8.3682	5.8442	29.3
增加值		0.7104		0.6628	0.6519		0.6564	3.04

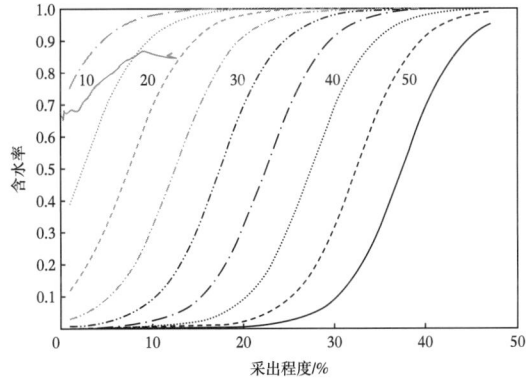

图5 试验井区多元蒸汽驱含水与采出程度曲线图

4 结论

（1）多元蒸汽驱技术在前60区块低渗稀油油藏高含水期实践取得较好经济效果，表明该技术不仅适用稠油油藏，也适用低渗稀油油藏，将成为中、高黏油藏甚至低黏油藏开发重要手段。

（2）多组分蒸汽驱具有气、热协同降黏、协同膨胀、疏通解堵、抽提作用及补能弹性驱替功能等五大增油机理，但在不同类型油藏、不同开发阶段也有差别，其中蒸汽的蒸馏和热膨胀作用是轻质油藏的重要机理。实践表明，在驱替过程中蒸汽前沿的稳定性比水要好，在非均质油层中波及效率比水要大得多，蒸汽驱驱油效率会比较高。

（3）多组分蒸汽驱技术的成功应用在于不断探索适合的油藏条件、不断优化科学的技术方案及严格的动态管理；同时，需要地质和工程一体化紧密结合。如对于蒸汽突破井，加强套压控制，实施定压管理，可保证油井持续生产，避免因井口温度过高；对气窜井调小参数或暂关，可改变蒸汽驱动方向，使蒸汽向多方向扩展，促使井组生产井均匀受效；灵活调整工作参数，控制注入与产出，既可控制蒸汽推进速度，防止蒸汽单向突破，又促进蒸汽均匀推进，改善蒸汽驱替效果等。

（4）实践表明，多组分蒸汽驱技术对普通类稠油，受限油品影响开发情形，尤其原油黏度30~200mPa·s的油藏，多组分蒸汽驱比水驱开发效果好，水驱后热驱，转流线辅助改善水驱，经济效益高。蒸汽驱强力采油在EOR中占有举足轻重的位置，应用范围在不断扩大，可应用于水驱后稀油油藏，是一种行之有效的轻质油开发方式及提高采收率的有效方法，但也需要不断总结经验、优化参数和完善标准，进一步提高技术适应性。

参考文献：

[1] 李士伦.注气提高石油采收率技术[M].成都:四川科学技术出版社,2001.

[2] 岳清山.稠油油藏注蒸汽开采技术[M].北京:石油工业出版社,1998.

[3] 刘新.轻质油藏蒸汽驱提高采收率技术现状及趋势[J].大庆石油地质与开发,2012,31(1):138-144.

[4] 韩军,刘洪涛,孙建国,等.葡北油田稀油油藏蒸汽驱现场试验研究[J].大庆石油地质与开发,2005,24(5):84-87.

[5] 卢滨.烟道气辅助蒸汽驱油机理及效果评价[J].中国石油和化工,2016,S(1):97.

[6] 李博良,李宾飞,冀延民,等.烟道气辅助注蒸汽开采稠油增效机理及应用[J].石油学报,2024,40(3):574-585.

[7] 孙国明,刘永建,赵法军,等.低渗透油田蒸汽复合驱实验研究[J].大庆石油地质与开发,2007,26(5):64-67.

本文编辑：温志杰

地震波形指示反演技术在大情字井地区的应用

马骁骅

（中国石油吉林油田公司勘探开发研究院）

摘 要：大情字井地区青山口组以三角洲沉积体系为主，单层砂体厚度薄且横向变化快，区内钻井多，但井网分布不均匀。传统的稀疏脉冲反演及地质统计学反演无法满足开发阶段的需求，薄储层预测精度成为制约大情字井油田效益建产的关键。因此，在大情字井地区开展地震波形指示反演，利用地震波形的横向变化来反应储层的相变特征，在纵向上和横向上能更好地刻画出砂体的空间展布特征。将该方法应用于黑69—黑72井区，实践表明，青一段砂岩预测结果与实钻吻合率达90%。因此，波形指示反演方法以沉积相、沉积特征约束储层预测能实现对大情字井地区薄储层的准确预测和描述，为区块效益建产提供技术支撑。

关键词：大情字井；青一段；波形指示反演；相控；薄储层预测

大情字井油田是吉林油田公司的产能建设重点地区，随着油气勘探开发的不断深入，提高薄储层纵向分辨率和储层预测精度逐渐成为油气勘探开发的重要研究方向。而三角洲前缘的水下分流河道砂体一直是薄储层预测的重点和难点，其储层具有"砂体厚度薄、砂泥互层且横向变化快"等特点。如何提高薄储层的预测精度，最大限度地降低储层预测的多解性，成为了亟待解决的问题。目前，地震反演是唯一能够实现定量预测的技术，对于叠后地震资料，常用的地震反演方法有稀疏脉冲反演和地质统计学反演。这两种反演方法在储层预测领域都取得了良好的效果，又都存在一定的局限性：稀疏脉冲反演的分辨率受限于地震资料的分辨率。地质统计学反演的结果容易受初始模型的约束和控制，多解性问题严重。由于其高频成分来自随机模拟，横向分辨率低，且不具备相控思想，当研究区内钻井较少且分布不均时，反演结果随机性强，与实际地质规律差异较大。

近年来，地震波形指示反演在薄储层预测中取得了比常规反演方法更好的效果[1-4]，地震波形指示反演基于地震沉积学基本原理[5]，利用地震波形的横向变化来反映储层空间的相变特征，体现了"相控"思想，同时有效提高了储层预测的精度和可靠性，尤其适用于横向变化快、非均质性强和井网分布不均匀的薄互层储层的高精度预测。地震波形指示反演方法的优点日益显露，通过开展地震波形指示反演对大情字井黑69—黑72井区薄砂岩储层进行精细预测与描述，论证了地震波形指示反演方法在研究区的适用性。

1 区域地质特征

松辽盆地长岭凹陷为"富油凹陷"[6-7]。大情字井地区位于其南部（图1），是吉林油田公司产能建设重点地区，建产规模占吉林油田总产能20%以上。大情字井地区从深层泉四段到浅层姚一段在宏观构造上具有一定继承性，为北北东走向的长轴向斜，向斜东西两翼不对称，西翼较陡，东翼较缓。断层较发育，在平面上分带性较强，呈雁列式排列，走向单一，多数断层走向与向斜构造轴向方向一致，为北南或北北西向；倾向多与地层倾向相反，在向

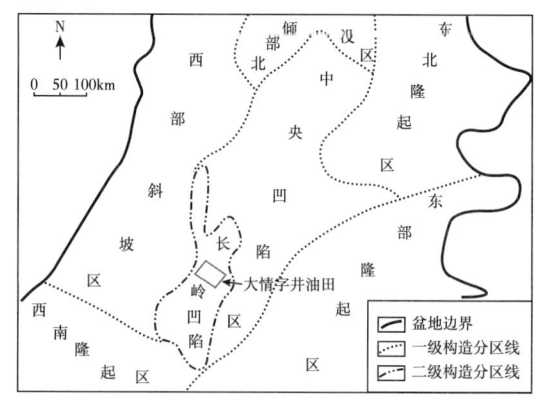

图1 大情字井油田构造位置图

作者简介：马骁骅，女，1991年出生，2014年毕业于吉林师范大学地理科学专业，现从事油气田开发工作，助理工程师。通信地址：中国石油吉林油田公司勘探开发研究院非常规研究所，邮编：138000，联系电话：0438-6227506。

斜轴部附近多发育顺向正断层，向斜两翼多发育反向正断层。大情字井地区主要目的层为白垩系青山口组，分为青一段、青二段、青三段。

大情字井地区青山口组储层主要来自通榆—保康水系。根据沉积构造、沉积相序等相标志，结合湖盆沉积演化史，在大情字井地区可进一步识别出三角洲平原、三角洲前缘和前三角洲亚相。三角洲前缘亚相是大情字井地区青山口组主要的沉积相类型，水下分流河道、河口坝和席状砂为主要微相类型。

2 地震波形指示反演方法

"地震波形特征指示反演SMI®"是地震高精度储层反演软件。其核心技术采用独创的"地震波形指示马尔科夫链蒙特卡洛随机模拟（SMCMC）"专利算法，和传统基于变差函数的随机反演相比，更好地体现了"相控"的思想，具有精度高、反演结果随机性小的特点，使反演结果从完全随机走向了逐步确定，并且适合于不均匀井位分布的情况，可以为评价—开发阶段薄储层提供更可信赖的定量预测模型。

2.1 方法原理

"地震波形指示反演"技术是在传统地质统计学基础上发展起来的新的统计学反演方法，其基本思想是利用地震波形的横向变化代替变差函数来表征储层的空间相变[8]。因此，参照地震波形相似性和空间距离两个因素对工区内所有井按照关联程度进行综合排序，优选出与预测点关联程度高的井作为初始模型对高频成分进行无偏最优估计，保证最后的反演结果的波形与原始地震一致，具有精度高，随机性小的特点。同时，其反演结果在空间上体现了沉积相带的约束，平面上更加符合沉积规律。

以地震波形约束下的地震相为单元，结合区域层序地层格架建立初始低频模型，将初始模型与地震频带阻抗进行匹配滤波，计算得到似然函数。如果两口井的地震波形相似，则表明这两口井所处的沉积环境是相似的，虽然其高频成分可能来自不同的沉积微相，但是其低频成分具有共性，那么，利用这个特性就可以增加反演结果低频段的确定性，同时可以约束高频的取值范围，大大降低了反演结果的随机性。

首先，在贝叶斯框架约束下，根据实际地震波形不断修正初始模型，使得反演结果既符合中频地震信息，又符合井曲线结构特征，地震反演的基础是褶积模型：

$$d = Gm + n \tag{1}$$

式中 d——地震数据，m/s 或 V；
G——地震子波矩阵；
m——弹性参数模型，kg/(m²·s)；
n——噪声，m/s 或 V。

这样，从已知的地震数据中估计弹性参数模型 m 的后验概率分布可以看成是贝叶斯反演问题。假设噪声满足高斯分布：

$$P(n) = \frac{1}{\sqrt{2\pi\sigma^2}} \exp\left(-\frac{1}{2\sigma^2} n^T n\right) \tag{2}$$

式中 $P(n)$——在给定模型 m 下，观测数据 d 的条件概率；
σ——地震数据的协方差，kg²/(m⁴·s²)。

之后，将褶积模型代入式（2），可以建立地震数据的似然函数：

$$P(m|d,I) = \frac{1}{(\sigma\sqrt{2\pi})^N} \exp\left[-\frac{\sum_{n=1}^{N}(\Delta d_n - G\Delta m_n)^2}{2\sigma^2}\right] \tag{3}$$

式中 I——先验信息。

在贝叶斯反演中，假设弹性参数模型 m 也符合高斯分布，可以得到模型的先验分布：

$$P(m|I) = \frac{1}{\sqrt{2\pi|\sigma_m|}} \exp\left[-\frac{m^T m}{2\sigma_m}\right] \tag{4}$$

式中 σ_m——模型的方差。

最后，使用迭代模型扰动量的方法逼近样本数据，不断扰动模型参数，使后验概率分布函数最大时的解作为有效的随机实现，取多次有效实现的均值作为期望值输出：

$$Z(x_0) = \sum_{i=1}^{n} \lambda Z(x_i) \tag{5}$$

式中 $Z(x_0)$——未知点的值，kg/(m²·s)；
$Z(x_i)$——波形优选的已知样本点的值，kg/(m²·s)；
λ_i——第 i 个已知样本点对未知样本点的权重；
n——优选样本点的个数。

2.2 波形指示反演参数

地震波形指示反演主要包括：合成记录和子波提取，地质模型建立，低频模型差值，波形指示反演，其主要涉及的参数包括有效样本数、平滑半径和最佳截止频率。

（1）有效样本数：是地震波形指示反演中非常重要的参数之一，主要表征地震波形空间变化对储层的影响程度。该参数的设置主要参照对已知井的统计结果。通过样本数和地震相关性分析可知，相关性随着样本数的增加而增加，当样本数达到一定数量后，相关性不再增加，此时的样本数即最佳样本数。在实际应用中，有效样本数的优选除参考质量控制窗口统计结果外，还要考虑沉积环境的影响。如果目的层储层横向变化快，可以适当减小样本数；如果横向比较稳定，应该适当增大样本数。同时，还要考虑研究区的钻井数量，如果钻井数较多，可以适当增大样本数；如果钻井数少，则应减少样本数。经综合考虑研究区地质情况和质控结果，反演优选有效样本数为5。

（2）平滑半径：该参数主要反映反演结果的横向连通性，平滑半径越大，反演体的连通性越好，参数大小主要由研究区地质情况所决定。通过分析可知，该研究区砂岩横向连续性较差，水下分流河道较窄。因此，平滑半径不宜太大，通过多次对比将平滑半径设定为1。

（3）最佳截止频率：反演结果具有"低频确定、高频随机"的特点。低频主要是受地震频带及地震相的影响，高频则主要受同沉积结构样本的控制，越到高频随机性越强。因此，设定合适的"最佳截止频率"对反演结果具有重要意义。该参数与"有效样本数"参数有关联性，需在明确了有效样本数后进行"最佳截止频率"的参数优选。如果侧重于追求反演的确定性，可以适当减小该参数；反之，如果更侧重于追求高分辨率，能够接受随机的结果，则可以设置较高的截止频率。由该工区资料可知，当频率达到200Hz时，相关指数曲线基本趋于水平；大于250Hz的频率就是基本水平，表明其频率成分以外都是随机频率，进入水平之前的频率就是最大有效频率。因此，选用该区最佳截止频率为200Hz，此数值下既能保证反演的确定性，又能保证反演的纵向分辨率。

3 实例分析应用效果

大情字井地区青一段沉积特征主要为三角洲前缘沉积环境，水下分流河道、河口坝和席状砂为主要微相类型。单层砂岩厚度为2m以下的砂岩层数占45.7%，3m以上砂岩层数只有19.16%，薄储层预测是该区块开发动用的关键。选取关键参数通过波形指示反演来进行储层预测，验证可靠性，最终实现推广应用。

3.1 敏感参数优选

通过岩石物理分析，可以看出以GR（自然伽马）曲线为敏感参数对砂泥岩所做的类型区分较为明显（图2）。在此，优选GR曲线作为大情字井地区青一段区别砂泥岩的敏感参数，GR≤110API为砂岩概率高值区。反演过程中，利用测井参数控制纵向分辨率，地震波形变化（相控）约束砂体横向的变化，最终得到符合地质规律的高精度薄储层预测结果。

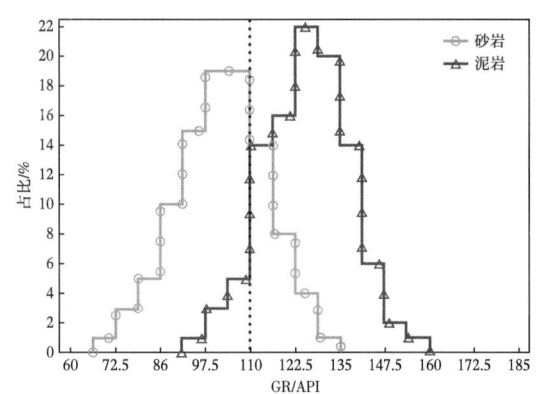

图2 GR曲线直方图

3.2 薄砂层地震响应特征

青山口组青一段顶部发育有湖泛泥岩，薄砂岩储层主要发育在青一段的中下部，单层砂岩厚度为2～6m。在地震剖面上，青一段中部的4～9号砂岩集中在一套连续强波谷反射，下部的12号薄砂岩是一套中弱和不连续的零点反射。14号薄砂岩是一套中强和较连续的零点反射。由于地震纵向分辨率有限，因而难以刻画厚度2～6m的薄砂体。

3.3 地震波形指示反演效果分析

SMI软件提供了一种基于波形指示特征曲线直接反演的方法，该方法不需要做曲线重构，可以直接得到特征曲线属性体，能够完全保持该特征曲线对储层的区分性。通过前面储层敏感参数分析，确定研究区GR曲线区分砂岩最好。

在反演过程中，参与反演的主要是探井和部分评价井，对剩余的评价井与部分开发井反演结果进行验证。反演结束后，工区内完钻评价井乾46-30通过标定（时间域），与临井乾46-28和乾46-28对比，主力储层青一段12号小层在新钻井乾46-30发育明显泥岩隔层，这种状态在反演剖面上得到了很好的印证。

为了更好地验证反演结果，利用水平井进行了深度域标定。标定结果显示，黑82GP2-13井水平井段1511m，共钻遇青一段14号小层砂岩898m。从反演剖面（图3）可以看出，反演结果与井的认识一致。这说明本次基于地震波形指示反演方法适合研究区。反演效果明显，参与井吻合率达到90%，验证直井吻合90%，验证水平井吻合率达87.6%。

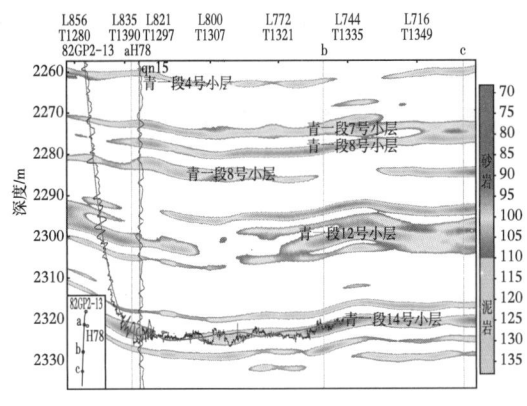

图3 后验井（黑82GP2-13）深度域反演剖面图

对于研究区而言，由于研究区通榆—保康水系的河流作用比湖的波浪、潮汐作用强度大，因而形成典型的建设性三角洲，所以单砂体具明显的河控性，条带状砂体分布特征明显。以青一段15号小层为例，研究区物源是来自南西方向的通榆—保康水系，沉积微相主要为三角洲前缘亚相的水下分支河道微相、河口坝微相以及席状砂微相，支流间湾及滨浅湖占次要地位。由西向东平面上分布着大约9个水下分流河道、河口坝形成的宽条带状砂带，且席状砂把主砂带分隔开来；每个坝体内均发育有河道，宽度一般500～1000m；河口坝宽度一般3000～5000m；单层砂岩厚3～6m。三角洲前缘亚相遍布研究区的大部分区域，东北部为前三角洲亚相暗色泥岩，其中黑49井—黑109井一带主要发育分流间湾。

通过波形指示反演得到砂岩反演体，取GR≤110API为砂岩门槛值，绘制青一段15小层的砂岩厚度预测图（图4）可以看出砂岩呈北东向条带状和席状展布，砂体延伸较远，砂岩厚度一般为2～8m，与该区沉积特征一致。说明地震波形指示反演在提高薄储层纵向分辨率基础上，横向上也符合地质规律。

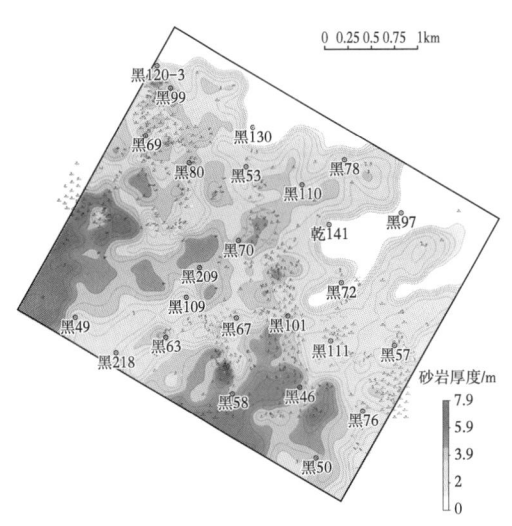

图4 青一段15小层砂岩厚度预测图

4 结论

（1）地震波形指示反演方法利用地震波形特征代替变差函数分析储层空间结构变化，更好地体现了"相控"的思想，具有精度高、反演结果随机性小的特点，提高了横向分辨率，更符合平面地质规律。其基本思路是在贝叶斯框架下将地震、地质和测井的信息有效结合，利用地震信息约束井参数进行高频模拟，减少了噪声对反演结果的影响。该方法有效地拓宽了地震频带，获得了确定的高频信息，有效地解决了薄储层预测中反演精度不高的问题，提高了反演的分辨率。

（2）地震波形指示反演作为一种专门面向油田开发阶段的反演方法，充分满足了地质人员在油气藏评价开发阶段对薄储层进行精细预测的要求，在实际生产中获得了良好的应用效果。该方法在整个松辽盆地青山口组薄砂岩储层预测取得了非常好的效果，预测符合率高，结果可靠，同时符合地质认识。为青山口组青一段下一步滚动开发评价、挖潜剩余油提供了可靠的依据，同时也为该区薄储层预测提供了一种新的有效方法。

参考文献：

[1] 陈彦虎,毕建军,邱小斌,等.地震波形指示反演方法及其应用[J].石油勘探与开发,2020,47(6):1149-1158.

[2] 杨徽.基于波形指示反演的井震结合储层预测方法及应用[J].大庆石油地质与开发,2018,37(3):137-142.

[3] 顾雯,徐敏,王铎翰,等.地震波形指示反演技术在薄储层预测中的应用[J].天然气地球科学,2016,27(11):2064-2069.

[4] 高君,毕建军,赵海山,等.地震波形指示反演薄储层预测技术及其应用[J].地球物理学进展,2017,32(1):142-145.

[5] 曾洪流,朱筱敏,朱如凯,等.陆相坳陷型盆地地震沉积学研究规范[J].石油勘探与开发,2012,39(3):275-284.

[6] 吉林油田石油地质志编写组.中国石油地质志(卷二):大庆、吉林油田[M].北京:石油工业出版社,1991.

[7] 赵文智,邹才能,汪泽成,等.富油气凹陷"满凹含油"论——内涵与意义[J].石油勘探与开发,2004,31(2):7-15.

[8] 陈彦虎,陈佳.波形指示反演在煤层屏蔽薄砂岩分布预测中的应用[J].物探与化探,2019,43(6):1254-1261.

本文编辑：温志杰

弯曲钻柱中声波传播特性与传输效果评价研究

闫 炎　杨尚谕　韩礼红

（中国石油集团工程材料研究院有限公司油气钻采输送装备全国重点实验室）

摘　要：本文针对钻柱信号传输中声波衰减规律不清晰的问题，建立了弯曲钻柱中声波传播特性实验装置，通过实验测试分析，揭示了弯曲载荷对钻柱中声传播衰减特性的影响规律，发现了不同载荷作用下钻柱结构与声波激励参数对钻柱中声传播特性的影响差异。结果表明：钻柱的弯曲对其内声波的传播具有影响，其影响规律与钻柱的弯曲程度和声波的频率有关。脉冲重复速率、激励电压和脉冲宽度仅影响通带振幅，且影响程度显著大于钻柱弯曲的影响。钻柱弯曲时，其声传输特性的主要影响因素为钻柱弯曲程度。在考虑钻柱弯曲对声传输影响后，应优先选择低频信号作为井下信息声传输的载波。

关键词：弯曲钻柱；声波传播；频谱；脉冲；振幅

速度快、准确性高及抗外界因素干扰能力强的井下信息传输系统是降低井下事故发生的主要手段[1]。井下信息声波传输技术以贯穿井筒的钢质钻柱作为信息传输通道，因传输过程不依赖钻井液，不受地层性质的限制，并且具有传输设备结构简单、易于定向发射等优点，有望成为突破上述瓶颈的关键技术。目前，国外部分声波传输系统已经初步开展了现场应用[2]，美国哈里伯顿公司研发的油井测试声波传输系统和贝克休斯公司研制的无线随钻测量系统，最大传输深度可达3600m，最大传输速率可达33bps，展现出良好的应用前景。国内也开展了相关研究[3]，并取得了阶段性进展。相关研究人员也研究了不同因素对钻柱中声波传输特性的影响，包括管柱结合方式与尺寸特性、钻井流体阻尼、地层阻尼、噪声和换能器激励参数等，建立了基础传输模型和实验装置。

然而，井下信息声传输技术还未成为现场的主要测控手段。究其原因，不同钻柱形态中声波传输特性不清晰是制约该技术从理论研究走向现场应用的难题之一[4-5]。由于钻杆接箍的存在，声波在钻柱这类周期性管柱中传播时呈现出衰减较小的通带与衰减较大的阻带交替出现的梳状滤波器特性[6]，声波传播特性是载波频率选择、中继器安装方法建立的理论基础，决定了钻柱中声波信号的传输距离与准确性。在水平井钻井过程中，井斜角从直井段0°历经造斜段逐渐增加至近90°，位于造斜段的钻柱处于弯曲状态，弯曲钻柱中声波传播特性成为声波信号从井底顺利传输至地面的关键。

为攻克上述难题，设计了一种井下声波发生装置，并基于实钻工况下钻柱的弯曲状态，建立弯曲钻柱中声波传播特性实验装置，开展了钻柱弯曲对钻柱中声传播及衰减特性影响的实验研究，探索出不同钻柱弯曲形态下声波传播特性，揭示了弯曲载荷对钻柱中声传播衰减特性的影响规律，该研究可为声波传输技术在水平井中应用时载波频率选择及中继器安装方法建立提供理论基础，对智能钻井的井筒信息全面监测及判断井下风险进而规避钻井事故的发生具有重要意义。

1　弯曲钻柱内声波传播衰减模型

建立弯曲钻柱内声波传播的数学模型，基于几点假设：（1）考虑钻柱内一维流体流动；（2）钻柱内声波是微扰动压力波；（3）声波传播是非可逆绝热过程；（4）不考虑声波传播过程中的波形畸变和非线性效应。

井下声波传输信道主要由多节钻杆和接箍组成的周期性管结构串接而成，结构中钻杆和接箍连接处的界面发生截面积突变，是声波传输过程中的关键位置。

色散方程：

$$\cos kd = \cos\frac{\omega d_1}{c_1}\cos\frac{\omega d_2}{c_2} - \frac{1}{2}\left[\frac{z_1}{z_2}+\frac{z_2}{z_1}\right]\sin\frac{\omega d_1}{c_1}\sin\frac{\omega d_2}{c_2} \quad (1)$$

作者简介：闫炎，男，1993年出生，2021年毕业于中国石油大学（华东）油气井工程专业，现从事井下系统、信息与控制工程方向相关研究工作，高级工程师。通信地址：中国石油集团工程材料研究院有限公司油气钻采输送装备全国重点实验室油井管与管柱研究所，邮编：710077，联系电话：029-81887746。

纵波的波动方程：

$$\frac{\partial^2 u}{\partial x^2} = \frac{1}{c^2}\frac{\partial^2 u}{\partial t^2} \quad (2)$$

位移方程：

$$u = \left(u_\text{t}\text{e}^{\text{j}kx} + u_\text{r}\text{e}^{-\text{j}kx}\right)\text{e}^{\text{j}\omega t} \quad (3)$$

$$\omega = 2\pi f \quad (4)$$

式中 z_1，z_2——声阻抗（下标 1 和 2 分别表示钻杆和接箍），kg/s；

d_1，d_2——钻杆和接箍的长度，m；

d——结构的周期长度（$d=d_1+d_2$），m；

c_1，c_2——声速，m/s；

ω——角频率，rad/s；

f——频率，Hz；

u——声波在钻柱中传输的位移，m；

u_t，u_r——入射波和反射波位移的法向分量，m；

k——波数；

j——虚数。

横截面上的轴向力：

$$F = -\rho a c^2 \frac{\partial u}{\partial x} = -\text{j}k\rho a c^2\left(u_\text{t}\text{e}^{\text{j}kx} - u_\text{r}\text{e}^{-\text{j}kx}\right)\text{e}^{\text{j}\omega t} \quad (5)$$

式中 F——横截面上的轴向力，N；

a——截面积，m²；

c——纵波声速，m/s；

ρ——密度，kg/m³。

钻杆和接箍的界面上满足边界条件：位移的法向分量和法向作用力连续。假设钻柱两端为吸收边界，即忽略多重反射的影响，根据基于声透层理论建立的钻柱中声传播的频谱特性分析方程，利用传递矩阵法得出在不同界面处透射及反射系数的关系方程[7]：

$$\begin{bmatrix} t_N \\ 0 \end{bmatrix} = \begin{bmatrix} M_{11} & M_{12} \\ M_{21} & M_{22} \end{bmatrix}\begin{bmatrix} 1 \\ r \end{bmatrix} \quad (6)$$

透射系数表示为：

$$t_N = M_{11} - \frac{M_{12}M_{21}}{M_{22}} \quad (7)$$

式中 t——透射系数；

r——反射系数。

2 弯曲钻柱中声传播实验

2.1 实验装置的建立

弯曲钻柱中声传播特性实验装置包括四个系统（图 1）：声信号发生系统、模拟钻柱系统、弯曲应力施加系统、声信号接收及处理系统。实验用的信号发生器选用 Tektronix 公司的 AFG3102 系列任意波形发生器。由于中心单点变幅杆辐射方案能够获得平面波，可实现与最优辐射方式同等的声传播效果[8]。因此，将其作为井下声波发生装置中换能器的安装形式。

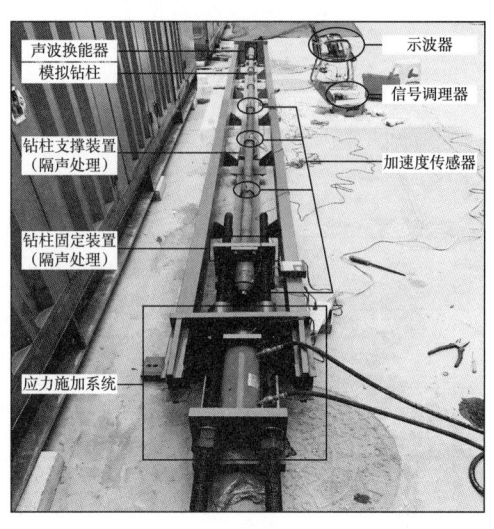

图 1 实验装置实物图

为保证实验结果的可靠性，实验装置中进行如下隔声处理。首先，钻柱移动支架为钢质材料，如果直接接触钻柱势必造成声波能量损失。因此，在模拟钻柱与钻柱移动支架接触位置安装橡胶材质的隔声垫圈，利用声波阻抗差异原理降低接触位置的声波能量损失；其次，配重安装盘上端与钻柱接触位置使用的是合成纤维材料的吊装带，其材料阻抗与钻柱阻抗差异明显。因此，该接触的声波能量损失也可以忽略不计。

实验中根据几何原理和算法来实现钻柱不同弯曲状态的调节。将处于弯曲状态的钻柱等效为一段圆弧。由于实验钻柱长度较短，不同弯曲状态钻柱的长度基本保持不变，为量化表征钻柱的弯曲状态，定义钻柱弯曲程度：

$$\gamma = \frac{2\theta}{L} \quad (8)$$

式中 γ——模拟钻柱弯曲程度，(°)/10 m；

θ——1/2 圆心角，(°)；

L——钻柱长度，m。

根据几何原理计算各参数间关系，其中弯曲钻柱长度 L 即为弧长 AB，可表示：

$$\widehat{AB} = 2\pi R \frac{2\theta}{360} \quad (9)$$

可由几何关系计算得到 a、b 与 R、θ 间关系：

$$a = R\sin\theta$$
$$b = R(1 - \cos\theta) \quad (10)$$

在弯曲钻柱中声传播特性实验中使用的模拟钻

柱长度为10m，代入上述公式得到不同钻柱弯曲度与各参数对应数值见表1。实验过程中，由于钻柱弯曲度的调节原理是通过调节钻柱中部配重块重量来改变钻柱中弯曲应力，从而改变弯曲状态。根据这一原理，由于支架高度固定，通过改变钻柱中部配重重量来改变钻柱中部离地距离，从而改变b值，进而通过b值计算得到量化的钻柱弯曲度。

表1 钻柱弯曲度参数调整表

$\theta/(°)$	R/m	a/m	b/m	钻柱弯曲程度$\gamma/[(°)/10m]$
1	286.48	4.999	0.050	2
2	143.24	4.999	0.090	4
3	95.50	4.998	0.131	6
4	71.62	4.996	0.174	8
5	57.30	4.994	0.218	10

2.2 实验流程与实验方案

为研究不同脉冲重复速率、激励电压和脉冲宽度对弯曲钻柱中声传播特性的影响差异，利用建立的实验装置对不同工况下的声传播特性进行分析，具体实验方案见表2，实验过程如下：

（1）选取10根1.0m长模拟钻杆连接成钻柱作为声波传输通道。

（2）钻柱的一端通过螺纹连接内部安装有磁致伸缩换能器的声波信号发生短节，在钻柱末端轴向位置安装用于接收声信号的三轴加速度传感器。

（3）将模拟钻柱安装在钻柱移动支架上，将接收端附近支架固定，并在钻柱中部安装配重安装盘。

（4）利用换能器施加的低频脉冲信号，调节脉冲重复速率5Hz，激励电压100V，脉冲宽度5μs。

（5）调节配重安装盘中配重改变钻柱弯曲状态，分别在0°/10m、2°/10m、6°/10m和10°/10m弯曲钻柱中重复实验，记录接收端波形及实时数据。

（6）保持其他实验条件不变，将脉冲重复速率更换为1Hz与10Hz，重复步骤（5）。

（7）保持其他实验条件不变，将激励电压更换为300V，重复步骤（5）。

（8）保持其他实验条件不变，将脉冲宽度更换为$0.1×10^4$μs与$1.0×10^4$μs，重复步骤（5）。

（9）对不同实验条件的接收信号进行傅里叶变换，得到不同实验条件下的声波频谱。

表2 弯曲钻柱中声传播特性实验方案数据表

方案编号	脉冲重复速率/Hz	激励电压/V	脉冲宽度/μs	钻柱弯曲程度$\gamma/[(°)/10m]$
1	1	100	5	0
2				2
3				4
4				6
5	5	100	5	0
6				2
7				4
8				6
9	10	100	5	0
10				2
11				4
12				6
13	5	300	5	0
14				2
15				4
16				6
17	5	100	1000	0
18				2
19				4
20				6
21	5	100	10000	0
22				2
23				4
24				6

3 钻柱弯曲对声传播特性的影响

3.1 不同脉冲重复速率

对比不同脉冲重复速率下弯曲钻柱的声波频谱（1#~4#，5#~8#，9#~12#），分析不同弯曲程度下脉冲重复速率对声传播特性的影响规律。随钻柱弯曲程度的增加，频带基本结构不变，通阻带交替分布，高频衰减程度大于低频。不同脉冲重复速率下通带均集中在 0～7500Hz 频段，且振幅较大的通带均集中在 0～4200Hz 频段中（图 2）。

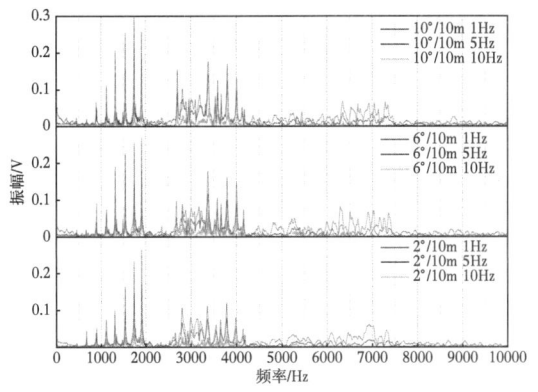

图 2 不同脉冲重复速率下不同弯曲程度钻柱中声波频谱图

不同弯曲程度下脉冲重复速率对声传播特性具有相似影响规律。随脉冲重复速率增加，频带基本结构不变，通阻带交替分布，高频衰减程度大于低频。此外，不同脉冲重复速率下通带均集中在 0～7500Hz 频段，且振幅较大的通带均集中在 0～4200Hz 频段中。通带振幅随脉冲重复速率增加逐渐减小，且 1Hz 和 5Hz 条件下通带振幅明显大于 10Hz。通过上述分析结果可知，不同脉冲重复速率下钻柱弯曲程度主要影响通带振幅，对通带位置有一定影响，但影响程度明显小于对通带振幅的影响，不影响通带宽度。弯曲程度相同时，随脉冲重复速率增加，通带振幅逐渐减小；脉冲重复速率相同时，随弯曲程度增加，通带振幅逐渐增大。

3.2 不同激励电压

对比不同激励电压下弯曲钻柱的声波频谱（$5^\#$～$8^\#$，$13^\#$～$16^\#$），分析不同弯曲程度下激励电压对声传播特性的影响规律。随钻柱弯曲程度的增加，频带基本结构不变，通阻带交替分布，高频衰减程度大于低频。不同脉冲重复速率下通带均集中在 0～7500Hz 频段，且振幅较大的通带均集中在 0～4200Hz 频段中（图 3）。

不同弯曲程度下激励电压对声传播特性具有相似影响规律。随激励电压增加，频带基本结构不变，通阻带交替分布，高频衰减程度大于低频。此外，不同脉冲重复速率下通带均集中在 0～7500Hz 频段，且振幅较大的通带均集中在 0～4200Hz 频段中。通带振幅随激励电压增加逐渐增大，通带宽度和位置均保持不变。通过上述分析结果可知，不同激励电压下钻柱弯曲程度主要影响通带振幅，对通带位置有一定影响，但影响程度明显小于对通带振幅的影响，不影响通带宽度。弯曲程度相同时，随激励电

压增加，通带振幅增大；激励电压相同时，随弯曲程度增加，通带振幅逐渐增大。

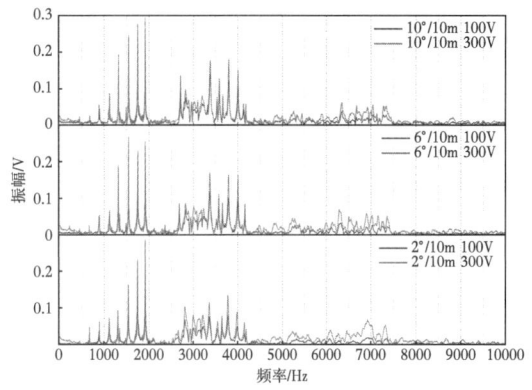

图 3 不同激励电压下不同弯曲程度钻柱中声波频谱图

3.3 不同脉冲宽度

对比不同脉冲宽度下弯曲钻柱的声波频谱（$5^\#$～$8^\#$，$17^\#$～$20^\#$，$20^\#$～$24^\#$），分析不同弯曲程度下脉冲宽度对声传播特性的影响规律。随钻柱弯曲程度的增加，频带基本结构不变，通阻带交替分布，高频衰减程度大于低频。不同脉冲重复速率下通带均集中在 0～7500Hz 频段，且振幅较大的通带均集中在 0～4200Hz 频段中（图 4）。

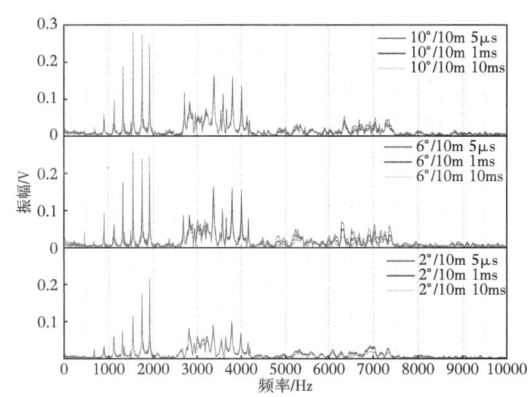

图 4 不同脉冲宽度下不同弯曲程度钻柱中声波频谱图

不同弯曲程度下脉冲宽度对声传播特性具有相似影响规律。随脉冲宽度增加，频带基本结构不变，通阻带交替分布，高频衰减程度大于低频。不同脉冲宽度下通带均集中在 0～7500Hz 频段，且振幅较大的通带均集中在 0～4200Hz 频段中。通带振幅随脉冲宽度增加逐渐增大，通带宽度和位置均保持不变。通过上述分析结果可知，不同脉冲宽度下钻柱弯曲程度主要影响通带振幅，对通带位置有一定影响，但影响程度明显小于对通带振幅的影响，不影响通带宽度。弯曲程度相同时，随脉冲宽度增加，通带振幅增大；脉冲宽度相同时，随弯曲程度增加，

通带振幅先增大后减小。

4 声波传输效果评价

利用声波频谱及通带综合评价结果指导声波传输技术在弯曲钻柱中的应用，引入了声波频谱波动系数来量化表征不同承载状态钻柱中的声波频谱特性，频谱波动系数 B 的定义为：

$$B = \frac{K_n - K_0}{K_0} \times 100\% \quad (11)$$

式中　B——频谱波动系数；
　　　K_0——0 MPa 条件下声波频谱综合评价值；
　　　K_n——n MPa 条件下声波频谱综合评价值。

通过实验结果指导井下信息声波传输技术在现场的应用，将曲线的横坐标由力的单位换算到应力的单位进行分析。根据频谱波动系数大小对不同拉应力下的频谱特性进行分类（表3），计算得到拉伸钻柱中声波频谱波动系数 B 变化如图5所示。

表3　声波频谱特性分类表

频谱特性等级	频谱波动系数 B
优秀	$[4\%, +\infty)$
良好	$[2\%, 4\%)$
中等	$[0, 2\%)$
合格	$[-2\%, 0)$
不合格	$[-4\%, -2\%)$
差	$(-\infty, -4\%)$

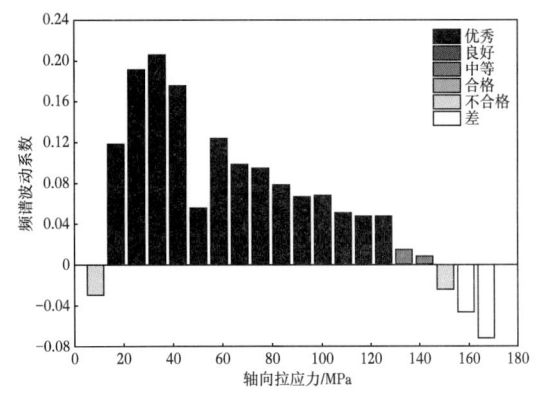

图5　波动系数与轴向拉应力关系图

由图5可知：（1）当拉应力在 0～33MPa 范围内时，频谱波动系数 B 显著增加，在拉应力增加后期，频谱波动系数 B 又逐渐减小，当应力为 33MPa 时，波动系数出现最大值；（2）声波频谱特性在 17～134MPa 的拉应力范围内最佳，声信号传输较为稳定；（3）当轴向拉应力超过 134MPa 时，频谱波动系数显著下降，而当轴向拉应力超过 152MPa 时，频谱特性表现较差。因此，在该拉应力区间内需要采取诸如调整载波频率和中继器安装位置的方法来改善声信号的传输质量。

5 结论

（1）建立了弯曲钻柱中声传播特性实验装置，利用该装置对弯曲钻柱在不同脉冲重复速率、不同激励电压及不同脉冲宽度下声传播特性进行测试。钻柱的弯曲对其内声波的传播具有影响，其影响规律与钻柱的弯曲程度、声波的频率有关；声波在弯曲钻柱中传播时依然存在交替排列的通阻带，且通带对幅值影响程度大与对通带位置的影响。

（2）随钻柱弯曲程度增加，声波传输频谱特征中通阻带宽度基本不变，通带幅值增大，通带后移且频率越高，后移幅度越大。脉冲重复速率、激励电压和脉冲宽度仅影响通带振幅，且影响程度显著大于钻柱弯曲的影响。

（3）定向井常见井眼曲率钻柱中，低频段通带受钻柱弯曲影响较小，在考虑钻柱弯曲对声传输影响后，应优先选择低频信号作为井下信息声传输的载波。

参考文献：

[1] 高理,程为彬,李铭钧,等.短距离钻杆声波传输的频域分析[J].浙江工业大学学报,2020,48(3):345-349.

[2] WANG Q,GUAN Z C,LIU Y W,et al.Acoustic frequency spectrum characteristics in periodic drill string under tension[J].Energy Science and Engineering,2020,8(8):2747-2759.

[3] 闫炎,韩礼红,刘永红,等.基于改进雷达图法的周期性管结构中声波频谱多级评价方法[J].科学技术与工程,2025,25(2):521-529.

[4] 王庆,管志川,刘永旺,等.气体钻井钻柱拉应力对纵波特性的影响[J].石油机械,2020,48(9):1-7.

[5] 王庆,管志川,张波,等.一种周期性管柱中声波频谱评价方法[J].中国矿业大学学报,2020,49(1):190-197.

[6] GAO L,GARDNER W R,ROBBINS C,et al.Limits on data communication along the drill string using acoustic waves[J].SPE Reservoir Evaluation & Engineering,2008,11(1):141-146.

[7] ZENG S,LI D,WILTON D R,et al.Fast and accurate simulation of electromagnetic telemetry in deviated and horizontal drilling[J].Journal of Petroleum Science and Engineering,2018,166(1):242-248.

[8] GUAN Z,LIU.Influence of the drill-string structure diversity on acoustic transmission characteristics[J].Acta Petrolei Sinica,2012,33(4):687-691.

新疆庆玉 1 井二开高效提速技术研究与实践

田玉栋　陈柏山　严童睿

(中国石油大庆钻探工程有限公司工程技术研究院)

摘　要：随着全球能源需求不断增长，深层、超深层油气高效勘探开发对保障国家能源安全具有重大意义。庆玉 1 井是新疆塔东区块超深层一口重点勘探风险井，该井二开面临盐膏层地层蠕变、机械钻速低和井壁易失稳等技术难题。通过对庆玉 1 井二开地质条件进行分析研究，针对性提出了高效提速措施并开展实践。现场结果表明：庆玉 1 井二开平均机械钻速相比邻井提高 60.86%，二开单钻头"一趟钻"进尺达到 3295m，钻井周期显著缩短，经济效益显著。本文为类似地区超深层钻井提供了技术支撑与参考借鉴，有利于推动我国超深层油气勘探开发技术的进步。

关键词：超深层；盐膏层；庆玉 1 井；钻井提速；地层蠕变

新疆塔东地区地质构造复杂，经历了多期构造运动，地层变化剧烈，具有高温、高压、高研磨性，以及地层复杂多变等特点，存在盐膏层、火成岩和裂缝性地层等特殊地质复杂层位，这些因素增加了钻井过程中的技术难度和施工风险，容易导致井壁失稳、卡钻和井漏等复杂情况的发生[1-2]，严重影响钻井效率和安全。

庆玉 1 井作为塔东地区的重点勘探井，在二开钻井作业中，穿越盐膏层是最大的难题之一。盐膏层具有塑性变形特性，在钻井过程中容易发生蠕变，导致井眼缩径，增加卡钻风险；同时，该地层还可能出现井漏和井斜等问题，对钻井液性能、钻具组合和钻井参数的选择提出了较高的要求[3-7]。此外，二叠系的火成岩地层研磨性强，可钻性差，进一步影响了钻井速度。因此，深入研究庆玉 1 井二开高效提速技术，解决了新疆塔东地区超深层钻井的难题，推动了我国超深层钻井技术的发展。

1　庆玉 1 井二开地质情况分析

1.1　区域地质概况

新疆塔东地区位于塔里木盆地东部，南起塔东低凸起，北至库鲁克塔格断隆，西起满加尔凹陷，东至罗布泊坳陷，面积广阔，是塔里木盆地油气资源战略接替区域之一。在漫长的地质历史时期，塔东地区经历了海相和陆相沉积环境的交替变化，形成了丰富多样的沉积岩类型。

庆玉 1 井位于塔里木盆地北部坳陷阿满过渡带，是一口预探井，目的是探索富满Ⅱ 54 号断裂带断溶体油气藏的含油气规模。新近系到奥陶系，经历了多期构造运动和沉积演化，地层之间的接触关系复杂，存在多个不整合面和断层，给钻井施工带来了极大的挑战。

1.2　二开地层岩性特征

庆玉 1 井二开钻遇地层主要包括二叠系、三叠系和石炭系。三叠系岩性以泥岩和粉砂岩为主，夹有少量砂岩。泥岩为紫红色，粉砂岩为灰白色，二者呈互层状分布。泥岩具有较强的水敏性，遇水后易发生膨胀和分散，导致井壁稳定性变差。在三叠系泥岩段钻进时，若钻井液抑制性不足，泥岩会迅速膨胀，导致井径缩小，甚至出现卡钻事故。而在粉砂岩段，由于岩石结构较为松散，钻进时需要控制好钻井参数，防止坍塌掉块堵塞井眼。

二叠系主要由火山岩和碎屑岩组成。火山岩致密坚硬，抗压强度高，可钻性差。在火山岩段钻进时，由于岩石硬度极高，常规钻头难以有效破碎岩石，机械钻速极低。

石炭系地层岩性以砂岩、泥岩、石灰岩及盐膏层交互出现，其中盐膏层主要分布在 4753～4831m 井段，厚度约为 78m。盐膏层容易发生蠕变和缩径等问题，将严重影响钻井施工安全和效率。同时，石炭系地层中还存在一些裂缝和溶洞，增加了井漏和井涌的风险。

作者简介：田玉栋，男，1983 年出生，2007 年毕业于中国石油大学（北京）油气井工程专业，现从事钻井技术研究工作，高级工程师。通信地址：中国石油大庆钻探工程有限公司工程技术研究院工程设计与规划信息中心，邮编：163413，联系电话：0459-4896980。

1.3 地层压力及温度特征

在庆玉1井二开地层中,地层压力系数较高,部分井段存在异常高压。在石炭系和二叠系的某些井段,地层压力系数为1.5～1.8,对钻井设备的耐压性和密封性等提出更高的要求,增加了设备的维护和管理难度。二开井底温度预计达175℃。高温对钻井液稳定性产生严重影响,导致钻井液黏度和切力下降,滤失量增大,从而影响钻井液的携砂及护壁等功能。同时,高温对钻井设备和工具的材料性能也有较大影响,会加速设备及工具的磨损和老化,降低其使用寿命。

2 庆玉1井二开钻井难点分析

综合地质情况对庆玉1井的井身结构优化(图1),并对二开钻遇的井段(1200～4927m)地层难点和施工风险进行分析。

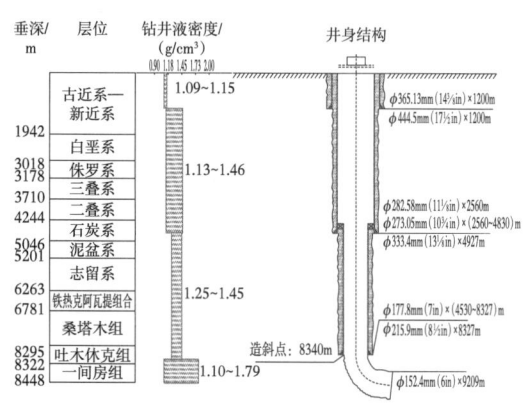

图1 庆玉1井的井身结构图

2.1 地层可钻性差

地层可钻性差主要由岩石硬度、研磨性和塑性等因素共同作用导致。三叠系的泥岩具有较强的塑性,导致钻头切削齿难以有效地切削岩石,同时使岩屑不易排出,容易在井底堆积,形成岩屑床,进而增加了钻井扭矩和摩阻。当岩屑床堆积到一定程度时,还可能导致卡钻等井下复杂情况的发生。因此,在三叠系泥岩段钻进时,经常会出现扭矩突然增大及泵压升高的情况。

二叠系的火山岩抗压强度高达200～300MPa。在实际钻进过程中,使用普通PDC钻头钻进玄武岩时,机械钻速为0.5～1.5m/h,严重影响了钻井进度。岩石硬度大还会导致钻头磨损加剧,切削齿容易出现崩齿和磨损严重等情况,大大缩短了钻头的使用寿命。

石炭系的砂岩和二叠系的火山碎屑岩,其研磨性较强,在钻进过程中,岩石与钻头切削齿之间的摩擦剧烈,使得切削齿表面的材料不断被磨损掉。石炭系的砂岩石英含量较高,硬度大,对钻头切削齿的磨损明显。在钻进该地层时,钻头的使用寿命仅为正常地层时的1/3～1/2。

2.2 井壁失稳

二叠系地层裂缝发育,岩石破碎,容易发生坍塌。邻井在二叠系地层钻进时,曾多次发生井壁坍塌事故,导致卡钻和埋钻具等严重后果。

盐膏层的蠕变和缩径问题是井壁失稳的另一个重要因素。盐膏层在高温、高压下具有塑性变形的特性,当钻具通过后,盐膏层会逐渐蠕变,导致井眼缩小,在庆玉1井盐膏层井段,通过模拟试验和实际监测发现,在钻井液密度为1.34g/cm³时,盐膏层在静止77h后,井眼直径缩小了10～15mm,严重影响了后续套管的安全下入。

2.3 井漏风险高

该区域地层存在多压力系统,压力窗口窄,容易压漏地层。在二叠系和志留系地层,由于地层的裂缝和孔隙发育,承压能力低,井漏风险较为突出。邻井在这些地层钻进时,曾多次发生井漏事故,钻井液漏失量从几十方到上百方不等,给钻井施工带来了极大的困扰。

2.4 地层流体的复杂

在塔东地区,部分地层含有高矿化度的盐水,这些盐水会对钻井液性能产生显著影响。当盐水侵入钻井液体系时,会导致钻井液的密度、黏度和切力等性能发生变化,影响钻井液的携砂能力、润滑性能和抑制性能。高矿化度盐水还可能与钻井液中的某些处理剂发生化学反应,导致钻井液性能恶化,从而影响井壁的稳定性。

地层流体的分布和性质受到多种因素的影响(如地质构造、地层岩性和沉积环境等),使得准确预测地层流体的位置和性质变得极为困难。在钻井过程中,实时监测地层流体的侵入情况也存在一定的技术难度(监测手段在灵敏度、准确性和及时性等方面还存在不足),一旦不能及时发现地层流体的侵入,就难以采取有效地应对措施,从而增加了钻井作业的风险。

3 二开高效提速技术措施与实践效果

3.1 优选等壁厚螺杆

在庆玉1井二开钻进中,螺杆钻具的应用有效提高了机械钻速。二开优选等壁厚螺杆作为提速工具（图2），型号为 H7LZ172×7.0-4DGL-1.25°，"一趟钻"使用 188h，为二开提高机械钻速提供了保障。该螺杆具有良好的散热特性，提高了定子工作寿命，其均匀的橡胶膨胀，提高了定子工作稳定性，并且单级承压高，提高了系统效率，在此基础上还增加了橡胶与金属粘接面积，增强了黏合度。同时，螺杆钻具在控制井斜方面也具有明显优势。通过调整螺杆钻具的弯角和工具面角，可以实现对井眼轨迹的精确控制，有效避免井斜超标问题。在二开钻进过程中，严格按照设计要求调整螺杆钻具的参数，确保井身质量满足设计标准，为后续的钻井作业奠定了良好的基础。

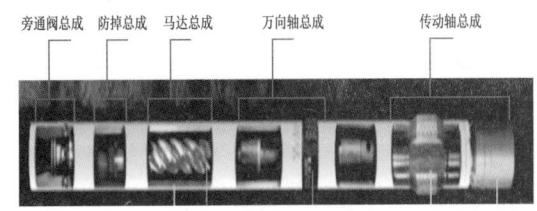

图 2　等壁厚螺杆示意图

3.2　优选高性能 PDC 钻头

根据庆玉 1 井二开地层岩性、可钻性和研磨性等特点，结合邻井钻头使用经验，进行钻头选型。在三叠系泥岩和粉砂岩段，泥岩水敏性强，粉砂岩易坍塌掉块，选用切削齿锋利且保径性能好的 PN220501 型 PDC 钻头，其锋利的切削齿能够快速切削泥岩和粉砂岩，减少岩石在井壁的残留，降低坍塌掉块的风险。同时，钻头的保径设计能够有效维持井眼直径，防止井径缩小。

在二叠系火山岩和碎屑岩段，火山岩致密坚硬，可钻性差，碎屑岩中砾石成分复杂，对钻头的抗冲击性和破岩能力要求较高。选用 φ16mm 或 φ13mm 双排异型齿 PDC 钻头配合多维冲击器，优选 2109552JH 型 PDC 钻头，其经过优化的异型齿设计能够增强钻头的切削面积和破岩效率，在坚硬的火山岩地层中也能实现有效钻进。同时应用多维冲击器产生高频冲击载荷，辅助钻头破碎岩石，提高钻进效率。

在石炭系砂岩和泥岩互层段，由于砂岩硬度较高、研磨性强，泥岩遇水易膨胀和分散，因此，优选切削齿耐磨性好且抗泥包能力强的 DXS1952VA 型 PDC 钻头（图3），其切削齿采用了高强度、高耐磨性的材料，能够有效抵抗砂岩的研磨，同时钻头的流道设计，有利于钻井液的流通，减少泥岩在钻头表面的黏附，降低了泥包风险。

图 3　DXS1952VA 型 PDC 钻头实物图

3.3　优选定向仪器

二开选用性能稳定的 SQMWD 仪器，从仪器组装、测试及使用上精细管理。施工中制定井身质量保障方案，根据随钻测斜情况及时调整施工参数，保证井身质量。二开仪器累计使用 325h 无故障，完钻井底井斜角 0.1°，水平位移 33.75m。

3.4　优化钻井液体系

根据庆玉 1 井二开地层特点，1205～3200m 井段选择 KCl 聚合物及盐水饱和聚磺钻井液体系。KCl 聚合物体系具有良好的抑制性和防塌性，能够有效抑制泥页岩的水化膨胀，保持井壁稳定。在钻进三叠系和石炭系等泥岩含量较高的地层时，KCl 聚合物体系中的 KCl 能够与泥页岩中的黏土矿物发生离子交换，降低黏土矿物的水化活性，从而防止泥岩遇水膨胀和分散，保证井壁的稳定性。该体系还具有较好的流变性和携砂能力，能够在不同钻井参数下，保持钻井液的良好流动性，有效地将钻屑携带至地面，避免钻屑在井内堆积，影响钻井效率和井下安全。

在 3200～4927m 井段，考虑到会钻遇盐膏层，采用盐水饱和聚磺钻井液体系，其黏度为 45～60s，沥青不小于 5%，抗温达 180℃。该体系以饱和盐水为基液，加入磺化处理剂、降滤失剂和润滑剂等多种添加剂，形成了具有强抑制和强封堵性能的钻井液体系。饱和盐水能够抑制盐膏层中盐岩的溶解，防止地层因盐岩溶解而产生垮塌和缩径等问题。磺化处理剂能够提高钻井液的抗温性和抗污染能力，降滤失剂能够有效降低钻井液的失水，形成薄而致密的滤饼，增强井壁的稳定性，其 HTHP 滤失量（120℃）小于 8mL。润滑剂则能够降低钻具与井壁之间的摩擦力，减少卡钻事故的发生。

在庆玉1井二开实钻过程中，根据不同地层的压力情况，实时调整钻井液密度。在钻进石炭系高压井段时，将钻井液密度提高至1.45～1.50g/cm³，有效地防止了井涌事故的发生；在钻进三叠系低压井段时，将钻井液密度降低至1.15～1.20g/cm³，避免了井漏问题的出现。

3.5 精细处理盐膏层蠕变

庆玉1井是玉满区块第一口把盐膏层放在二开施工的井，盐膏层具有含盐高、地层易溶和蠕变井径变小等特征，经过试验测试计算盐膏层蠕变速度为0.519mm/h，需要高密度支撑，而二叠系地层承压能力低且易漏，难以确定安全施工的钻井液密度，增加了钻完井作业难度。

（1）搜集地震资料，结合实钻情况以及测井资料，现场制定针对性措施并组织扩眼器，分别进行了2次双扶通井和2次扩眼。

（2）将井径由φ333.4mm扩至φ376mm，计算下套管安全时间为143h，并且逐步将钻井液密度由1.32g/cm³提至1.40g/cm³，满足了后期安全施工的要求。

利用Landmark软件结合现场实际，模拟计算钻具屈曲、摩阻扭矩、岩屑床厚度及循环ECD；针对二开底部盐膏层蠕变特性，进行套管强度计算（表1），将盐膏层处的套管厚度进行加厚，在盐膏层井段下入大壁厚的套管（273.05mm×26.24mm/BG140），增强套管抗外挤强度，提高技术套管在膏岩层井段的抗套损能力，避免盐膏层井段出现类似邻井（满深10井）套损严重的情况，为后续钻井及开发提供安全保障。

表1 优化后的套管强度校核数据表

外径φ/线重/钢级	扣型	井段/m	通径φ/mm	最小安全系数 抗内压	最小安全系数 抗外挤	最小安全系数 轴向	三轴安全系数
282.58mm/123.390kg/m/HG110S	气密封	0～2498	241.33	1.19	2.13	2.03	1.39
273.05mm/90.330kg/m/HG110TS	气密封	2498～3974	241.4	1.14	1.01	2.94	1.42
273.05mm/90.330kg/m/HG140V	气密封	3974～4713	241.4	1.8	1.15	3.95	2.03
273.05mm/159.331kg/m/HG140V	小接箍	4713～4865	216.6	3.06	1.76	1.65	1.94
273.05mm/90.330kg/m/HG140V	气密封	4865～4927	241.4	2.07	1.14	3.61	2.05

3.6 实践效果

庆玉1井二开机械钻速得到了显著提高，与邻井（满深8井）相比，平均机械钻速从9.76m/h提升至15.7m/h，提高了60.86%。与钻井设计相比，在加深95m的情况下，仅用21.84天安全顺利完成了二开钻进施工，钻进周期缩短了13.16天，优选的DXS1952VA型PDC钻头在二开1205～4500m实现"一趟钻"，进尺3295m，创造了玉满区块、满深区块和富源区块二开单只钻头最长进尺纪录，机械钻速为17.39m/h，对比设计机械钻速9.57m/h，提高了81.71%。

通过优化钻具组合，选择合适的钻头和螺杆，能够提高破岩效率，减少钻头磨损，从而提高钻井速度；改进钻井液性能，增强其抑制性、封堵性和润滑性，可有效应对盐膏层等复杂地层带来的挑战，保障井壁稳定，减少井下复杂情况的发生；合理调整钻井参数（如钻压、转速和排量等），能够使钻具在最佳工作状态下运行，进一步提高钻进效率。

4 结论

（1）通过优选等壁厚螺杆、高性能PDC钻头和定向仪器，优化钻井液技术并精细处理盐膏层蠕变，优选DXS1952VA型PDC钻头，在二开实现了"一趟钻"，进尺3295m，创造了该区块二开单只钻头最长进尺纪录。庆玉1井二开机械钻速相比邻井提高了60.86%，钻进周期缩短了13.16天。

（2）本文明确了各项技术措施在不同地层的适应性，为塔东及类似地区超深层钻井提供了有力的技术支撑和借鉴经验，有利于推动我国超深层油气勘探开发技术的进步。

参考文献：

[1] 李强,王显东,闫博,等.塔里木盆地塔东地区油气地质条件与有利地质体资源潜力[J].大庆石油地质与开发,2024,43(4):83-94.

[2] 贾海平.钻井中盐膏层危害及其应对措施分析[J].中国石油和化工标准与质量,2023,43(3):97-99.

[3] 李博,郑瑞强,齐悦,等.大庆深层水平井钻井关键技术[J].石油机械,2025,8(1):74-79.

[4] 齐悦,柳贡慧,李军,等.基于单齿多维度冲击破岩机理仿真研究[J].石油机械,2023,51(12):1-7.

[5] 常胜利,黄健勇,薛伟强,等.抗高温高密度饱和盐水聚磺钻井液体系[J].福建化工,2020(12):167-168.

[6] 谢春来,胡清富,田玉栋,等.H油田储层漏溢同存井控问题技术措施研究[J].石油和化工设备,2023,36(3):140-142.

[7] 朱明坤,宋瑞宏,杨永祥,等.机械比能法在庆玉1井钻井参数优化中的应用[J].石油和化工设备,2024,41(7):165-169,160.

本文编辑：董 华

致密气水平井提高缝控体积压裂技术研究

冷 静

（中国石油吉林油田公司油气工艺研究院）

摘　要：水平井密切割能够缩短渗流距离，是实现致密储层有效动用的有效手段。但随着裂缝间距的缩小，间接增加分段段数使投资成本增多；多簇射孔排量分流不均也造成分簇开启程度低，裂缝扩展不一，进而"缝控体积"受限。为此，提出"密切割+平面周向射孔+大排量高砂比加砂"为主的水平井提高缝控体积压裂技术，并在致密气水平井的压裂改造中加以应用。2024年吉林油田致密气现场开展1口水平井试验，证实了平面周向射孔较常规螺旋射孔有效率提高30.7%；且最高加砂速度3.0m³/min，最高砂比36.3%，压后获工业气流，最高试气日产 7×10^4 m³。水平井提高缝控体积压裂新技术是实现致密气效益开发的有效技术途径，该技术为其他非常规资源高效动用和效益开发提供了借鉴。

关键词：水平井；密切割；多簇限流；层间暂堵；平面周向射孔

致密气储层岩石致密、连通性差及自然产能低，需通过压裂改造才能实现效益开发[1]。随着致密气勘探开发的不断深入，诸多学者[2-3]认为采用缩小簇间距的水平井"密切割"压裂技术，能够大幅度缩短基质中流体向裂缝渗流的距离，降低基质流体向裂缝渗流所需的驱动压差，是实现致密储层有效动用的关键核心技术。但随着裂缝间距的缩小，间接增加分段段数，会进而增加分段工具的使用成本及作业成本[4]；同时，在压裂过程中，通常采用分簇限流技术实现小间距压裂施工，由于多簇射孔排量分流不均致使分簇开启程度低，使得分簇裂缝扩展受限。基于上述问题，提出"密切割+平面周向射孔+大排量高砂比加砂"为主的水平井提高缝控体积压裂技术，通过密切割缩短渗流距离，基于限流射孔和层间暂堵技术实现多簇均匀开启；采用平面周向射孔和大排量、高铺砂浓度加砂技术保证多簇裂缝均匀有效扩展，使得人工裂缝波及的储量范围最大化，形成缝控基质单元，实现对未动用储量的挖掘，提高单井产能。

1 多簇限流射孔配合层间暂堵技术

1.1 技术原理

通过多簇限流射孔工艺控制射孔孔眼和孔眼直径，利用先开层的孔眼摩阻，提高井底压力，迫使压裂液分流，使破裂压力接近的地层相继被压开。但未考虑簇间应力差异性，致使单簇排量分流不均，簇间开启程度不一，扩展不均衡。那么，配合层间暂堵压裂工艺就可以通过在缝口和炮眼处投不同数目的大粒径可降解暂堵球封堵低应力射孔孔眼，迫使压裂液转向，转向高应力区的射孔簇，平衡应力差异性射孔簇裂缝的有效开启和扩展，正好弥补多簇限流射孔工艺的不足。

1.2 技术做法

限流压裂的成功与否与很多因素有关，其中和孔眼摩阻关系最为密切。室内设计根据下面的孔眼摩阻公式，在计算不同施工排量和孔眼直径条件下孔眼数与孔眼摩阻的关系，同时在保证射孔孔眼摩阻大于簇间最大应力差值条件下，优化单段孔眼数；若不能同时开启的簇，配合层间炮眼球暂堵，保证有效开启，依据吉林油田致密气储层投球暂堵经验，投球数量为总炮眼数的70%。

$$p_{\text{Pf}} = \frac{0.237q^2\rho}{C_d^2 d_p^2 n^2}$$

式中　p_{Pf}——孔眼摩阻，MPa；
　　　q——排量，m³/min；
　　　ρ——压裂液流体密度，g/cm³；
　　　C_d——孔眼流量系数（一般取0.8~0.85）；
　　　d_p——孔眼直径，mm；
　　　n——孔眼数。

作者简介：冷静，女，1992年出生，2015年毕业于长江大学石油工程专业，现从事油气藏增产改造技术研究工作，工程师。通信地址：中国石油吉林油田公司油气工艺研究院油气藏改造技术研究中心，邮编：138000，联系电话：0438-6336560。

2 平面周向射孔技术

通常采用常规螺旋射孔方式，射孔孔眼只能垂直于井轴并在井壁上按相位均布排列。虽沿着水平井井筒方向形成裂缝，但受簇孔距小、孔间应力干扰及流体的重力指向等影响，致使簇间孔眼开启程度不一，造成压裂难度大和改造体积受限[5]，进而影响单井产能。

平面周向射孔技术（图1和图2），在井筒周向设置3~4个孔眼，通过偏心装置将大孔径射孔弹指向井筒周边（垂直方向+水平方向），从而在射孔后形成单一纵向主裂缝，既满足限流作用，又规避孔间及簇间裂缝的应力干扰，提高单簇、单孔进液量及净压力，使得多簇裂缝都能充分地扩展，从缝高、缝宽、复杂度和有效支撑等多个方面提高改造效果[6]。

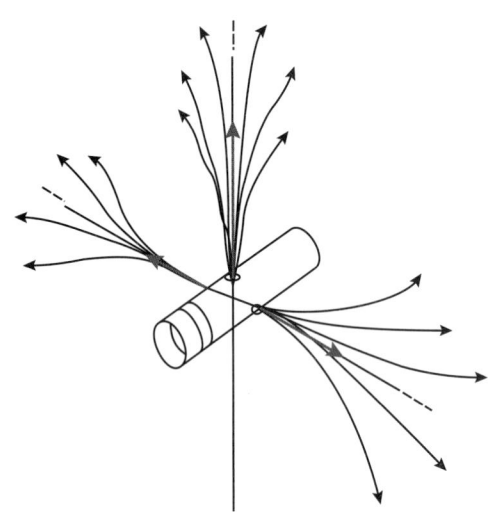

图1 平面周向射孔（3孔）示意图

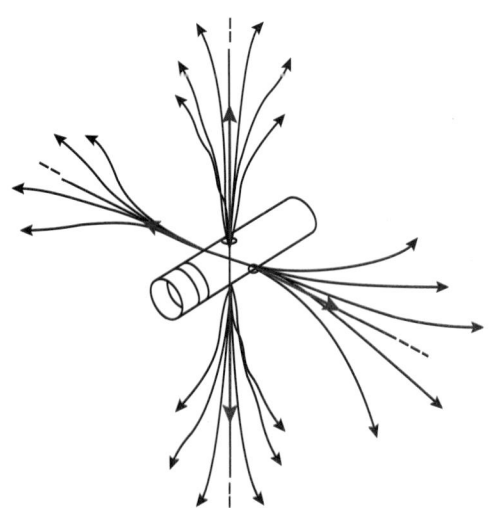

图2 平面周向射孔（4孔）示意图

利用该射孔方式在德深106水平井压裂中开展了试验，其中13段采用平面周向射孔方式（单簇3~4孔），孔眼有效率62.5%~100%，平均84.5%，2段常规螺旋射孔，孔密10~12孔/m，孔眼有效率47.5%~60%，平均53.8%，提高了30.7%。

3 大排量+高铺砂浓度加砂技术

理论上，提高施工排量可以提高缝内净压力，进而克服水平应力差以形成复杂裂缝[7]。依据式（1）进行理论计算（图3），排量和孔眼摩阻成正比关系，即孔眼摩阻随着施工排量的降低而降低，且加砂打磨孔眼增大的情况下，孔眼摩阻降低更明显。

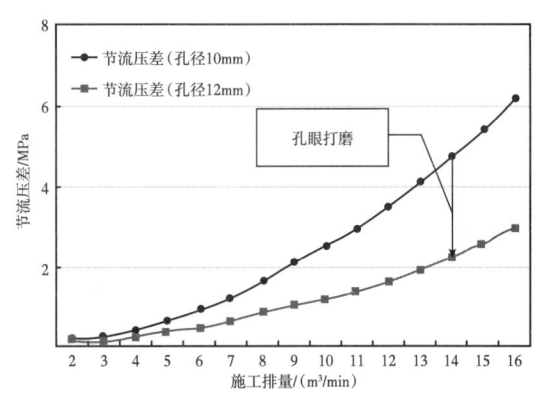

图3 施工排量与节流压差关系曲线图

为确保气井生产所需的裂缝长期导流能力，提高支撑剂用量，增加支撑剂铺置浓度，降低支撑剂嵌入及破碎对裂缝导流能力下降的影响是现场采用的行之有效的技术措施[8]。室内应用FracproPT软件模拟小排量低铺砂浓度和大排量高铺砂浓度的裂缝剖面（图4和图5）。可以看出随着主加砂阶段排量（5~8m³/min）的提高，按常规加砂速度（0.5~2.2m³/min）加砂，导致砂比低和用液量增加，主缝导流能力降低；而大排量（10~12m³/min）+高铺砂

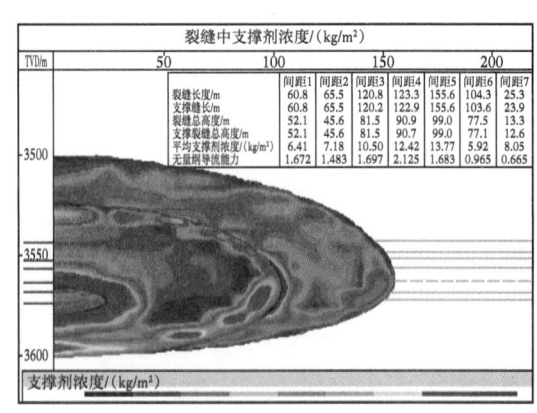

图4 小排量低铺砂浓度下裂缝剖面模拟图

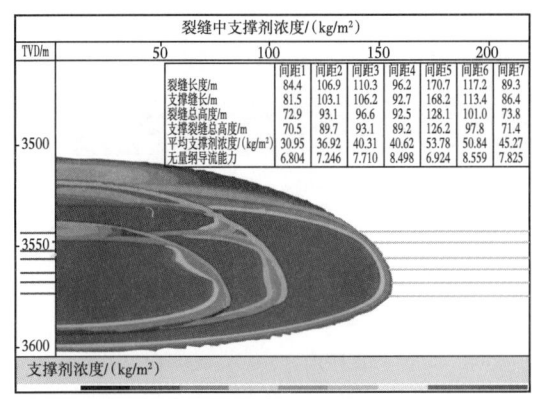

图5 大排量高铺砂浓度下裂缝剖面模拟图

浓度加砂（150~850kg/m²），保证主缝导流，同时降低液体用量，减少伤害，降低施工成本。

4 典型井例

以德深11-17井为例，该井位于松辽盆地南部德惠断陷中部的华家构造带，属于德深101井区，目的层为火石岭组，以凝灰岩为主，孔隙度7%~15%，渗透率0.03~1.02mD，物性差，中孔细喉、连通性差及天然裂缝不发育，属低孔和超低渗透储层；黏土矿物含量高（平均32%），其中伊蒙混层占84%，岩心遇水膨胀率33%，表现为水敏特征；脆性指数49%~55%，平均50.9%、最小主应力42.5~50.1MPa，两向应力差值小（3.5~4.7MPa）。该井脆性指数高、水平主应力差值小且天然裂缝发育，具备缝网形成条件。

德深11-17井以"提产、控投、降伤害"为目标，采用"密切割+平面周向限流射孔+大排量高砂比加砂"水平井提高缝控体积压裂技术。该井可溶桥塞分段压裂13段98簇，平均段间距65m，簇间距8.4m。全井采用大孔径平面周向射孔，其中第6段由于轨迹位于气层底界，射孔方向3方向（水平+向上），其余段射孔4方向（水平+垂直）；基于限流射孔+暂堵理论研究，优化施工排量和孔眼数，对于不能同时开启的簇，配合层间炮眼球暂堵193个，尽可能让所有簇有效开启。

首先，造缝阶段，使用中—高排量（8~10m³/min）注入高黏度冻胶使人工裂缝沿着目的层长度方向延伸和扩展，形成足够长的单一主裂缝，减小近井裂缝的复杂程度；成网阶段，以形成的主裂缝为导流和导压通道，以大排量（14~16m³/min）注入低黏度滑溜水携砂段塞式加砂，在单一主裂缝附近横向造缝，促进远井区分支缝和微裂缝的形成，提高远井区裂缝的复杂程度；最后，主加砂阶段，通过大排量（10~12m³/min）高黏度冻胶携带高铺砂浓度的多粒径组合（70~140目细粉砂+40~70目石英砂+30~50目石英砂）对主裂缝进行支撑，不仅能够保证主缝导流，同时降低液体用量，减少伤害。

德深11-17井总用液量$1.9868×10^4m^3$，总砂量$0.206×10^4m^3$，最高加砂速度$3.0m^3/min$，最高砂比36.3%，13段建立净压力均大于两项应力差（4~5MPa），暂堵13层有效率92%，同排量压力上涨2~16MPa。

压后第5天见气，见气返排率1.9%，最高试气$7×10^4m^3$；目前生产185天，$\phi 4mm$油嘴，压力11.7MPa，日产气$4.6×10^4m^3$，日产液16 m³，累计产气$753.2×10^4m^3$，返排率29.11%，提产25%以上。

5 结论

（1）水平井提高缝控体积压裂技术是由多簇限流射孔、配合层间暂堵+平面周向射孔+大排量高砂比加砂技术组合而成，能够确保多簇裂缝的有效开启与高效延伸，进一步提高裂缝复杂程度，实现储层充分改造，有效提高单井产量和采收率。

（2）2024年吉林油田致密气现场开展1口水平井提高缝控体积压裂技术试验，压后效果显著，单井产量提升明显，有力证实了该技术是实现致密气效益开发的有效途径，为其他非常规资源高效动用和效益开发提供了借鉴。

参考文献：

[1] 王艳玲.德惠断陷致密气藏直井高密度完井体积压裂技术[J].油气井测试,2020,29(6):55-61.

[2] 于学亮,胥云,翁定为,等.页岩油藏"密切割"体积改造产能影响因素分析[J].西南石油大学(自然科学版),2020,42(3):132-143.

[3] 吴奇,胥云,王晓泉,等.非常规油气藏体积改造技术——内涵、优化设计与实现[J].石油勘探与开发,2012,39(3):352-358.

[4] 任佳伟,张先敏,王贤君,等.致密砂岩油藏水平井密切割压裂改造参数优化[J].断块油气田,2021,28(6):859-864.

[5] 周再乐,张广清,熊文学,等.水平井限流压裂射孔参数优化[J].断块油气田,2015,22(3):374-378.

[6] 蒋廷学,苏瑗,卞晓冰,等.常压页岩气水平井低成本高密度缝网压裂技术研究[J].油气藏评价与开发,2019,9(5):78-83.

[7] 曹学军,王明贵,康杰,等.四川盆地威荣区块深层页岩气水平井压裂改造工艺[J].天然气工业,2019,39(7):81-87.

[8] 郑有成,范宇,雍锐,等.页岩气密切割分段+高强度加砂压裂新工艺[J].天然气工业,2019,39(10):76-81.

本文编辑：温志杰

基于嘴流模型的试气产量预测方法研究与应用

范子谅[1]　石建军[1]　董　华[2]

（1.中国石油吉林油田公司油气工艺研究院　2.中国石油吉林油田公司勘探开发研究院）

摘　要：在气井返排初期，通常选择连接节流管汇将返排液直接引入放喷箱，操作简单，但无法计量产气量。近年来，为避免浪费、减少碳排放，在试气阶段利用CNG设备回收天然气，联动试气流程需合理设计油嘴，以控制前端压力，保障安全试气。为解决以上问题，通过优选嘴流模型，录取节流前后温度、压力、油嘴尺寸和流体组分等参数，利用经验公式或软件计算高压物性参数，并通过水气比、产气量和产液量三个变量迭代计算，实现不同尺寸油嘴气、液产量估算。利用现场数据进行验证，计算值与实际计量值误差范围 $-8.36\% \sim 5.8\%$，可以为产量预测提供理论参考，从而达到CO_2干法压裂井见油返排率估算、简易放喷流程产量估算以及排液制度优化设计等目的。

关键词：试气；嘴流模型；产量预测；优化制度

天然气作为一种清洁能源，相比其他化石燃料产生较少的CO_2，并且在获取成本上具有较大优势，推动天然气合理替代石油是能源转型过程中助力碳达峰的路径之一。吉林油田由于中浅层天然气资源有限，资源品质逐年变差，"十三五"以来逐渐转向深层致密气和页岩气等非常规资源作为勘探开发主要目标，通常需要体积压裂提高产能，勘探开发成本高。试气采取了一系列的降成本措施，包括采用简易放喷流程进行压后返排，利用CNG设备对探评井零散气进行回收，提高资源利用率，减少碳排放。试气过程中通过强化资料录取解释，利用嘴流模型进行分析计算提高认识，合理优化试气制度，保障试气顺利进行。

1　嘴流特征模型优选

气液两相油嘴流动模型产量计算方法主要分为两类：三参数或四参数法和理论法。三参数或四参数计算方法实际属于经验法，需要根据实验或者生产数据统计来获得经验系数，建立气液两相油嘴流动产量计算的经验相关公式[1]，公式相对简单，应用较普遍，通常可以写作如下形式：

$$q_l = a p_t^b d^m R_p^{-n} \quad (1)$$

式中　a，b，m，n——经验系数；
　　　q_l——产液量，m^3/d；
　　　d——油嘴直径，mm；
　　　R_p——生产气液比，m^3/m^3；
　　　P_t——节流前端压力，MPa。

样本点较少很难获得准确的经验系数，因此优选理论法公式[2]进行计算，主要根据能量守恒和质量守恒的基本原理进行推导而来，流体机械能守恒的伯努利方程原表达形式为：

$$\frac{1}{2}\rho v^2 + p + \rho g h = c \quad (2)$$

式中　p——流体压力，Pa；
　　　ρ——流体密度，kg/m^3；
　　　v——流体流速，m/s；
　　　g——重力加速度，m/s^2；
　　　h——流体相对水平面的高度，m；
　　　c——表征流体机械能的常数。

伯努利定律应用忽略摩擦损失，而在气液两相混合物经过油嘴流动时，假设忽略位能变化，气体膨胀压能转化成流体动能，则气液混合流体流动的能量方程：

$$v_m dp + \mu_m dv_m = 0 \quad (3)$$

式中　v_m——气液混合物比容，m^3/kg；
　　　p——压力，Pa；
　　　v_m——流体流速，m/s。

混合物比容：

$$v_m = x_g v_g + (1-x_g) v_l \quad (4)$$

作者简介：范子谅，男，1990年出生，2016年毕业于澳大利亚科廷大学石油工程专业，现从事天然气井试气工艺方面的研究工作，工程师。通信地址：中国石油吉林油田公司油气工艺研究院采气工程研究所，邮编：138000，联系电话：0438-6337799。

式中 x_g——气相的质量分数；
v_g——气相比容，m³/kg；
v_l——液相比容，m³/kg。

气液两相流体通过油嘴的过程为多变过程，对于气相：

$$p_1 v_{g_1}^n = p_2 v_{g_2}^n \quad (5)$$

式中 p_1——油嘴前端压力，Pa；
p_2——油嘴后端压力，Pa；
v_{g_1}——油嘴前端气相比容，m³/kg；
v_{g_2}——油嘴后端气相比容，m³/kg。

节流前后混合物的比容：

$$v_{m_1} = x_{m_1} v_{g_1} + (1-x_{m_1}) v_l \quad (6)$$

$$v_{m_2} = x_{m_1} v_{g_2} + (1-x_{m_1}) v_l$$
$$= x_{m_1} v_{g_1} \left(\frac{p_2}{p_1}\right)^{\frac{1}{n}} + (1-x_{m_1}) v_l \quad (7)$$

式中 n——多变指数；
v_{m_1}——油嘴前端混合物比容，m³/kg；
v_{m_2}——油嘴后端混合物比容，m³/kg；
v_l——液相比容，m³/kg；
x_{m_1}——油嘴前端混合物质量分数。

假设液相不可压缩，气液在混合物中质量分数不变，则有 $v_l=v_{l1}=v_{l2}$，$x_g=x_{g1}=x_{g2}$，$x_{m1}=x_{m2}$，可得：

$$x_{m_1} = x_{m_2} = \frac{v_{m_1} - v_l}{v_{g_1} - v_l} = \frac{v_{m_1} - v_l}{v_l} \frac{v_l}{v_{g_1} - v_l} \quad (8)$$

式中 x_{m_2}——油嘴后端混合物质量分数。

多变指数 n 的计算公式：

$$n = \frac{x_{g_1} k c_{v g_1} + (1-x_{g_1}) c_l}{x_{g_1} c_{v g_1} + (1-x_{g_1}) c_l} \quad (9)$$

式中 k——比热比；
c_l——液相比热，kJ/(kg·K)；
$c_{v g_1}$——油嘴前端气相定容比热，kJ/(kg·K)。

比热比计算公式：

$$k = \frac{c_{p g_1}}{c_{v g_1}} \quad (10)$$

式中 $c_{p g_1}$——油嘴前端气相定压比热，kJ/(kg·K)。

根据式（3）至式（5）并进行积分可得，其中 $v_{m_2} \gg v_{m_1}$：

$$\frac{v_{m_2}^2 - v_{m_1}^2}{2} = \frac{n x_{g_1} v_{g_1} p_1}{n-1} \left[1-\left(\frac{p_2}{p_1}\right)^{\frac{n-1}{n}}\right] + (1-x_{g_1}) v_l (p_1 - p_2) \quad (11)$$

式中 v_{m_1}——油嘴前端混合物流速，m/s；
v_{m_2}——油嘴后端混合物流速，m/s。

质量流量计算公式：

$$G = \frac{C A v_{m_2}}{x_{g_1} v_{g_2} + (1-x_{g_1}) v_l} \quad (12)$$

令 $r_p = p_2/p_1$，则：

$$G = \frac{CA\sqrt{\dfrac{2n x_{g_1} v_{g_1} p_1}{n-1}\left[1-\left(r_p\right)^{\frac{n-1}{n}}\right] + 2(1-x_{g_1}) p_1 v_l (1-r_p)}}{x_{g_1} v_{g_1} r_p^{-\frac{1}{n}} + (1-x_{g_1}) v_l} \quad (13)$$

式中 G——质量流量，kg/s；
A——油嘴截面积，m²。

气液混合物经节流存在临界流动和亚临界流动状态，前后压力比小于或等于其临界压力比时达到临界流动条件，这时气液混合物在该制度和压力下的流量最大，节流后端压力波动不会影响前端压力，后端压力进一步下降也不会使流量增大，实际试气过程中绝大多数处于临界流动状态，临界压力比约为 0.55。

获得气液混合物质量流量后，根据气相质量分数和标况下天然气密度，即可得到气体产量：

$$Q_g = \frac{95.94 x_{g_1} C d^2 \sqrt{\dfrac{n x_{g_1} v_{g_1} p_1}{n-1}\left[1-\left(r_p\right)^{\frac{n-1}{n}}\right] + (1-x_{g_1}) p_1 v_l (1-r_p)}}{\rho_{gsc}\left[x_{g_1} v_{g_1} r_p^{\frac{1}{n}} + (1-x_{g_1}) v_l\right]} \quad (14)$$

$$x_{g_1} = \frac{\rho_{gsc}}{\rho_{gsc} + \rho_l V_g} \quad (15)$$

式中 Q_g——产气量，m³/d；
d——油嘴直径，mm；
ρ_{gsc}——地面条件下气相密度，kg/m³；
ρ_l——地面条件下液相密度，kg/m³；
V_g——气液体积比。

2 参数计算

气液两相嘴流计算模型中涉及的主要计算参数包括节流前温度、压力、油嘴尺寸、流体高压物性参数以及水气比，其中温度、压力和油嘴尺寸可在试气过程中直接录取，流体的高压物性参数通常可以通过实验建立的相关式进行计算，而在获取天然气组分的前提下，利用PVTsim高压物性软件计算相关参数。剩余水气比、产气量和产液量三个变量，在前期已有生产数据的条件下，可以通过设定水气比计算产量，用于生产制度的设计。而在没有计量数据的简易流程试气阶段，水气比为未知变量，这里将产液量作为现场可计量参数，然后通过迭代计算的方式实现产气量的预测。

2.1 偏差因子计算

气体偏差因子是与压力、温度和气体组分相关的函数，表征真实气体与理想气体在受到相同压力压缩后体积上的偏差，偏差因子可采用研究人员建立的相关式进行计算，常用的有 Hall Yarborough、Brill and Beggs 以及 Dranchunk 等相关式[3]，Hall Yarborough 公式如下：

$$Z = \frac{1+y+y^2-y^3}{(1-y)^3} - \left(\frac{14.54}{T_{pr}} - \frac{8.23}{T_{pr}^2} + \frac{3.39}{T_{pr}^{3.5}}\right)y + \left(\frac{90.7}{T_{pr}} - \frac{242.2}{T_{pr}^2} + \frac{42.4}{T_{pr}^2}\right)y^{1.18+\frac{2.82}{T_{pr}}} \quad (17)$$

其中系数 y：

$$y = \frac{0.06125 p_{pr} e^{-1.2\left(1-\frac{1}{T_{pr}}\right)^2}}{T_{pr} Z} \quad (18)$$

式中 T_{pr}——拟对比温度；
p_{pr}——拟对比压力。

计算不同组分、不同温度下的天然气偏差因子，数值上变化范围较大，说明对组分和温度均比较敏感（图1），在预测产气量的过程中，偏差因子对结果准确性影响会较大，因此需要根据天然气组分以及相关式计算适用条件范围，优选合适的公式提高计算准确性。

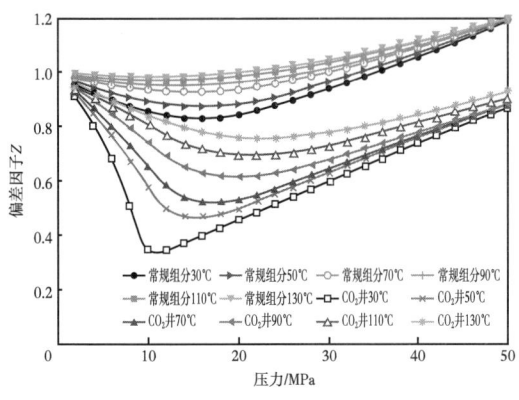

图1 不同组分气体偏差因子计算曲线图

2.2 气体密度、比热和比容的计算

试气过程中通过现场取气样测取各相组分摩尔百分比，将其导入PVTsim软件中，模拟计算不同条件下的对应数值。以长深40井为例，该井 CH_4 含量97.82%、C_2H_6 含量0.71%、C_3H_8 含量0.05%、iC_4H_{10} 含量0.003%、nC_4H_{10} 含量0.004%、N_2 含量1.27%、CO_2 含量0.08%及 O_2 含量0.06%，计算在压力54.66MPa和66.58℃条件下，该井气体定容比热为2.08kJ/(kg·K)，定压比热为3.23kJ/(kg·K)，比容为0.0033m³/kg，标况下密度为0.7083kg/m³。

2.3 液相比热和比容计算

通常情况下水可以被视为不可压缩，或者在压力值很大的条件下体积缩小不明显，水的密度为1000kg/m³，而比容为0.001m³/kg，只需要考虑温度对比热的影响，可以利用经验公式进行计算：

$$C_1 = 0.0002T + 4.1843 \quad (19)$$

式中 C_1——水的比热，J/(kg·℃)；
T——流体温度，K。

2.4 气体产量影响因素分析

在给定油嘴尺寸的条件下，以10MPa、15MPa、20MPa、25MPa、30MPa设置为入口压力，按照达到临界流动条件计算0.1~1.0不同气水比条件下和干气的产气量，得到曲线如图2所示，产量随着入口压力的增大而增大，但增加幅度逐渐减小，经过油嘴流体体积一定的情况下，含液量的增加使气量相应减少，气水比0.1和纯气条件下对比，产气量相差38.2%，因此获得相对准确的气液比也是影响产量预测结果的关键。

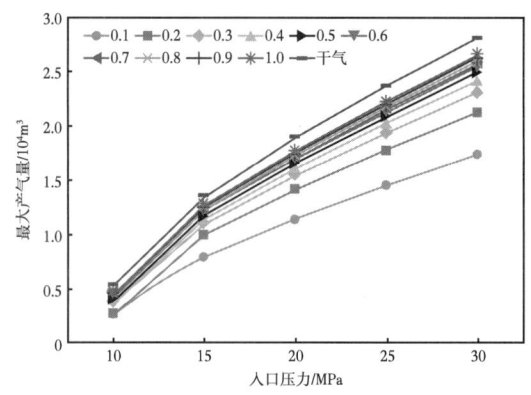

图2 入口压力对产气量影响曲线图

在给定入口端压力的条件下，分析 ϕ2~5mm 油嘴的最大产气量，随油嘴尺寸变大产气量提高（图3），由于公式计算中取油嘴截面积，与油嘴尺寸呈平方关系，因此变化幅度逐渐增加。

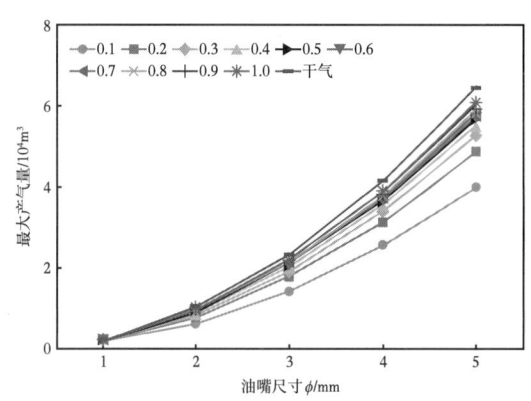

图3 油嘴尺寸对产气量影响曲线图

2.5 气体产量计算误差分析

利用长深40井试气测试计量数据对公式计算结果进行对比，验证模型准确性，分别取$\phi 4mm$、$\phi 5mm$、$\phi 6mm$、$\phi 7mm$油嘴5个点的井口压力和流体温度，各个条件下流体高压物性参数利用软件模拟得出，这里不做具体计算结果说明，将现场计量日产液作为已知参数代入式（15），令气液比等于日产气与日产液的比值，最终只有日产气一个未知参数，即可通过迭代计算得出，5个试气点计算结果见表1。

表1 长深40井不同制度下计算产量误差分析统计表

制度/mm	压力/MPa	温度/℃	日产液量/m³	实际气量/m³	计算气量/10⁴m³	误差/%
4	54.66	66.58	144.0	29302	3.1011	5.80
5	53.79	83.04	211.2	54504	5.0506	-7.34
6	47.61	84.19	244.8	77498	8.0302	3.61
7	40.59	90.74	278.4	112401	10.3011	-8.36
6	36.91	88.39	256.8	51121	4.9802	-2.35

从结果中可以看出，计算值与实际计量值误差范围-8.36%~5.8%，现场产液量数据缺少精确计量手段，对计算结果有一定影响，但总体来说该方法可以用于计量流程前试气产量的估算。

3 应用实例

3.1 计算气井无计量阶段产量

德深81井是一口CO_2干法压裂井，该井压裂时注入液态CO_2量417m³，注入压力2.5MPa，温度-18℃，折合标况下气体体积约21.5×10⁴m³。在放喷时伴随产出大量气体并且无法点燃，由于采取简易放喷方式，进分离器前产气量无法计量。返排22天后连接地面测试流程进行试气，采用$\phi 6.35mm$油嘴，油压为33.8~22.5MPa，日产气20.54×10⁴m³，无液体产出。实际计量阶段CO_2产出量的计算结果见表2，累计产出CO_2 7.84×10⁴m³。

利用测试数据对嘴流模型计算公式进行修正，减小计算误差，同时结合CO_2含量阶段监测数据，提高对放喷阶段产量预测的准确性，简易流程阶段CO_2产量计算值为15.28×10⁴m³（表3）。

综上，该井经计算分析得到的排出CO_2总量为23.12×10⁴m³，而压裂阶段共注入液态CO_2量21.58×10⁴m³，因此认为已全部排出注入的CO_2，同时判断超出注入量的CO_2气体来源于地层产出。经重新试气，此结论得到了进一步验证，并针对腐蚀环境针对性设计防腐完井方案，避免了因CO_2腐蚀造成的安全隐患。

表2 德深83井计量CO_2产出量统计表

日期	生产时间/h	日产气量/10⁴m³	CO_2含量/%	油压/MPa	油嘴/mm	CO_2实际产量/10⁴m³
11月22日	9	20.5411	0.12	22.5	6	9.221
11月23日	0	0	0	—	0	0
11月24日	0	0	0	—	0	0
11月25日	9	20.3733	0.12	22.6	5	9.232
11月26日	9	26.4414	0.12	32.2	6	1.1941
11月27日	9	22.8962	0.12	23.5	6	10.331
11月28日	9	12.1925	0.12	24.4	5	0.5511
11月29日	9	15.6454	0.11	23	6	0.6542
11月30日	9	16.3454	0.11	17	8	0.6738
12月1日	9	12.4434	0.11	19.1	6	0.5136
12月2日	9	12.2545	0.11	18	6	0.5121
12月3日	9	11.4726	0.1	17.5	6	0.4329
12月4日	9	12.2238	0.1	18.1	6	0.4627
合计						7.8429

表3 德深83井简易流程阶段CO_2产出量计算数据统计表

日期	生产时间/h	计算日产气量/10⁴m³	CO_2含量/%	油压/MPa	油嘴/mm	CO_2实际产量/10⁴m³
10月31日	5.5	2.7275	0.15	41.1	2	0.0899
11月1日	24	2.7275	0.15	46.0	2	0.4096
11月2日	24	2.9872	0.15	49.5	2	0.4496
11月3日	24	3.1271	0.15	50.5	2	0.4695
11月4日	24	3.1271	0.15	50.5	2	0.4695
11月5日	24	2.1680	0.15	50.0	2	0.3297
11月6日	24	3.0971	0.15	49.0	2	0.4595
11月7日	24	2.9972	0.15	46.8	2	0.4496
11月8日	24	5.9043	0.15	45.5	3	0.8891

续表

日期	生产时间/h	计算日产气量/10^4m^3	CO_2含量/%	油压/MPa	油嘴/mm	CO_2实际产量/10^4m^3
11月9日	9	13.3668	0.15	43.3	5	0.7493
11月10日	9	12.5876	0.15	39.5	5	0.7093
11月11日	9	16.8234	0.15	40.1	5	0.9491
11月12日	9	16.0941	0.15	36.9	5	0.9091
11月13日	9	14.9353	0.15	43.1~33.1	5	0.8392
11月14日	0	15.2050	0.14	33.1~42.3	0	0
11月15日	9	15.3448	0.14	42.3~35.7	5	0.8092
11月16日	9	1.50451	0.13	41.3~33.9	5	0.7293
11月17日	9	18.5816	0.13	41.4~29.8	6	0.9091
11月18日	9	27.5726	0.13	38.6~29.0	8	1.3487
11月19日	9	25.8244	0.12	37.1~26.2	8	1.1588
11月20日	9	24.4357	0.12	36.8~23.1	8	1.0989
11月21日	9	23.3768	0.12	35.2~22.1	8	1.0490
合计						1.5278

3.2 优化 CNG 联动试气流程放喷制度

针对部分零散井试气，采用 CNG 设备将放喷气回收，提高资源利用率的同时，减少天然气燃烧后对 CO_2 的排放。自 216 井 CNG 设备日处理能力为 $8×10^4m^3$，试气阶段能够回收部分天然气，多余气体仍需放喷燃烧。一方面需要合理设计放喷管线节流制度，保证 CNG 设备入口端足够压力实现天然气回收，同时避免因制度不合理分离器高压造成安全隐患；另一方面，当高压流体经过油嘴时，后端压力仅为大气压，节流瞬间压差大，节流效应会导致温度大幅降低，可能产生水合物冻堵问题。

在分析 CNG 联动试气流程关键风险节点的基础上：利用嘴流特征模型，按照气井不同产出状况下，预测不同分离器压力下放喷端最小油嘴尺寸；基于能量守恒原理和 PR 状态方程，建立地面节流压降及管线传热预测模型，利用水合物生成温度预测方法[4-6]，评价了地面流程冻堵风险，明确了联动试气压力和油嘴的控制要求，保障了该井试气的顺利进行（表4）。

表4 自216井试气流程放喷制度设计与冻堵风险预测统计表

制度/mm	井口压力/MPa	分离器气量/10^4m^3	分离器温度/℃	分离器压力/MPa	CNG处理气量/m^3	放喷气量/m^3	放喷管线节流制度/mm	节流后流体温度/℃	水合物生成温度/℃	是否冻堵
6	58.6	100000	71.2	25	80000	20000	2.5	-46.1	-40.67	是
				15			3.2	-23.4	-40.67	否
				5			5.6	13.5	-40.67	否
7	55.7	185000	75.5	25	80000	105000	6.0	-5.8	-40.67	否
				15			7.6	14.0	-40.67	否
				5			13.2	46.2	-40.67	否

4 结论

（1）利用伯努利方程建立气液两相嘴流特征模型理论公式，通过直接获取试气参数和软件模拟流体物性，实现不同压力、油嘴下产量的计算。在未知气液比的条件下，将产液量作为已知参数，气液比和产气量可通过迭代的方式得出计算结果，利用测试数据对计算模型进行验证，误差范围 -8.36%~5.8%，可以满足工程上计算误差要求。

（2）已知气液产量时，计算在当前压力条件下的油嘴大小能否满足产出需求，可用于试气制度的优化设计。

（3）利用此方法可以实现在压后简易放喷流程产气量的预测，CO_2 压裂井返排率计算，CNG 联动试气流程放喷制度及井下节流等工艺优化设计等多方面应用。

参考文献：

[1] SURBEY D W,KELKAR B G,BRILL J P.Study of Multiphase Critical Flow through Wellhead Chokes[J].SPE Production Engineering,1989,11(2):142-146

[2] AL-TOWAILIB A I,AL-MARHOUN M A.A New Correlation for Two-phase Flow through Chokes[J].Journal of Canadian Petroleum Technology,1994,33(5):40-43

[3] HALL K R,YARBOROUGH L.A New Equation of State for Z-factor Calculations[J]. Oil and Gas Journal, 1973,71(25):82-92.

[4] 张刘楠,师凌冰,周迎.天然气水合物生成预测及防治技术[J].天然气技术,2007,1(6):67-69.

[5] 纪宝君.气井水合物防治技术研究与应用[J].大庆石油地质与开发,2004,6(3):72-74.

[6] 邹永德,王瑞和.气井油管中水合物的形成及预测[J].石油钻采工艺,2001,23(6):46-48.

本文编辑：远郝丽

英台致密气藏压裂提产降本技术研究与应用

彭东喆[1]　孙嘉男[1]　郑　彬[2]

（1.中国石油吉林油田公司非常规资源开发项目部　2.中国石油吉林油田公司公共事务中心）

摘　要：松辽盆地南部天然气资源总量丰富，但剩余储量以深层致密气为主，开发效益差。英台龙深气田营城组气层储层埋深普遍超过4500m，孔隙度不足10%，单井开发成本持续处于高位。尽管通过早期大规模提产先导试验实现了产量突破，但高投入与低累计产量之间的矛盾成为制约效益开发的关键瓶颈，严重阻碍了松南老区的可持续发展。通过钻井—压裂—采气一体化攻关、井身结构优化及压裂工艺升级等技术手段，使单井产量从$2\times10^4m^3$提升至$3\times10^4m^3$，单井成本降低30%以上，首次实现了英台龙深气田致密气资源的经济有效开发，为同类气藏提产降本提供了技术借鉴。

关键词：致密气藏；压裂提产；成本控制；经济效益

致密气储层虽然储集空间小、孔隙度低和渗透率极低，但由于其资源总量丰富成为天然气资源开采的一个重要领域。大规模体积压裂技术的应用提高了致密气的开采效率，英台气田是集深层火山岩及复杂致密砂岩于一体的构造岩性气藏，主力投产层段为营二段，纵向上多小层分布且小层发育薄，储层非均质性强，孔隙度集中在4.0%～10.0%，中值为6.8%，渗透率一般在0.02～0.2mD之间，中值为0.035mD，其中小于0.1mD的占91.3%，属于特低孔、致密型储层。凝灰质角砾岩及凝灰质砂岩物性相对较好，测井解释孔隙度为4.0%～10.0%，平均孔隙度为7.0%。由于资源品质差，单井产量低，钻井成本较高，前期为提升单井产能，开展了大排量压裂提产、氮气钻和大斜度井等试验，但试气及投产效果与投资不成正比，导致该气田一度无法有效动用。

通过将井身结构由三开调整为二开，常规$\phi139.7mm$套管调整为$\phi127mm$套管，钻井周期由前期平均110天降至平均41天。通过一系列压裂提产降本技术研究与应用，单井平均产量由$2\times10^4m^3$提升至$3\times10^4m^3$，实现了英台龙深气田致密气资源的效益动用。

1　压裂提产技术方法研究

1.1　技术难点分析

营城组储层为深层火山岩及复杂致密砂岩于一体的构造岩性气藏，相比于常规砂岩储层存在诸多改造难点。储层丰度低，同时纵向差异较大，主体表现为纵向上多小层分布且小层发育薄，以往受投资制约采用"甜点"改造模式，难以提高单井井控可采储量。由于构造岩性气藏非均质性强，不同层间应力差异大，簇间应力差大，需要建立足够净压力以保证所有层段有效开启。因为龙深气田储层埋深普遍超4000m，地层应力高，受套管承压等因素限制，往往难以建立较高施工净压力，从而影响裂缝沿最小主应力方向的扩展，导致很多情况下无法满足气藏改造需求。研究表明：当储层埋深超过4000m时，地层闭合应力接近75MPa，常规压裂液滤失量增加两倍以上，导致有效改造体积减小20%～30%。

通过建立三维地质力学模型发现，该气藏存在多组优势渗流通道，但受限于天然裂缝发育程度，人工裂缝难以有效沟通远端储层。目前，非常规油气藏应用大规模体积压裂技术，单井液量普遍高于$1\times10^4m^3$，大量压裂液进入地层，导致致密气储层发育较差的孔隙通道容易受贾敏效应影响造成水锁，这也极大程度上影响了产能的发挥，这些难点直接或间接导致了英台龙深气田难以实现效益开发。

1.2　压裂提产技术对策研究

1.2.1　多簇限流射孔技术研究

采用"变密度射孔+分段压裂"组合工艺，通过优化孔眼直径（$\phi6～8mm$），与孔密提高控眼摩阻，使井底压力有效提升，成功突破层间应力屏障，但是由于营二段储层纵向上变化较大，各小层间应力差异

作者简介：彭东喆，男，1993年出生，2016年毕业于长安大学资源勘查工程专业，现从事压裂技术管理工作，工程师。通信地址：中国石油吉林油田公司非常规资源开发项目部技术研究所，邮编：138000，联系电话：0438-6262531。

较大，导致簇间应力差较大层未能实现有效开启，配合精准层间暂堵，能有效实现全层段裂缝的开启。

有效提高井底压力的因素有很多种，其中通过孔眼摩阻限流作用是最容易实现的方式。根据下面的孔眼摩阻公式，可直观计算不同施工排量和孔眼直径条件下，孔眼数与孔眼摩阻的关系[1]，即：

$$p_{\text{Pf}} = \frac{0.237 q^2 \rho}{C_d^2 d_p^2 n^2}$$

式中 p_{Pf}——孔眼摩阻，MPa；
q——排量，m³/min；
ρ——压裂液流体密度，g/cm³；
c_d——孔眼流量系数（一般取 0.8~0.85）；
d_p——孔眼直径，mm；
n——孔数。

通过式（1）对孔眼摩阻精准计算，在保证裂缝开启的同时，有效控制井底压裂，同时配合层间暂堵，实现全层段的有效改造。

1.2.2 精准暂堵转向技术研究

在致密气储层的开发中，压裂裂缝的转向问题是影响裂缝发育与气藏开采效果的重要因素。压裂裂缝的转向通常指裂缝未按预定方向扩展，发生方向偏移的现象。其形成机理与多个因素密切相关，包括地应力场、岩石力学特性和压裂参数等。在致密气储层中，由于岩石的高强度和低渗透性，裂缝扩展时的应力场变化更加复杂，容易导致裂缝方向的改变[2]。致密气储层通常存在明显的水平和垂直应力差异，压裂液的注入会改变应力场分布，可能导致裂缝在遇到应力梯度较大的区域时发生转向。岩石的脆性和弹性模量决定了裂缝的起始方向和扩展路径。在某些条件下，岩石的非均质性和裂隙的分布也可能导致裂缝的偏离。压裂液的黏度、流速和注入压力等压裂参数对裂缝的生成与扩展有直接影响，若参数设置不合理，可能导致裂缝偏移并影响压裂效果。

转向压裂技术通过合理的设计和精确的控制，可以有效地构建多裂缝网络，从而提高致密气储层的开发效率。传统的压裂技术往往依赖于单一的主裂缝扩展，而多裂缝网络的构建则能够在更大范围内提高储层的动用效率，进而促进气体的快速释放。转向压裂技术通过在压裂过程中对裂缝的方向、长度和开裂方式进行精细控制，使得裂缝在不同方向上形成多个交叉和分支，形成多条裂缝通道，增加了气体的流动路径。

转向压裂技术在储层的纵向和横向动用方面具有显著优势，能够有效提升致密气储层的开采效果。在致密气藏的开发过程中，储层纵向和横向动用程度通常是影响气藏开发效率的重要因素[3]。传统的压裂技术可能导致裂缝主要在竖直方向扩展，从而限制了气体的有效释放，而通过转向压裂技术，可以有效增加裂缝在水平和垂直方向的扩展，优化储层的动用情况。

在致密气储层的转向压裂过程中，实时监测与数据融合技术为控制裂缝转向机理提供了有力的技术支持。实时监测是指在压裂作业过程中，通过各种传感器、地震勘测设备和监测系统，实时获取储层和压裂裂缝的各种地质、压力和流体等数据，这些数据为分析裂缝扩展、压力变化及裂缝转向提供了基础信息，从而能够实现对裂缝转向过程的动态监控。

在转向压裂过程中，裂缝的转向往往受多种因素的影响，包括地应力场、岩石特性和压裂液性质等。为了精准控制裂缝的扩展方向，需要通过动态优化方法对压裂过程中的各项参数进行实时调整。参数动态优化方法是指根据实时监测数据和地质变化情况，动态调整注入压力、流体流量和注入速率等关键压裂参数，以实现对裂缝转向的精确控制。实施动态优化，根据实时监测数据调整压裂参数，确保裂缝按预期方向扩展。

综上所述，裂缝转向的发生不仅与岩层的物理力学性质有关，还受到地质构造、应力场分布和压裂参数等多重因素的影响。因此，研究裂缝转向机理并提出有效的动态控制策略，已成为提升致密气储层开发效益、优化压裂效果的重要方向，帮助工程技术人员优化压裂设计，减少裂缝转向带来的不利影响，从而提高气藏的开采效率。

1.2.3 三段式缝网改造

逆混合压裂模式能够使致密储层实现有效改造，主要通过泵注程序优化调整，实现改造目标，包括三个阶段。第一阶段：向目标措施层中注入高黏度压裂液，促进裂缝穿层，充分覆盖优质靶体，同时建立主要油气运移通道；第二阶段：向目标措施层注入低黏度压裂液并段塞式加入支撑剂，有效扩充并支撑微裂缝，充分动用基质油气资源；第三阶段：向目标措施层中注入高黏度压裂液并加入高浓度支撑剂，实现主裂缝及近井地带的有效支撑，为后期油气生产提供最重要的运移通道。

以逆混合压裂模式为基础，研究形成三段式压裂改造模式（图1），三段式压裂改造能够合理建立净压力，提高裂缝复杂程度，有效增大改造体积。三段式改造主要分造缝阶段、成网阶段和支撑阶段。造缝阶段：采用常规排量（通常为 6~8m³/min）高黏度冻胶压裂液造主缝，同时携带中等粒径支撑剂充填主裂缝，主要目的为控制缝高、提高改造缝长及沟通远端储层；成网阶段：应用大排量低黏度滑溜水压裂液，通过净压力的提升，实现分支缝的有效开启，同时携带小粒径支撑剂充填并支撑分支缝，提高裂缝复杂程度；支撑阶段：常规排量高黏度冻胶压裂液携带高浓度大粒径石英砂填充并支撑主裂缝，从而提高主裂缝及近井地带储层导流能力，从而有效提升排采阶段的产能发挥。

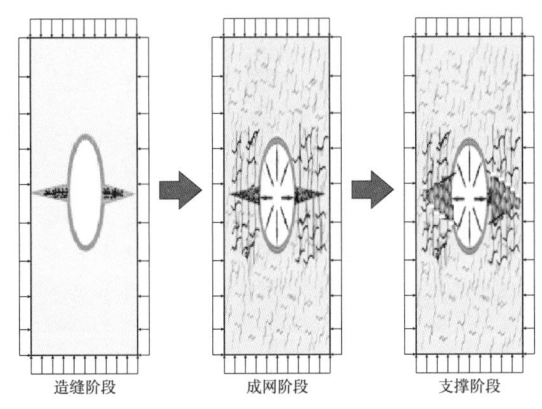

图1　三段式缝网改造模式裂缝示意图

为确保裂缝长期导流能力，提高支撑剂用量及铺置浓度是有效技术手段。在实施过程中，确保施工压力平稳的情况下，在三段式液体切换阶段连续加入中低浓度石英砂作为过渡，有效提高整体支撑剂铺置浓度，增强储层改造支撑效果，节约入井压裂液用量，降低水锁效应影响。

2　低成本压力材料优选

随着压裂装备的飞速发展，目前，排量规模已不再是限制压裂工艺设计的主要因素，限制压裂工艺参数的主要原因是其经济适用性。因此，低成本适应性压裂材料优选至关重要。

英台地区储层温度普遍分布在120～150℃，根据黑页1-2-2井光纤监测结果，压裂过程中进液层段对比临层温度降低30℃以上（图2）。根据温度场变化规模，现场开展中温压裂液体系试验，事实证明在携砂性能方面，中温压裂液满足设计要求。与此同时，压裂液降黏试验取得成功，后续应用6口井全部采用中温低黏压裂液替代以往选用的高温、高黏压裂液。通过室内评价，新型压裂液使单井成本降低52%，低温中黏压裂液相比于高温、高黏压裂液体系能够有效地降低压裂液破胶液残渣（表1）。

致密气储层改造能否有效降低水锁伤害对于后期产能发挥及其重要，通过实验室研究，采用氟碳表面活性剂（表面张力19.7～21.6mN/m，接触角大于60°），水锁伤害率低于市场其他产品（表2），见气返排率由前期10%以上降低至2%，有效地提高了单井产能。

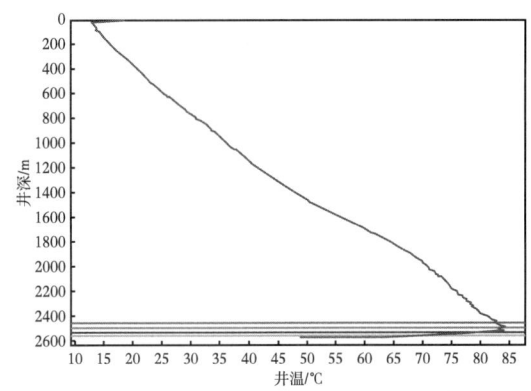

图2　黑页1-2-2井光纤监测压后井温拟合曲线图

表1　高中温两种体系瓜尔胶破胶液残渣含量实验数据表

材料	浓度/%	基液黏度/(mPa·s)	残渣含量/(mg/L)
高温瓜尔胶体系	0.40	54	185
中温瓜尔胶体系	0.40	43	180
	0.35	36	141

表2　气井专用氟碳表面活性剂与市场同类产品对比数据表

产品来源	表面张力/mN/m	溶液粒径/nm	接触角/(°)	水锁伤害率/%
氟碳表面活性剂	19.7～21.6	60～90	>60	15.6～18.9
其他表活剂1	20.0～22.0	50～70	>40	20.1～22.0
其他表活剂2	20.5～23.0	60～80	>40	21.0～24.0

3　结论

目前，致密气藏储层的开发，比技术指标突破更重要的是经济适用性。通过工程与地质一体化结合，以效益开发为导向，逆向设计储层改造模式；通过射孔方式优化、暂堵精细设计及三段式缝网改造等技术手段，有效提高储层改造效果；通过材料优选和规模优化等低成本举措提升经济效益；通过技术研究升级，同时配合低成本适应性举措，能够有效带动低品位资源实现效益开发，也为同类致密油气藏开发提供技术模板。

参考文献：

[1] 王艳玲,郝春成,邵光超.致密气水平井提高缝控体积压裂技术[J].油气井测试,2022,31(6):40-44.

[2] 齐士龙,邢丽波,李琳,等.松辽盆地致密气藏暂堵转向压裂裂缝扩展规律研究[J].石油地质与工程,2024,19(2):102-107.

[3] 赵战江,安琦,李德.致密气井体积压裂技术可行性研究与认识[J].石油工业技术监督,2022,14(9):55-59.

本文编辑：董　华

气井大修治理技术研究

姚秀奇

（中国石油吉林油田公司松原采气厂）

摘　要：随着气田的长期开发，气井管柱及井筒逐渐出现各类故障，严重影响气田的生产效率和经济效益。气井大修治理技术作为解决气井故障的关键手段，其研究具有重要的现实意义。本文详细阐述了气井常见故障类型，如套管损坏、管柱损坏、井下落物、储层堵塞等，深入分析了导致这些故障的原因。针对不同故障，系统研究了相应的大修治理技术，包括修井工艺、打捞技术和解堵技术等。同时，探讨了气井大修治理技术在未来发展中面临的挑战与发展方向，旨在为提高气井大修治理水平、保障气田的持续稳定生产提供技术支持和理论依据。

关键词：气井；大修治理；套管修复；打捞

天然气作为一种清洁、高效的能源，在全球能源结构中的地位日益重要。气井是天然气开采的关键设施，随着气田开发进入中后期，由于地质条件复杂、开采工艺不合理和管材的腐蚀老化等多种因素的影响，气井不可避免地会出现各种井下故障和问题（套管变形、管柱变形、管柱断裂、套管破裂、井下落物、出水出砂和储层堵塞等），这些问题严重制约了气井的正常生产，降低了气井的产能，增加了生产成本，甚至导致气井停产报废。气井大修治理技术是恢复气井生产能力、延长气井寿命的重要措施。通过对气井大修治理技术的深入研究，能够有效地解决气井故障问题，提高气田的采收率，保障天然气的稳定供应，对于推动天然气产业的可持续发展具有至关重要意义。

1　常见气井故障类型

1.1　套管损坏

套管损坏是气井常见的故障之一，主要表现为套管变形、破裂和错断等形式。造成套管损坏的原因主要包括地质因素（地层的不均匀沉降、地层应力变化等）、工程因素（固井质量不佳、射孔作业不当和酸化压裂施工等）和腐蚀因素（地层水、二氧化碳和硫化氢等介质对套管的腐蚀作用）。

1.2　完井管柱损坏

（1）变形：在气井生产过程中，管柱受到地层应力、温度变化和流体冲刷等多种因素的作用。当地层发生蠕动或开采过程中压力波动较大时，管柱容易发生变形，如弯曲、缩径等。此外，在气井作业过程中，若操作不当，如过度提拉、下放管柱，也可能导致管柱变形。

（2）断裂：管柱长期处于高温、高压和高腐蚀的恶劣环境中，材料性能逐渐劣化。同时，气井生产过程中的交变载荷作用，会使管柱产生疲劳裂纹，随着裂纹的扩展，最终导致管柱断裂。另外，在一些复杂地质条件下，如断层附近，管柱受到的应力集中作用较强，也容易发生断裂。

1.3　井下落物

在气井的完井、生产及修井等作业过程中，由于各种原因（工具断裂、脱落，井口装置损坏等），可能会使各种物体落入井内，形成井下落物。井下落物会阻碍气井的正常生产，严重时可能导致气井停产。

（1）完井工具：在气井的完井方式中，对于井筒存在腐蚀环境的，常用封隔器完井油套环空加注缓蚀剂的方式保护油层套管。若完井工具选用永久式封隔器，则在取出过程中需要进行大修作业，否则会在井筒内留下井下落物。

（2）工具落井：在气井的各类作业（完井、修井、测试等）过程中，由于操作失误、工具连接不牢固等原因，可能导致工具落井（封隔器、打捞工具、油管挂等）。

作者简介：姚秀奇，男，1974年出生，2010年毕业于东北石油大学石油工程专业，现从事油气田开发工作，高级工程师。通信地址：中国石油吉林油田公司松原采气厂工艺所，邮编：138000，联系电话：0438-6223116。

（3）井壁坍塌落物：当地层稳定性较差，或在气井开采过程中，由于压力变化导致地层岩石失去平衡，井壁可能发生坍塌，岩石碎块落入井内，形成井下落物。

1.4 出水出砂

随着气井的开采，地层压力逐渐下降，可能会导致边水和底水侵入气井，造成气井出水。而出砂则主要是由于地层胶结疏松、生产压差过大等原因引起的。出水和出砂不仅会降低气井的产能，还会对井下设备和地面管线造成严重的磨损和腐蚀。

1.5 储层堵塞

储层堵塞主要分为固相颗粒堵塞、结垢堵塞和水锁堵塞，每种情况均会造成气井无气至停产，后期处理难度大，耗费时间和费用均较高。

（1）固相颗粒堵塞：在气井生产过程中，地层中的固相颗粒（砂粒、黏土等），可能随天然气流入井筒，在储层孔隙中堆积，造成储层堵塞。此外，在修井作业过程中，压裂后地层吐砂会直接造成井筒及储层堵塞，若带入的修井液中含有固相颗粒，也可能对储层造成伤害。

（2）结垢堵塞：天然气中常含有一些矿物质（钙、镁、铁等）盐类。在气井生产过程中，由于温度和压力的变化，这些盐类可能会析出并在储层孔隙和井筒内壁结垢，从而影响天然气的流动，导致储层堵塞。

（3）水锁堵塞：在气井开采过程中，当外来流体（修井液、泡排剂、解堵剂、缓蚀剂、措施液等）侵入储层后，由于储层岩石的亲水性，在储层孔隙中形成水膜，阻碍天然气的流动，造成水锁堵塞。

2 气井大修治理技术

2.1 套管修复技术

2.1.1 套管补贴技术

对于套管破裂或严重损坏的情况，可采用套管补贴技术。常用的补贴方式有波纹管补贴和膨胀管补贴。波纹管补贴是将带有密封件的波纹管下入到套管损坏部位，通过打压使其膨胀并与套管内壁紧密贴合，实现对套管的修复；膨胀管补贴则是利用膨胀管在井下的膨胀特性，使其与套管内壁形成一体化结构，增强套管的强度和密封性。该技术具有施工简单和成本较低等优点，适用于套管局部破损和穿孔等情况。补贴后井筒通径可达到ϕ108mm，可下入常规完井油管进行生产，也可以完成补孔和压裂等增产措施。

2.1.2 套管整形技术

当套管发生轻微变形时，可采用套管整形技术进行修复。常见的套管整形工具有梨形胀管器和旋转震击式整形器等。通过下入特制的胀管器，在液压作用下使胀管器的胀头扩张，对套管变形部位进行胀形和冲击等作用，使其恢复到接近原始尺寸，以满足气井正常生产的要求。

2.1.3 套管锻铣技术

对于套管损坏严重，无法通过补贴或整形修复的情况，可以采用套管锻铣技术。用水力锻铣工具将设计深度的一段套管切割磨铣掉，形成裸眼井段，为封堵和侧钻等施工提供井筒条件。

2.2 打捞技术

2.2.1 常规打捞工具及技术

对于形状规则和尺寸较小的落物（小件工具、螺栓等），可采用打捞篮和打捞矛等常规打捞工具。打捞篮是利用其特殊的结构，将落物兜入篮内实现打捞；打捞矛则是通过抓住落物的内孔或外壁，将落物捞出（图1和图2）。

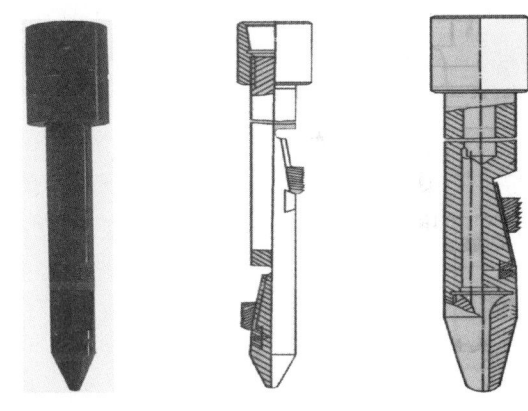

图 1 滑块捞矛工具示意图

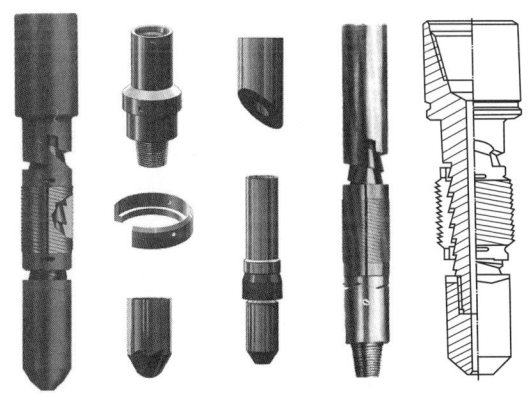

图 2 可退式捞矛工具示意图

在打捞过程中，要根据落物的形状、尺寸、材质以及落井深度等因素，准确判断落物的位置和状态，制订合理的打捞方案，合理选择打捞工具和打捞工艺。同时，要注意打捞操作的安全性，确保打捞作业的顺利进行，避免在打捞过程中造成二次事故。

2.2.2 复杂落物打捞技术

对于形状不规则、体积较大、位置难以确定、被卡紧或被埋在井底的落物，常规打捞工具往往难以奏效。此时，需要采用复杂大修技术[1]（套铣打捞技术、爆炸切割打捞技术等）。可采用磨铣、切割等预处理技术，将落物破碎成较小的块体，然后再进行打捞。"插旗杆"井则利用套铣筒将落物周围的水泥和砂等物质铣掉，然后再进行打捞。

对于一些在井下发生卡钻的落物，还需要采用解卡技术（震击解卡、浸泡解卡等），先解除落物与井壁或管柱之间的卡阻，然后再进行打捞。不同类型完井封隔器，解封方式也都不同，有直接磨铣作业解封后打捞的，有倒出插管后磨铣打捞的，有直接上提解封的，这些都需要在作业前了解清楚工具结构原理，再制订有效的施工方案，提高作业成功率。

2.3 控水防砂技术[2]

2.3.1 机械防砂技术

机械防砂技术主要包括滤砂管防砂和绕丝筛管防砂等。通过在气井产层部位下入具有防砂功能的筛管或滤管，阻挡地层砂进入井筒，达到防砂的目的。这种技术适用于地层砂粒较粗和出砂量相对较小的气井。

2.3.2 化学防砂技术

化学防砂技术是向地层注入化学药剂（树脂、凝胶等），使地层砂粒之间形成固结，提高地层的强度和稳定性，从而防止地层砂的产出。化学防砂技术具有施工简单、防砂效果好等优点，但对地层的适应性有一定要求。

2.3.3 控水技术

气井出水后，可采用控水技术进行治理。常见的控水技术包括堵水技术和排水采气技术。堵水技术是通过向出水层段注入堵剂，封堵水流通道，减少水的产出；排水采气技术则是通过合理控制气井的生产压差，将井筒内的水排出，提高气井的产气能力。

2.4 解堵技术

2.4.1 物理解堵技术

水力喷射解堵是利用高压水射流的冲击力，对储层堵塞部位进行冲刷，破坏堵塞物的结构，使其松动并随流体排出井筒。该技术具有施工简单和对储层伤害小等优点，但对于深部堵塞的解堵效果相对有限。

声波解堵是利用声波的机械振动和热效应，作用于储层堵塞物，使其产生共振和热膨胀，从而破坏堵塞物的结构，达到解堵的目的。声波解堵技术可对储层进行深部解堵，且对地层无伤害，但设备成本较高，解堵效果受地层条件影响较大。

2.4.2 化学解堵技术

酸化解堵是通过向储层注入酸液，使酸液与堵塞物发生化学反应，溶解堵塞物，恢复储层的渗透性。常用的酸液有盐酸和土酸等。酸化解堵技术适用于处理碳酸盐岩储层和由钙、镁等盐类结垢造成的堵塞，但在施工过程中要注意控制酸液的浓度和用量，避免对储层造成过度伤害。

化学清洗剂解堵是利用化学清洗剂对堵塞物的溶解、分散和乳化作用，将堵塞物清除。化学清洗剂可根据堵塞物的性质进行配方设计，具有针对性强和解堵效果好等优点，但部分化学清洗剂可能对环境造成一定的污染。

3 气井大修治理技术应用案例分析

3.1 案例一：坨115井管柱断裂大修治理

气井概况：坨115井位于双坨子气田，在措施增产作业过程中，水泥固管造成"插旗杆"，后期大修作业失败。因建设储气库需要，在库区内必须将其按照设计标准规范进行封堵作业。

大修治理方案：采用复杂落物打捞的修井工艺技术。首先，配合测井等技术手段，了解井下实际情况。然后对破损井筒部分进行重新封固，再采用控压法分段套铣打捞，成功将水泥固管处理完成，通井至井底，逐层完成封堵。

应用效果：大修治理后，井筒实现全通径，完成设计要求封层和封井目的，有效保障了储气库顺利建设。

3.2 案例二：长深平11井取永久式完井管柱大修治理

气井概况：长深平11井位于长岭气田，已开采12年，由于气藏底水整体上升，原自喷生产方式严重制约产气效果。采用永久式封隔器完井，需要大修作业取出井下配件，全面释放井筒，方可进行下步措施作业。

大修治理方案：依据完井工具结构和性能，采用"中和点倒开插入密封+磨铣打捞"的工艺，取出井内完井管柱及永久式封隔器等井下配件（图3至图5）。

图 3　MHR 永久式封隔器示意图

图 4　MHR 封隔器插入密封部分示意图

图 5　MHR 封隔器卡瓦及胶筒部分示意图

应用效果：大修取出永久式完井管柱后，为下步措施提供良好的井筒条件。依照设计要求，下入电泵排水管柱，日产气恢复到 $3.3\times10^4 m^3$，日增气 $0.9\times10^4 m^3$，产量回升明显。

4　气井大修治理技术发展趋势与挑战

4.1　智能化技术的应用

随着人工智能、大数据和物联网等技术信息技术的不断发展，智能化技术将在气井大修治理中得到更广泛的应用。例如，利用井下智能传感器实时监测气井的工况（压力、温度、流量等参数），通过数据分析和处理，及时准确地判断气井故障类型和位置，为制订大修治理方案提供依据。同时，智能化修井设备和工具的研发与应用，将提高大修治理作业的自动化程度和精度，降低作业风险和成本。

4.2　绿色环保技术发展

在环保要求日益严格的背景下，气井大修治理技术将朝着绿色环保方向发展。研发和应用对环境无污染或低污染的修井液和化学解堵剂等材料，以及采用环保型的修井工艺和设备，减少大修治理作业对环境的影响，实现气田开发与环境保护的协调发展。研发和应用新型的套管材料、防砂材料和密封材料等，将进一步提高气井大修治理的质量和效果。这些新材料具有更高的强度、耐腐蚀性和耐磨性等性能，能够更好地适应气井复杂的井下环境。

4.3　多学科交叉融合

气井大修治理技术涉及石油工程、材料科学、机械工程和化学工程等多个学科领域。未来，通过多学科的交叉融合，将不断创新和完善气井大修治理技术，开发出更加高效、可靠的大修治理工艺和工具。

4.4　挑战

复杂地质条件下气井故障处理难度大：在一些深层气田、海上气田和复杂地质构造区域，气井面临着高温、高压和高含硫等恶劣环境，同时地层条件复杂（存在断层、裂缝等）。这些因素导致气井故障类型多样，故障处理难度大，对大修治理技术提出了更高的要求。

技术标准和规范不完善：目前，气井大修治理技术在不同地区和不同气田之间存在一定的差异，缺乏统一的技术标准和规范。这给技术的推广应用和质量控制带来了困难，也不利于气井大修治理技术的整体发展和提升。

专业人才短缺：气井大修治理技术是一项综合性较强的技术，需要具备丰富的理论知识和实践经验的专业人才。然而，目前行业内专业人才相对短缺，制约了气井大修治理技术的发展和创新。

5　结论

气井大修治理技术对于保障气田的持续稳定生产具有至关重要的作用。通过对气井常见故障类型及原因的深入分析，研究开发了一系列针对性的大修治理技术，包括修井工艺、复杂打捞工艺技术[3]和解堵技术等，并在实际应用中取得了良好的效果。随着气田开发的不断深入和技术的不断进步，气井大修治理技术将朝着智能化、绿色环保和多学科交叉融合的方向发展。但同时也面临着复杂地质条件下气井故障处理难度大、技术标准和规范不完善、专业人才短缺等挑战。因此，需要加强技术研发和创新，完善技术标准和规范，培养专业人才，以不断提高气井大修治理技术水平，为气田的高效开发提供有力保障。

参考文献：

[1] 王扩军,孙浮,陈建国,等."两高"气井复杂大修技术研究及应用[J].石油化工应用,2010,29(5):55-58.

[2] 曹立虎,江同文,潘昭才,等.塔里木盆地库车山前超深气井砂垢堵塞成因及靶向解除技术[J].天然气工业,2024,44(8):85-94.

[3] 李海涛,孙虎,张卫勤,等.复杂气井打捞工艺技术研究与应用[J].钻采工艺,2013,36(1):101-103.

本文编辑：徐志敏

气井联动式防冻堵技术研究与试验

李 媛

（中国石油吉林油田公司松原采气厂）

摘 要：吉林油田松原采气厂万宝采气工区天然气井生产过程中高压气体由于节流降压作用，温度急剧下降造成水合物凝结，导致井口、阀门、节流阀及地面管线出现冻堵问题，虽然采用注甲醇防冻堵，但冻堵情况仍然时有发生。针对这个问题研究应用了气井联动式防冻堵技术，通过采用高频感应加热器加热导热油，再通过涡流激波式换热系统实现换热，提高节流阀前天然气外输温度，实现防止气井冻堵的目的。现场试验2口井，设备运行稳定，智能化程度高，能实现无人值守，有效解决了冻堵问题，提高了气井生产时率及产气量，对保障气井安全平稳生产，提高气井综合效益摸索出了一条切实可行的技术路线。

关键词：冻堵；气井联动；高频感应加热；导热油；自动控制

1 生产需求及存在的主要问题

吉林油田松原采气厂万宝采气区德深6#站共有14口天然气井，平均井深4000m，日产气量约$15.6 \times 10^4 m^3$，生产过程中高压气体由于节流降压作用，温度急剧下降造成水合物凝结[1]，导致井口、阀门、节流阀及地面管线出现冻堵问题，严重影响正常生产。

为了解决冻堵问题[2]，主要采取在井口安装水套炉加热和注甲醇等措施。目前，有5口井采用注甲醇防冻堵[3]，这部分井夏季日注醇量约$5 \sim 6m^3$，冬季日注醇量$7 \sim 8m^3$，但冻堵情况仍然时有发生。2023年共处理冻堵事件45次，每次处理单井冻堵需要$2 \sim 3h$，严重影响气井生产时率及产气量，如现场处理操作不当，容易产生对人员伤害的风险，针对目前存在的一系列问题，需要研究新的技术方法进行针对性解决，保障气井平稳生产。

2 技术思路及技术要求

2.1 技术思路

通过分析气井生产过程产生冻堵的原因[4]，在井口安装加热装置，借鉴现有加热设备的运行情况，并考虑目前存在的主要问题，采用高频感应加热器加热导热油，再通过涡流激波式换热系统，使其具备高效换热、节能降耗、安全可靠和适应性强等优势，基于完全隔离的换热系统对天然气实现换热，提高节流阀前天然气外输温度，达到防止气井冻堵的目的[5]。

2.2 技术要求

（1）针对现场可能存在天然气，并且原有水套加热炉内盘管存在腐蚀泄漏天然气的风险，加换热系统材质必须使用防腐材料，换热方式必须保障与可能出现的天然气有效隔离。

（2）配套工艺所有电气设备必须防爆。

（3）具有安全可靠的应急自动关停系统。

（4）可根据现场产气情况调整加热功率，实现单井精细化管理。

（5）具有智能化功能，无须专业人员现场操作干预和维护，可实现无人值守。

3 气井联动式防冻堵技术研究

3.1 工艺技术原理

高频感应加热器加热耐高温导热油，通过涡流激波式换热系统对产出天然气进行高效安全换热提温。

3.2 系统组成

气井联动式综合防冻堵系统由6个部分组成：导热油高频感应加热器、涡流激波式换热系统、注醇系统、全自动PLC数据采集仪控系统、橇装架及配套工艺流程组件等（图1和图2）。

作者简介：李媛，女，1990年出生，2013年毕业于哈尔滨商业大学审计学专业，现从事气田开发研究、财务等工作，助理工程师。通信地址：中国石油吉林油田公司松原采气厂财务资产部，邮编：138000，联系电话：0438-6223030。

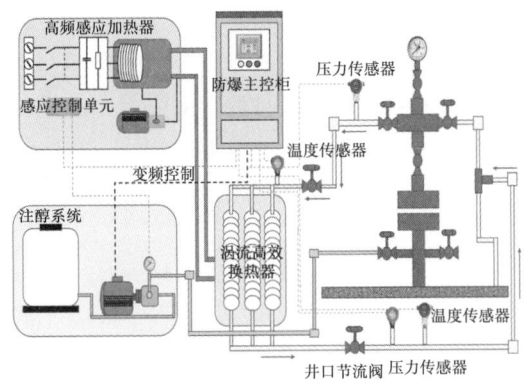

图 1　气井联动式综合防冻堵系统构成图

图 2　气井联动式综合防冻堵系统撬块实物图

3.3　主要技术参数

电源：380V/50Hz；热媒体：导热油；最高温度：280℃；加热功率：24kW；换热效率不小于90%。

3.4　导热油高频感应加热系统

3.4.1　系统组成

（1）高频电源：高频电源是整个系统的核心部件，它将普通的工频交流电转换为高频交流电，为感应加热提供所需的电能。高频电源的输出频率和功率可根据实际加热需求进行调整，一般输出频率范围在数千赫兹到数百千赫兹之间，功率范围从几千瓦到数百千瓦不等。

（2）感应线圈：感应线圈由导电性能良好的材料（如铜管）制成，其形状和匝数根据被加热物体（即装有导热油的容器或管道）的形状和尺寸进行设计。当高频电流通过感应线圈时，会在其周围产生交变磁场，该磁场穿过导热油容器或管道，使内部产生感应电流，从而实现加热。

（3）加热容器或管道：用于盛装导热油，通常采用耐高温和耐腐蚀的金属材料制成（如不锈钢），其设计需考虑到导热油的流动特性、热传递效率及与感应线圈的适配性，以确保加热的均匀性和高效性。

（4）温度控制系统：由温度传感器、控制器和执行机构组成。温度传感器实时监测导热油的温度，并将信号反馈给控制器。控制器根据预设的温度值与实际测量值进行比较，通过调节高频电源的输出功率，实现对导热油温度的精确控制，控制精度可达 ±1℃。

（5）导热油循环系统：包括导热油泵、过滤器和膨胀槽等设备。导热油泵负责将加热后的导热油输送到需要供热的设备中，完成热量传递后，低温的导热油再回流到加热容器中重新加热。过滤器用于过滤导热油中的杂质，保证其清洁度，延长设备使用寿命。膨胀槽则用于补偿导热油因温度变化而产生的体积膨胀，同时起到储存和补充导热油的作用。

3.4.2　工作原理

（1）电磁感应加热原理：当高频电源输出高频交流电到感应线圈时，感应线圈产生交变磁场。根据电磁感应定律，处于交变磁场中的导体（如装有导热油的金属容器或管道）会产生感应电动势，进而在导体内部形成感应电流（即涡流）。由于导体存在电阻，根据焦耳定律，涡流在导体内部流动会产生大量热量，使导体迅速升温，从而将热量传递给与之接触的导热油。

（2）导热油传热原理：被加热的导热油通过循环系统在管道中流动，将热量传递到各个用热设备。导热油具有较高的比热容和良好的热稳定性，能够在较宽的温度范围内保持液态，有效地传递热量。在循环过程中，导热油不断吸收感应加热产生的热量，并将其传递到需要加热的工艺介质或设备表面，实现加热目的。

系统使用防爆型导热油高频感应加热器，额定加热功率24kW，且功率采用PID高精度温控调节（±1℃），可实现5~24kW可调。最高加热温度280℃，现场控制温度120℃（图3）。

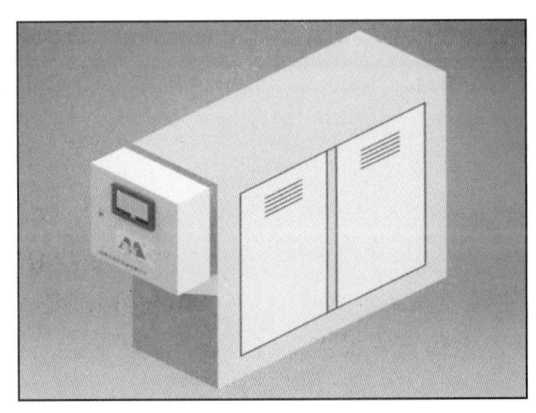

图 3　导热油高频感应加热器实物图

3.5　涡流激波式换热系统

涡流激波式换热系统利用特殊设计的换热器结

构,使高温导热油与产出天然气在换热器内进行充分的热量交换。在换热过程中,导热油的热量通过换热器壁面传递给天然气,同时利用涡流和激波技术,增强流体的扰动,破坏边界层,使天然气在流动过程中不断与高温壁面接触,从而提高换热效率,实现高效安全的换热提温,有效保证换热效率(图4)。

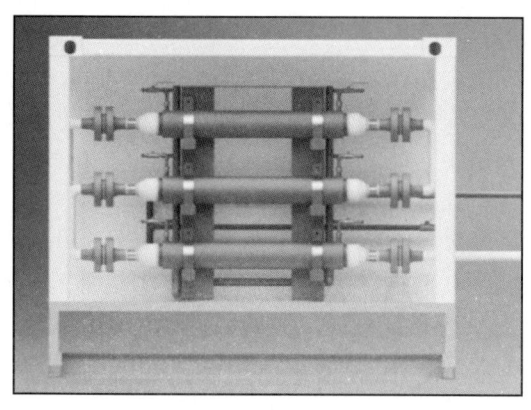

图4　涡流激波式换热器实物图

3.5.1 换热系统优势

高效换热:通过涡流和激波技术强化了传热过程,能有效提高天然气的换热效率,相比传统换热方式可大幅缩短换热时间,提高生产效率。安全性高:系统设计通常考虑多种安全因素,如良好的密封性能、压力控制和监测装置等,可有效防止天然气泄漏等安全事故的发生。适应性强:可根据不同的气井产量、天然气成分和温度要求等进行灵活设计和调整,能适应多种工况条件。

3.5.2 换热系统主要组成部分

涡流发生器:使流体产生涡流运动的装置,常见的有叶片式和螺旋式等结构形式。激波发生装置:通过改变管道形状、设置障碍物或控制流体流量等方式,使流体在特定位置产生激波。换热器主体:实现热量交换的主要部件,通常采用管壳式和板式等结构。流体输送设备:如泵或风机,为流体在系统内的流动提供动力,确保流体能够在涡流激波的作用下不断循环和进行热量交换。控制系统:监测和控制流体的温度、压力、流量及涡流激波的产生和强度,以保证系统的稳定运行和高效换热。

3.6 注醇系统

3.6.1 工作原理

注醇系统是一种用于向特定介质中注入醇类物质的设备或装置。注醇系统的核心是活塞式计量泵。电机经过联轴器带动活塞泵做往复运动,当活塞向后死点移动时,泵容积腔逐步形成容积真空,在大气作用下,将吸入阀打开,液体(醇类物质)被吸入。当活塞向前死点移动时,此时吸入阀关闭,排出阀打开,液体被排出泵外,进而实现甲醇的加注。在一些智能注醇系统中,还会通过数据采集控制单元,根据采集到的管线压力值、气体流量值和环境温度值等参数,自动调控电动调节阀的阀门开度来控制注醇量。

3.6.2 组成部分

储液罐:用于储存要加注的醇类液体。计量泵:精确控制醇类的加注量(常见的有活塞式计量泵)。管道和阀门:连接各个部件,控制醇类的流动方向和流量。数据采集单元:采集系统运行的相关参数,如压力、流量和温度等。控制单元:根据预设的规则和采集到的数据,控制计量泵或电动调节阀等设备的运行,实现注醇量的精确控制。

在天然气井的生产过程中,尤其是在冬季温度较低且井口压力较高的情况下,生产管柱和井场管线易形成水合物发生堵塞。注醇系统可向天然气井中注入甲醇等醇类物质,改变天然气水合物生成的热力学条件,抑制水合物的生成,确保天然气的正常开采和输送。

3.7 全自动PLC数据采集仪控系统

全自动PLC数据采集仪控系统在气井联动式防冻堵技术中具有四方面重要应用。

3.7.1 数据采集与监测

(1)实时获取关键参数:利用温度传感器和压力传感器等各类传感器,PLC数据采集系统可实时采集气井井口、管线和设备等位置的温度及压力数据,还能采集流量数据,了解天然气的产出量变化,以及采集注醇系统中的甲醇液位和流量等数据,全面掌握注醇情况。

(2)监测环境参数:对气井所处的环境温度和湿度等参数进行监测,比如在环境温度骤降时更需关注气井冻堵的可能性,为分析气井冻堵风险提供环境数据支持。

3.7.2 逻辑判断与控制

(1)冻堵风险评估:PLC系统根据采集到的温度和压力等数据,结合预设的算法和模型,判断气井是否存在冻堵风险以及风险的程度。如当温度低于某一阈值且压力出现异常波动时,判定存在较高冻堵风险。

(2)联动控制:根据冻堵风险判断结果,PLC系统对加热和注醇等设备进行联动控制。若监测到可能发生冻堵,自动启动高频感应加热器对导热油加热,并通过涡流激波式换热系统提高天然气温度,同时控制注醇系统增加甲醇注入量。

(3)注醇泵精准控制:注醇泵的启停和运行频

率受PLC系统控制，根据压力差和温差逻辑动态调整。当压力差或温差出现异常，可能导致冻堵时，PLC系统及时调整注醇泵的运行参数，确保注醇量既能有效防止冻堵，又不会造成浪费。

3.7.3 报警与安全防护

（1）实时报警：当采集的数据超出正常范围或系统判断冻堵风险较高时，PLC系统立即发出声光报警信号，在中控室等位置提醒工作人员注意。同时，还可通过短信和邮件等方式将报警信息发送给相关人员，确保及时处理。

（2）安全联锁保护：与气井的其他安全设备和系统进行联锁，当冻堵情况严重或出现其他危险状况时，自动切断相关设备的电源或关闭阀门，防止事故扩大，保障气井生产安全。

3.7.4 数据分析与优化

（1）历史数据记录与分析：PLC数据采集仪控系统会存储大量的历史数据，通过对这些数据进行分析，可总结出气井冻堵发生的规律、频率以及与不同工况参数的关系，为优化防冻堵措施提供依据。

（2）优化控制策略：根据数据分析结果，对PLC系统的控制策略和参数进行优化调整，如调整加热温度的设定值和注醇量的阈值等，使气井联动式防冻堵技术更加高效和精准地运行（图5）。

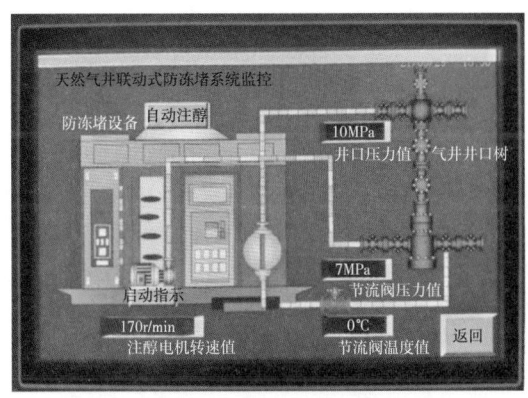

图5 数据采集仪控系统界面展示图

3.8 技术特点

（1）投资成本低，安全可靠，搬运转场方便。该装置投资成本低于现有水套加热炉，可实现智能化控制；高压气和加热、换热系统完全分离，具有超温报警、故障自动检测、数据曲线记录和回放等功能，系统安全稳定且可靠；底部有防洪底座，上部有吊点，方便转运。

（2）换热效率高，热量智能控制，节能降耗。采用涡流激波式换热系统结构设计，加热装置和换热流体介质完全物理隔离，换热面积大，换热效率高达91.4%，安全节能；设计了智能节能控制算法，5组加热器可根据需求在20～280℃自动动态调整。

（3）可实现无人值守运行。整个系统依托于PLC控制系统的PID精准调节全自动控制，通过数据采集监控进行中央集中控制，实现全自动控制。

4 现场试验情况

气井联动式防冻堵工艺装置2022年以来现场开展了2口井试验，试验期间运行稳定，没有发生冻堵现象，地面注醇量明显降低。

4.1 德深11-7井试验情况

德深11-7井进德深6#集气站，平均日产气约$1.47×10^4 m^3$，日产液$4 m^3$，平均日注甲醇约$0.8 m^3$，其中地面注醇约$0.5 m^3$，井下注醇约$0.3 m^3$。

2022年8月16日德深11-7井安装气井联动式防冻堵工艺装置，安装后在9月10日停止地面注醇，注醇量由480L/d降至0，停止注醇后管线未发生冻堵，入站温度达到25℃。

4.2 德深101井试验情况

德深101井平均日产气约$3.04×10^4 m^3$，日产液$1.5 m^3$，地面注醇约$0.6 m^3$。2023年2月23日安装气井联动式防冻堵工艺装置逐渐减少注醇量，在2月26日停止注醇，注醇量由584L/d降至0。停止注醇后至今管线未发生冻堵，入站温度不低于20℃。

5 结论

（1）末端井使用该装置能有效提高整个环路管线进站天然气温度，减少或杜绝地面管线冻堵情况。

（2）使用油电加热效果优于注醇防冻堵，且能安全有效降低气井操作成本。

（3）注醇量较大井使用该装置能获得更好的经济效益，平均年节约费用40万元。

参考文献：

[1] 高明星,黄玉志,尚婷,等.天然气集输工程冬季冻堵预防与解决措施分析[J].辽宁化工,2013,42(6):654-656.

[2] 李明松.伏龙泉气田天然气冬季集输冻堵及预防措施分析[J].广东化工,2018,45(9):165-166.

[3] 胡德芬,徐立,李祥斌,等.天然气集输管线冬季冻堵及措施分析[J].天然气与石油,2009,27(1):21-25.

[4] 吴贺,刘思维.甲醇防冻堵工艺在徐深气田的应用[J].化工自动化及仪表,2010,37(4):106-107,117.

[5] 王永强,刘占良,洪鸿,等.榆林气田合理注醇量计算方法及防堵认识[J].石油地质与工程,2007,32(4):98-100.

本文编辑：董 华

长春岭全程无清水压裂技术研究与应用

沈 洛　龚华伟　王丹蕊

（中国石油吉林油田公司扶余采油厂）

摘　要：针对长春岭区块原油黏度高和水敏性强的特点，常规压裂后效果和效益较差的问题，采取了全程无清水防水敏及辅助降黏相结合的技术路线，改变了岩石因压裂导致的水膨胀及地下油品的流动性，提高了储层的导流能力及原油流动性。2022 年以来，实施 35 口井，有效 33 口井，有效率为 94.3%，平均单井日增液 3.83t，日增油 0.37t（常规 0.2t），经济有效率达到 74.3%。其中，2023 年施工 15 口井，有效 93.3%，平均单井日增油 0.45t，经济有效率达到 80%。该技术的成功应用，为长春岭水敏和油稠因素导致的压裂效果差，提供了技术支持。

关键词：长春岭；无清水；降黏；稠油

1 地质概况

长春岭区块区域构造位置为松辽盆地南部东南隆起区长春岭背斜带扶余Ⅱ号构造。区块动用含油面积 5.1km²，动用地质储量 707×10⁴t，平均有效厚度 6.7m，平均渗透率 243mD，含油饱和度 54.7%，开发目的层为扶余油层，辖 4 个小区块。长春岭油田目前平均单井日产液 7.9t，日产油 0.4t，含水率 76.3%，处于高含水期，采出程度只有 2.6%，采油速度只有 0.51%。长春岭地区扶余油层埋藏浅，一般在 210～350m 之间，上部青一段泥岩厚度较薄，油藏保存条件较差。油层分布主要在Ⅰ、Ⅱ和Ⅲ砂层组，Ⅰ砂层组在局部断块或断鼻构造高部位存在气顶，Ⅰ、Ⅱ和Ⅲ砂层组在不同构造部位存在不同的油水系统，同时储层的连通性和物性条件对含油性起控制作用，总体表现为上油下水的特征，局部构造高部位存在气层，不同断块内油水系统不统一，长春岭地区油藏为浅薄层、低温和低压和弱稠油岩性构造油藏。物源来自西南，泉四段Ⅳ砂层组→Ⅰ砂层组为水进的过程，沉积相从三角洲平原亚相过渡到三角洲前缘亚相，泥岩颜色从紫红色过渡到以灰绿、灰和深灰色为主。微相类型以主河道、水上分流河道、水下分流河道、河道侧翼和分流间湾等五种为主。平面上，河道由南西向北东方向展布，扶余 5 号、7 号、9 号小层河道发育较宽，其余小层河道较窄。纵向上由深到浅逐渐由水上分流河道过渡为水下分流河道沉积，扶余 1 号、2 号、3 号小层为水下分流河道沉积，主要发育水下分流间湾、水下分流河道和河道侧翼等微相。长春岭油藏含蜡量 15.8%，凝点 14.3℃，地层温度 19～23℃，长春岭地区地层水总矿化度平均 6180mg/L，氯离子含量一般 1800～4700mg/L，pH 值平均为 7.6，水型以碳酸氢钠型为主。长 107 区块地层水总矿化度平均 6720.71mg/L，水型以碳酸氢钠型为主。长春岭地区原始地层压力 1.89MPa，压力系数 0.81，表现为能量不足。油层温度（17℃）低于原油析蜡点（20～25℃），在油层条件下已经析蜡，黏度表现是结构黏度，在 260m 以上时才能正常。黏土矿物以高岭石和伊/蒙混层为主，绿泥石和伊利石次之，其相对含量高岭石平均为 33.73%，伊/蒙混层平均为 31%，绿泥石平均为 19%，伊利石平均为 15%，并含有少量蒙脱石和水云母等。黏土矿物多呈分散状或搭桥状分布于粒表或粒间孔隙中。高岭石在储层中多以蠕虫状的形式存在，常随高速流动的流体迁移，易在局部发生聚集，使孔隙和喉道变窄，甚至堵塞整个喉道；伊利石多呈形状不规则的鳞片状分布，易堵塞孔隙和喉道，降低渗透能力[1]。

2 开发现状及影响因素

2.1 稠油油藏注水开发含水上升速度快

2009 年，长春岭稠油区块实施注水开发，经过 13 年的注水开发，含水从注水开发前的 58% 上升到 2022 年底的 86%，含水上升了 28%，采出程度仅为 4%。

作者简介：沈洛，女，1994 年出生，2016 年毕业于长江大学石油工程专业，现从事油气田开发工作，工程师。通信地址：中国石油吉林油田公司扶余采油厂工艺所，邮编：138000，联系电话：0438-6393161。

2.2 注水开发低效原因

影响稠油区块注水开发效果的主要因素是水油流动比大。稠油流动性差，黏度高，且蜡质含量高，地层温度下析蜡，导致在注水开发过程中，存在指进现象，波及体积减小，剩余潜力大，单纯依靠注水开发不能有效提高整个区块储量动用程度[2]。

2.3 常规压裂效果及效益差

2014—2016年期间，长春岭区块共计实施常规压裂30口井，20口井有效，有效率较低。平均压裂厚度7.3m，平均加砂量15m³，平均加砂强度2.0m³/m。压完后第1个月的平均日增液量只有2t，平均日增油量仅有0.27t，措施增产效果及效益差。

2.4 常规压裂效果及效益差原因

针对长春岭区块产能低的问题，从多角度寻找原因：(1)是否由于地层温度低导致油稠，使原油流动性差，造成低产；(2)是否由于地层能量不足造成低产；(3)是否由于近井地带存在污染造成低产；(4)是否由于水敏导致压裂后效果差。为解决这些问题，开展了矿场试验，提高了认识。影响长春岭区块压裂效果差主要因为储层压力较低和水敏性强，即由于水基压裂液体系的进入，导致黏土矿物遇水膨胀，堵塞裂缝，压裂效果得不到有效体现。

2.4.1 地层温度低不是影响低产的主要原因

为解决是否为热注后温度低于析蜡点导致油稠和流动性差而造成低产问题，开展了热采井测井温剖面矿场试验。证明了地层温度低不是导致产能低的主要原因。选择3口井分别在注热后101天、41天和32天进行了井温剖面测试，3口井地层温度分别为52℃、21℃和45℃，均高于或接近25℃的析蜡点温度，说明原油在地层温度下流动性好，地层温度低不是导致产能低的主要原因。

2.4.2 影响压裂效果的主要因素

为解决是否由于地层能量低导致油层低产问题，开展了五项矿场试验，证明地层能量不足是造成低产的主要原因。

(1)第一项试验是测油层压力及落实油层原始能量水平，进行了三口井的原始地层压力测试，3口井平均原始地层压力系数只有0.81，说明原始状态下地层能量就不足；(2)第二项试验是对三口生产井进行了灌水压降试井，21~38h井底压力降落到0.2~0.5MPa；(3)第三项试验是压裂后压裂液放喷试验，选6口井进行了压后放喷，压裂液量为20~53m³，压后只有1口井返出2m³液外，其他井均不返液，尤其是2口新井压裂也不返液；(4)第四项试验是洗井是否返液试验，进行了5口井7井次洗井，洗井液为8~15m³，返出液只有0~3.9m³；(5)第五项试验是套气损失试验，由于研究区溶解气量大，关套气生产将导致地层不出液，所以只能进行开套气生产，对7口井进行了套管测气，日产气量在52~216m³之间，放套气生产损失了一部分地层能量。以上五项试验说明，造成低产的原因是地层能量不足。

为研究是否为黏土矿物膨胀敏感导致的压裂后产量增幅较小问题，开展了热水吞吐和热水降黏压裂技术试验。开展热水吞吐试验5口井，实施后增液幅度较低，基本不增油；开展热水降黏压裂技术试验8口井，实施后，见油周期较长，7~14天后见油，且增油量与常规压裂增产量相当。后期通过黏土岩心分析及矿物敏感性分析，研究实施全程无清水压裂技术试验，效果和效益得到大幅度提升。

3 全程无清水压裂技术

3.1 全程1%氯化钾配液防水敏

根据长春岭区块黏土矿物分析表明，伊/蒙混层含量占黏土矿物含量的33%，而混层比为47.9%，储层发生水敏和盐敏临界盐度(6321.85mg/L)的可能性较大，对储层渗流能力产生了伤害。

研究发现1%氯化钾溶液可有效防止黏土膨胀，同时有效降低盐敏对储层伤害。在常用的黏土稳定剂氯化钾溶液中，钾离子的直径为0.266nm，与黏土表面的交换点孔穴大小相当，能牢固地在黏土表面吸附，防止黏土膨胀迁移。

3.2 XY-115高效返排剂的应用

XY-115压裂用助排剂起初是为提高压裂后返排率，经过室内实验及现场试验，发现该助排剂能起到降黏及降低表面张力的作用。因此，在稠油区块压裂过程中，加入XY-115起到了降黏及返排的双重效果，目前应用效果较好。

压裂用助排剂甜菜碱类XY-115主要成分为甜菜碱、辛烷基苯酚聚氧乙烯醚、十二烷基硫酸钠和水组成，返排剂能完全溶解于水中。通过活性物质分散原油中高黏物质，形成水包油乳液，降低原油黏度，改变岩石润湿性，降低流度比，增加原油流动性[3]。

2022年，对长春岭区块长109-6-25井、探91和东10-32区块先期试验显示，50℃时，加入降黏剂后，120min界面张力达到10~2mN/m以下，降黏率在95.4%以上(表1)。

表1 压裂用返排剂XY-115与专用降黏剂效果对比表

序号	井号	原油初始黏度（30℃）/mPa·s	1%XY-115与原油混合后黏度（30℃）/mPa·s	降黏率/%	1%降黏剂与原油混合后黏度（其他专用降黏剂，30℃）/mPa·s	降黏率/%
1	东82-06井	612	31.5	94.85	30	95.1
2	东+87-07井	660	7.5	98.86	7.5	98.86
3	东80-2井	438	9	97.95	4.5	98.97
4	东80-6井	291	4.5	98.45	4.5	98.45
5	东+87-7井	378	6	98.41	6	98.41
6	东80-4井	495	12	97.58	6	98.79
7	东+82-06井	579	6	98.96	6	98.96
8	长109-5-31	367	6	98.4	6	98.4

3.3 全程防水敏低成本配方体系筛选

为了筛选低成本防水敏配方体系，取长109-2-8井岩心，开展岩心（长109-2-8）防膨实验。配制4种防膨体系（两种药剂各配两种浓度体系），并与清水比对，得出初步结论：0.2%XY-63＞1.0%KCl＞0.1%XY-63＞0.5%KCl＞清水，所以推广应用0.2%XY-63防膨体系（表2和表3），在保证效果的同时，还能降低压裂液成本（0.2%XY-63的单方液价格10.96元，1%KCl单方液价格45元），也为优选低成本防膨剂体系提供了依据[4]。

表2 岩心在不同防膨体系下测试结果统计表

井号	液剂体系	离心后读数/mL	防膨率/%
长109-2-8井 266.29~266.68m 深色	清水+0.1%XY-63	0.89	70
	清水+0.2%XY-63	85	83.33
	清水+0.5%KCl	0.9	66.67
	清水+1.0%KCl	0.88	73.33
	清水	1.1	—
	煤油	0.8	
实验结果	0.2%XY-63＞1.0%KCl＞0.1%XY-63＞0.5%KCl＞清水		

注：离心后岩心为斜面，读数可能存在一定误差。

表3 岩心在不同防膨体系下CST测试结果统计表

井号	液剂体系	液剂体系防膨胀率/s	液剂体系+岩心防膨率/s	差值/s	CST/%
长109-2-8井 266.29~266.68m 砂岩	清水+0.1%XY-63	8.6	12.4	3.8	1.9
	清水+0.2%XY-63	8.5	10.2	1.7	0.85
	清水+0.5%KCl	7.4	12	4.6	2.3
	清水+1.0%KCl	7.5	10.5	3	1.5
	清水+3%KCl	8	10	2	—
实验结果	0.2%XY-63＞1.0%KCl＞0.1%XY-63＞0.5%KCl				

注：数据测量值较少，可能存在一定误差。

4 现场应用效果及认识

4.1 总体效果

2022年以来共实施35口井，有效33口井，有效率94.3%，平均单井日增油量由0.27t增加到0.37t。

4.2 压裂施工参数与效果认识

为验证排量与增产是否存在相关性，通过对2.5~8m³排量开展试验，分析2023年实施的23口井，通过增产量评价看，没有相关性。因此，从经济效益角度来考虑，长春岭区块压裂采取2.5m³/min为最佳排量（表4）。统计规律发现，加砂强度平均在2.0m³/m增产量为最好，故长春岭区块加砂强度一般设计为2.0m³/m[5]。

表4 重复压力井效果与排量关系统计表

排量/(m³/min)	井数/口	有效井数/口	有效率/%	平均单井日增液/t	平均单井日增油/t
2~5	2	2	100	2.74	0.44
3~4	1	1	100	2	0.26
3~5	3	3	100	1.74	0.39
3~6	1	1	100	2.8	0.53
4~6	4	3	75	1.98	0.32
4~8	2	2	100	4	0.45
合计	13	12	92.3	2.54	0.398

5 结论

（1）全程无清水降黏压裂技术可有效提高长春岭地区稠油水敏油藏改造效果。

（2）XY-115压裂用返排剂能有效提高原油流动性。

（3）长春岭储层受高黏、低压、强水敏和强速敏等因素影响，压裂效果较差，全程采用1%KCl与携砂液瓜尔胶复配+加表面活性剂（XY115）提返排的方式压裂能解决水敏及降黏问题。

参考文献：

[1] 魏中元,张勇刚.现代油藏描述技术的特点及发展动向[J].特种油气藏,2004,11(5):5-7.

[2] 尹洪军,刘宇,付春权.低渗透油藏压裂井产能分析[J].特种油气藏,2005,12(2):55-56.

[3] 安永生,吕亿明,鲁玲,等.特低渗透油藏压裂水平井流入动态研究[J].特种油气藏,2012,19(3):90-92.

[4] 赵小龙,刘向君,刘洪,等.压裂酸化井层模糊综合评价模型的改进与应用[J].特种油气藏,2012,19(3):128-131.

[5] 赵子刚,潘雨兰,孙庆友.低渗透油层二次压裂评价新方法及应用[J].特种油气藏,1999,6(4):34-39.

本文编辑：温志杰

注水井分层测试技术在新木油田的探索与应用

王成辉　南金华　费爱辉

（中国石油吉林油田公司新木采油厂）

摘　要：油田注水开发是石油开采过程中提高采收率的核心技术之一。通过向油层注水，可以补充地层能量，维持油层压力，驱替出更多的原油，提高油田的产油量。但由于油层地质条件的复杂性，不同层段的渗透率和吸水能力等参数存在较大差异，导致注入水沿高渗透层推进，驱油效率降低。通过综合分析注水开发油田分层测调试技术的应用现状、技术原理、应用效果及发展趋势，确定其能够有效控制开发矛盾，提高注入水利用率，从而使该技术成为优化注水方案和改善油田注水开发效果的关键技术，并推动了油田数字化转型和智能化发展。未来，随着智能化、自动化、精细化、个性化和集成化等技术的不断发展，将会迎来更加广阔的发展前景和应用空间。

关键词：采收率；驱替；分层测调试；吸水能力；优化

油田注水开发是通过向油层注水，利用水压驱动原油向生产井流动，从而提高油田采收率的方法。通过注水井向油层注水，可以保持油层压力，防止因地层能量不足导致的原油产量降低。同时，通过合理控制注水井的注水量和注水压力，还可以调整油层中的流体分布，提高原油的采收率。但随着开发时间的延长，油田进入高含水开发期，注水井数逐年增多，测试工作量也随之加大，压力变化大的井也在增多，而测试人员没有增加，测试能力不足的问题逐年加剧。所以必须加强分层注水测调试技术的研究与应用，以适应注水开发油田的发展需求[1]。

1 分层测调试技术研究概况及进展

1.1 分层测调试技术研究概况

吉林油田自20世纪70年代开始注水开发以来，分层注水工艺经历了空心分注工艺和偏心分注工艺两大阶段。因空心分注工艺存在缺陷，从2000年以后已经完全被偏心分注工艺替代。目前已形成了以偏心配水管柱分层测试技术、测调联动分层测试技术、缆控分层注水技术和无线控制分层注水技术等为代表的分层测调试技术体系。

1.2 关键技术进展

1.2.1 偏心配水管柱分层测试技术

偏心配水管柱分层测试技术是通过偏心配水管柱将测试设备和仪器有序地连接后，在分层注水井偏心配水管柱的各个测试层段位置进行测试。测试过程中采用"五定"测压方式，获取各层段的吸水能力和地层压力等数据。但该技术测试过程复杂，需要对每一层段进行单独的测试，增加了测试的工作量和时间成本，也对测试人员的操作技能和经验要求更高。投捞堵塞器调换水嘴或进行测试时，由于井斜、水质较差、油管内死油、结蜡和垢物等因素的影响，投捞作业困难，尤其是在深井中，这些问题更加突出，且皮碗密封效果不理想。在实际操作中，皮碗的密封效果往往受到皮碗尺寸、材质和井筒条件等多种因素的影响，导致密封不严，从而影响测试的准确性，测试误差较大，影响到注水方案的优化和调整。同时，受封隔器卡距的工艺限制，配注层段的细化细分难度大，且步骤较烦琐，员工劳动强度较大。另外，偏心配水管柱分层测试技术需要使用专业的测试设备和工具，这些设备的维护成本相对较高[2]。

1.2.2 测调联动分层测试技术

测调联动分层测试技术能够实现井下测试和调配同步进行。该技术以成熟的封隔器和偏心配水器为基础，开发研制了具有弹出、收回、定位和对接功能的井下机械臂。测试过程中，测调仪通过试井设备下放到井下测试层段，录取到井下各层段的实际注水量、压力和温度等数据，并与层段所需达到的配水量进行比对，根据比对结果设定流量调节的期望值，工作人员通过地面控制仪对测调仪器发出命令，实现流量的自动调节。该技术具有测试效率

作者简介：王成辉，男，1975年出生，2009年毕业于中国石油大学（华东）石油工程专业，现从事油田注水井测调试工作，高级技师。通信地址：中国石油吉林油田公司新木采油厂采油测试队，邮编：138000，联系电话：0438-6228854。

高和工作强度低等优点，能够显著减少投捞堵塞器的次数，避免频繁起下井下投捞器更换水嘴，从而缩短测试周期。一次下井即可完成多层段的测试和流量调整，相较于传统方法，大大提高了测试效率，降低了测试人员的劳动强度，但受井筒结垢、注水年限、注入水质和储层伤害等因素限制，需要进一步的技术改进和优化[3]。

1.2.3 缆控分层注水技术

缆控分层注水技术是将压力监测系统、流量监测系统及流量控制系统置于预置电缆智能配水器中的新型分层注水技术。该技术通过无线网络，实现办公室端与井下智能配水器的实时通信，获取井下分层参数信息，控制井下分层注入量。具有实时通信、远程监测和自动测调等优点，能够有效提高注水合格率、控制含水上升率和自然递减率，推动油田数字化转型和智能化发展。但该技术对设备精度和稳定性要求较高，且成本也相对较高。

1.2.4 无线控制分层注水技术

无线控制分注系统具备现有分注系统的测调和数据传输功能，并兼具同步自动测调、注水流量自动跟踪、配注方案更改、流量计远程零点校准和传输速率更改等功能，大幅简化现场测调作业。针对目前测试压力大的问题，同步测调技术可在较短时间内完成井下各层配注量的调整，并实现配注参数的最优化。

2 分层测调试技术原理

分层测调试技术广泛应用于油田开发中，显著提升了注水开发效果。但随着开发时间的延长，油田注水井数逐年增多，按照油田"精细量化"的注水开发工作要求，分层注水井测试周期加密后，测试工作量加大；注水层段细分后，测试难度加大；测试班组和测试员工不足的矛盾日益突出，人员因外输劳务和退休等因素逐年减少。现有的测试力量、人员组成难以满足目前油田开发形势，且受测试车辆超期服役、测试人员一岗多责和井筒环境等因素的影响。目前，传统工艺技术带来的耗时、耗力状况制约着测试效率的提高。同时，受注水管网老化承压能力差、管线漏失和水质等因素影响，导致压力波动带来的测试力量消耗、测试资料有效期短以及对注水开发的影响都是老油田短期内无法解决的问题。所以进一步提高分层测调试技术的研究与应用势在必行。

通过引入智能化设备和系统，实现注水井的远程监测和自动控制等功能，有助于推动油田数字化转型及智能化发展，提高油田开发效率和管理水平。依托现有注水井网资源，建立井下流量波无线通信技术体系，以流量波通信技术为基础，研发低成本、可靠度高和简单易用的数字化分注系统，实现分层注水的集中自动化远程控制，为实现油藏开发数字化转型提供技术支撑。

2.1 地面智能分注的原理及优势

2023 年开始推进"第四代分层注水技术"——地面智能分注和井下智能分注，在很大程度上缓解了注水井数增多、测试能力不足和测试资料有效期短等诸多问题。

用大通径封隔器封隔油层，不同规格的油管连接插管插接密封，形成 2~3 层独立注水通道。井口由流量计和压力变送器检测介质流量，由压力控制装置实时采集注水参数，经 GPRS 无线网络传输到中控室数据平台上，远程控制电动调节阀开关大小，实现远程测调试，其技术优势可实现分层水量在线实时监控和远程批量调试，应用嘴后压力绘制吸水指示曲线，反映油层真实吸水能力（图 1 和图 2）。

图 1　地面智能在线监测仪实物图

图 2　通信测控箱实物图

2.2 缆控智能分注技术原理及优势

缆控智能分注管柱主要是由井下配注器、地面箱、过电缆封隔器、电缆和电缆保护器等附件组成。地面仪是计算机与井下仪通讯的"桥梁"，为井下配注器提供稳定电源和进行双向单芯通信，另一方面实现数据交换，进行远程监控（图3）。

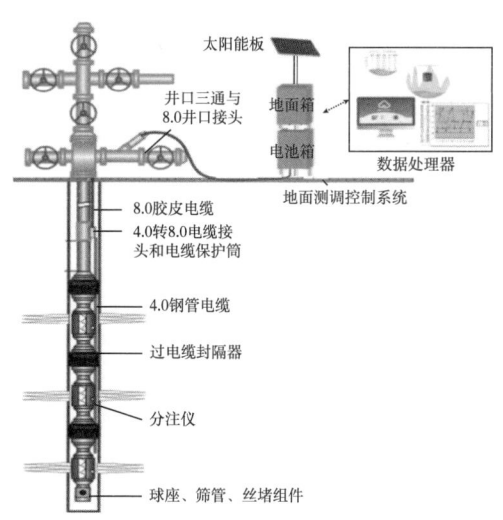

图 3　缆控智能分注管柱示意图

2.3 井下流量波通信技术原理及优势

2024年试验应用的井下流量波通信技术，使智能化效果又提升了一个新台阶。通过流量变化作为载波，实现地面和井下的无线通信，从而实现地面流量传感器与井下流量传感器的数据控制传输。系统结构简单、抗干扰能力强，信号传输能量源自注水水源，通过对流量调制实现井下无线通信。与缆控智能分注相比，无线控制智能分注系统无须井下电缆，下井工序更少，节省作业时长，且该系统具备现有分注系统的测调和数据传输功能，并兼具同步自动测调、注水流量自动跟踪、配注方案更改、流量计远程零点校准及传输速率更改等功能，大幅简化了现场测调作业。同步测调技术可在较短时间内完成井下各层配注量的调整，并实现配注参数最优化。

无线控制分层注水系统，可适应各种复杂工况，同步测调技术为优化供水压力提供依据，推动分层注水由主观定量分配向精准调控转变。压力流量一体化传感器具有可靠性高、精度高和功耗低等优点，该技术依托现有注水井网和配水间供电资源，施工简单，成本低，便于以井组为单位规模推广应用。井下电池利用率比现有技术有所提高，设计续航时间三年，能够有效解决传输数据量与电池续航时间的矛盾，有利于应对测试力量逐年减少的趋势，适应注水压力频繁波动带来的测试力量消耗等问题（图4）。

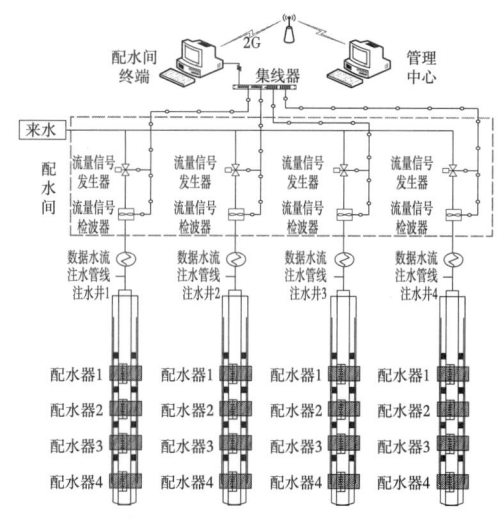

图 4　无线波智能分注管柱示意图

2.4 智能分注操作优势

（1）单井测试车辆损耗及油料减少。

（2）员工的体力劳动减少，杜绝了井口仪器的反复起下。

（3）杜绝施工安全风险，不用上下井口、不用拆卸井口测试工具及不会发生测试仪器遇阻卡井等问题。

（4）减少人员需求，单班测试人员可以减员到1~2人。

（5）资料录取过程透明，杜绝人为原因资料造假。

2.5 智能分注技术优势

2.5.1 实现分层水量在线实时监控

通过监测数据，实时查看分层配注、实注、嘴前嘴后压力及水嘴开启度，保障各小层注水方案精细落实；通过连续监测，可以查看全井和各层的连续累计注水量，实现注水方案的有效落实。

2.5.2 实现分层水量在线远程批量调试

在电脑上按照单井配注方案进行数值设置后，井口调控系统就自动进行水量调节，不受时间和环境等限制，彻底取消了人工及车辆现场测试，实现大幅度减员。

2.5.3 实现井下工艺管柱完整性在线实时监控

封隔器坐封过程数据可视化，确保分注成功。通过智能配水器内的两个压力计数值，可监测每级封隔器坐封情况。

2.5.4 应用嘴后压力绘制吸水指示曲线

应用嘴后压力绘制吸水指示曲线，可反映油层真实吸水能力。井下分注视吸水指示曲线是用嘴前压力测的，受层间差异影响，某些层段不能真实的反映地层吸水能力，地面分注指示曲线是用嘴后压力测的，得到的吸水指数可反映出真实的油层吸水能力。

2.6 智能分注存在的问题

（1）水质对工具的影响较大，易出现地面水表堵塞及井下水嘴堵的问题。智能分注仪器仪表对水质要求比普通水表会更高一些，因为是在井口安装，无论是注水中的杂质还是地面管线内沉积的杂质，对仪表都会有明显的影响，从而导致数据显示异常。因此，在井口安装精细过滤装置，从而改善水质，减少对工具的影响。

（2）野外传输信号不稳定对数据传输有影响。因为信号问题，有时导致部分井数据无法回传，虽然井口水表显示正常，但是在数据跟踪及调控方面失去了智能优势。

2.7 智能分注应用效果

从有效注水合格率指标看，智能分注实际指标达到88%以上，对提高整体指标起到一定推动作用。对比常规测试和边测边调测试工艺，智能分注井在测试时间上能够节省大量的现场操作时间，对于2段井，单井测试提效达到70%以上，层段越多，测试效率提升幅度越大。后续需要根据管理分工及操作的注意事项，结合实际制定相应的操作规程和管理规定，规范员工操作和运行管理，也便于发现运行中出现的问题。

3 分层测调试技术发展趋势

3.1 智能化和自动化发展

随着传感器、数据传输和计算机技术的不断进步，注水开发油田分层测调试技术将向着更加智能化和自动化的方向发展。未来，将出现更多集数据采集、分析、控制于一体的智能化设备和系统，进行优化调整，降低人工干预的频率和难度，实现注水井的远程监测和自动控制等功能，提高注水效率和管理水平。

3.2 精细化和个性化发展

随着油田进入高含水期，未来，将出现更多针对特定油田地质条件和开采需求的分层测调试技术和方案，以实现各层段的独立控制和优化注水。注水开发油田分层测调试技术将向着更加精细化和个性化的方向发展，以提高油田注水效果和原油采收率。

3.3 集成化和一体化发展

注水开发油田将更加注重集成化、一体化技术的研究和应用。例如"桥式偏心＋钢管电缆直读测调"等综合技术模式将得到进一步推广和完善，这些技术将分层注水工艺与测调试技术紧密结合，实现了一体化作业，实现了注水井的全方位监测和管理，提高了测调试的效率和准确性。同时，集成化技术还能够减少设备投入和人员成本，提高整体经济效益。

3.4 复杂地质条件的技术创新

随着油田开发的不断深入，地质条件越来越复杂，对注水开发油田的分层测调试技术提出了更高的要求。未来，需要针对高压、高温和深井等特殊条件下的注水开发技术进行创新研究，研发更可靠、高效的高压、高温注水工具和设备；研究适应深井和超深井等特殊条件下的分层注水技术和测调试方法。

3.5 环保节能技术的推广应用

随着环保意识的不断提高，注水开发油田的分层测调试技术也将更加注重环保节能。进一步研发低能耗、高效率的测调试设备；优化注水方案，减少水资源的浪费和污染；推广使用环保型材料和工艺，降低对环境的负面影响。同时，制定和完善相关技术标准和规范，提高技术的可靠性和安全性。

4 结论

注水开发油田分层测调试技术是提高注水效率、优化注水方案的关键技术。通过精确调控各层段的注水量和注水压力等，能够显著提高注水合格率和原油采收率，降低开发成本，并推动油田数字化转型和智能化发展。未来，随着智能化、自动化、精细化、个性化和集成化等技术的不断发展，注水开发油田分层测调试技术将会迎来更加广阔的发展前景和应用空间。

参考文献：

[1] 刘合,闫建文,薛凤云,等.大庆油田特高含水期采油工程研究现状及发展方向[J].大庆石油地质与开发,2004,26(6):65-67.

[2] 刚振宝,卫秀芬.大庆油田机械分层注水技术回顾与展望[J].特种油气藏,2006,13(5):5-7.

[3] 季华生.油田注水新思路的探求与实践[M].北京:石油工业出版社,2009.

本文编辑：董 华

低温环境去除管道防腐层技术研究与应用

于国强　高景卫　郝国庆

（中国石油吉林油田公司储运销售公司）

摘　要：油气输送管道中，3PE防腐层是钢制管道常用的防腐技术，为管道提供长效的防腐保护。然而在管道泄漏应急抢险作业中，只有快速剥离防腐层，才能为下一道施工等作业争取时间，所以它的防腐层剥离速度至关重要。低温环境去除管道防腐层技术阐述了一种新型设备的研制过程及应用，该设备采用云母加热片能够在低温条件下对3PE防腐层进行热辐射升温，从而改变其物理性质，以便于后续的手工或机械剥离过程。解决了传统剥离方法在低温条件下效率低下、能耗较高、效果不佳的和不安全等问题。通过实验数据表明：适当的热辐射升温能够有效提高3PE防腐层的剥离效率，降低能耗和劳动强度，提高安全系数等优点。

关键词：油气管道；低温环境；防腐层剥离；云母电阻

在油气输送管道中，3PE（三层聚乙烯）防腐层有出色的防腐性能和环境适应性，是钢制管道常用的防腐技术，由环氧粉末FBE、胶黏剂AD和聚乙烯PE三层结构组成[1]，经过特殊加工与钢管紧密结合，为管道提供长效地防腐保护。然而在管道维修过程中，有时需要去除这层防腐层，特别是在管道泄漏应急抢险作业中，只有快速剥离防腐层，才能为下一道施工等作业争取时间，创造有利条件，从而保证抢修作业安全顺利地完成，所以它的防腐层剥离速度至关重要。由于3PE防腐层与钢制管道附着力非常强，在应急抢修时剥离困难，所以在管道维修行业中一直是个大难题。

1 影响因素

1.1 剥离方法

1.1.1 机械剥离法

机械剥离是通过机械力直接去除3PE防腐层的方法，主要包括刮削、打磨和切割等操作。机械剥离的优点在于操作简便、成本较低，且能够有效地去除表面松散的防腐层。然而，这种方法的效率较低，且容易对金属基体造成损伤或污染，尤其是当防腐层厚度较大或黏结力较强时[2]。

1.1.2 化学方法

化学方法是利用特定的化学溶剂溶解3PE防腐层的方法，适用于在短期内快速去除较小面积的防腐层。研究发现，一些特殊的有机溶剂，如甲苯、二甲苯和氯代烃等，具有较好的溶解效果。然而，化学溶解法存在一定的安全风险，因为这些溶剂往往具有易燃、有毒或腐蚀性等特性，操作不当时极易发生人身伤害等安全事故，故此方法也不适用应急处置等抢修作业。

1.1.3 热剥离法

热剥离法是通过加热3PE防腐层至适当温度，使其与金属基体之间的黏结力降低，然后通过机械力或其他方法将其去除。热剥离法可分为直接加热法和间接加热法。直接加热法是通过火焰、热风和红外线等直接对防腐层进行加热；而间接加热法则是通过加热金属基体，使其内部温度升高，从而引起防腐层的热应力和热应变，导致其与基体之间的黏结力下降。热剥离法的优点在于操作简便、效率较高，且能够有效地避免对金属基体的损伤。然而，该方法可能会产生烟尘和气味等污染物，需要采取相应的防护措施。

1.2 气温

东北地区地理条件独特，气候条件复杂多变，冬季气温以其寒冷著称。通常情况下，该地区1月平均气温可低至-30～-20℃，尤其是辽东半岛北部、吉林东部山区和黑龙江省的大部分地区，气温甚至可以降至-40℃以下。近10年东北三省冬天平均气温波动范围为-20～-10℃。

目前，国内实际抢修中应用最为广泛的防腐层剥除方式是火烧法[3]，即直接加热法，火烧法能够

作者简介：于国强，男，1995年出生，2018年毕业于吉林化工学院油气储运专业，现从事油气集输及管道完整性保障工作，中级工。通信地址：中国石油吉林油田公司储运销售公司维修抢险中心，邮编：138000，联系电话：0438-6291273。

有效地去除3PE防腐层，即用甲烷、乙炔和液化石油气等可燃气体，喷枪火焰对管道外壁防腐层烘烤软化后再进行去除，操作简单，成本低廉，然而，该方法也存在一些不足之处。当火焰温度控制不当或加热时间过长时，导致防腐层清理不彻底，增加劳动强度，火烧法还会产生一定的烟尘和气味等污染物，对环境和人体健康造成一定影响。此外，火烧法采用明火，安全性不高，极易发生安全事故。

为了实现在低温条件下的应急抢修中，快速、简便、高效和低成本安全的去除防腐层，采用云母加热片作为去除3PE防腐层的材料，并研究其替代现有技术的可行性和有效性。

2 设计结构及原理分析

2.1 设计结构

低温热辐射（云母加热片）3PE防腐层加热装置主要结构包括云母加热片、筒体和封头三部分。

2.1.1 云母加热片

云母加热片是一种利用云母电阻的绝缘性能和耐高温性能来制作的加热器件。它通常由云母板作为骨架和绝缘层，并辅以镀锌板或不锈钢板作为支持保护。这种加热片可以设计成各种形状，如板状、片状、圆柱状、圆锥状、筒状和圆圈状等，并且可以承受1000W的功率和600℃的高温。

云母加热片的成本相对较低，这主要是由于云母板的价格较为便宜，且制作过程相对简单。此外，云母加热片的结构设计灵活，可以根据不同的应用需求进行定制，从而满足特定的加热需求。这种定制化的设计可以提高材料利用率，进一步降低成本。

2.1.2 筒体

在加热过程中，为了确保加热片与3PE防腐层之间的空隙得到有效控制，并防止温度的大量流失，常需要在密封的空间内进行加热操作。这样可以保证热量的有效集中和传输，从而提高加热效率和防腐效果。此外，密封空间的设计还可以减少外部环境对加热过程的影响，确保加热过程的稳定性和一致性。

整个筒体通常被划分为两个类似的部分，筒体一端由折页固定，另一端有固定快速锁扣，以便于加热设备的安装和调整。这种设计不仅便于操作人员进行检查和维护，还有助于实现更均匀的加热效果。在内部可以铺设一层或多层云母片，利用其良好的绝缘性和耐高温性，进一步增强加热设备的性能。同时，为了实时监控加热过程中的温度变化，还可以在密封空间内安装温度探头，这些探头与控制系统相连，实现对加热过程的精确控制和调节（图1）。

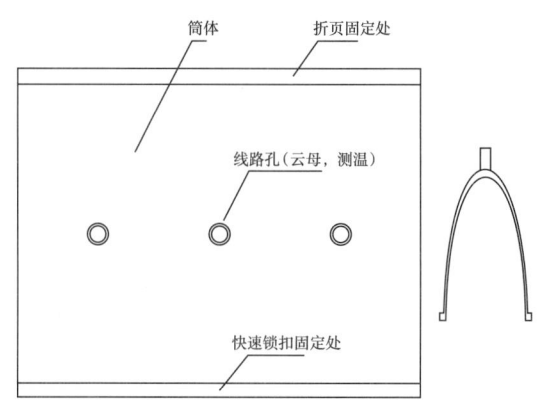

图1 筒体结构示意图

2.1.3 封头

封头作为密封设备的核心部件，其主要功能是在加热过程中确保筒体内部温度的稳定，防止热量的大量散失。同时，为了满足同一套尺寸的筒体处理不同尺寸管道的需求，设计时通过调整封头的直径大小来控制筒体的开口，从而实现对不同尺寸管道的加热处理。

在加热过程结束后，通过位于封头底部的钢柱滚轮，操作人员可以轻松地将封头从加热区域滑离，从而降低了人工清除和处理工作的难度和时间（图2）。

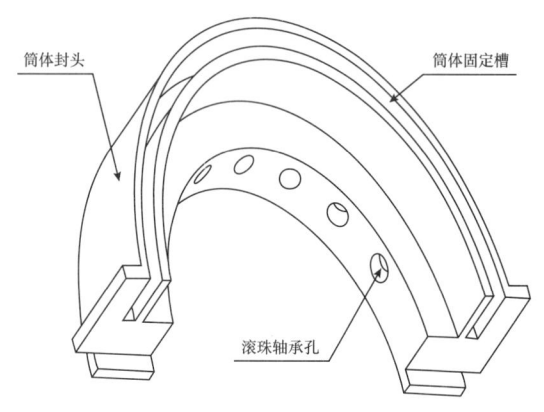

图2 封头结构示意图

2.2 工作原理

云母加热片的加热原理基于电流通过电阻时所产生的热量。具体来说，当电流通过云母加热片内部的电阻发热丝时[4]，会产生一定的热量。这种热量会逐渐向外传递，使云母加热片的表面温度升高，从而实现对被加热对象的加热。在实际应用中，云母加热片通常被设计为具有良好的热扩散性，以便热量能够均匀地分布在整个加热片表面。

2.3 操作方法

在实际操作过程中，首先，需要人工将筒体套上并安装固定螺栓，确保筒体稳固。随后，按照既定步骤，安装好两端的固定封头，以确保在整个加热过程中，筒体内部能够形成一个密闭且受控的环境。接下来，接通电源并连接到加热片上，启动加热程序。随着加热进程的推进，需要密切监控温度的变化，直至达到预定的加热时间和温度水平。加热过程结束，将设备滑离加热区域，此时操作人员可以安全地进行后续的3PE防腐层剥离操作。

3 现场试验

3PE防腐层的软化点为110～130℃，燃点为340℃左右，防腐层粘接热熔胶的软化点在160～220℃[5]。根据设计方案，完成剥除装置的简易制造工作（图3），并开展了剥除装置测试试验，根据时间控制加热温度，在常规和特殊环境下对管道表面的3PE防腐层进行加热剥除试验。

图3 简易加热装置示意图

在夏天，室外温度通常比较高，管线加热设备的负载可能会比较轻。在这种情况下，管线加热设备可以有效地将管线内的介质加热到所需的温度，并且因为外部环境温度较高，所以加热设备的效率也会相对较高。15min左右可以开始剥离防腐层，16min达到最佳剥离效果，此时的温度为199℃左右（表1）。

表1 夏季加热时间与温度对应表

序号	加热时间/min	温度/℃
1	8	82
2	10	114
3	12	140
4	14	167
5	15	181
6	16	199
7	17	216
8	20	251

在冬天，室外温度通常比较低，管线加热设备的负载可能会比较重。在这种情况下，管线加热设备需要消耗更多的能量来将管线内的介质加热到所需的温度。同时，因为外部环境温度较低，所以加热设备的效率也会相对较低。24min左右可以开始剥离防腐层，26min达到最佳剥离效果，此时的温度为195℃左右（表2）。

表2 冬季加热时间与温度对应表

序号	加热时间/min	温度/℃
1	8	18
2	10	37
3	12	55
4	14	88
5	16	115
6	18	133
7	20	156
8	22	169
9	24	183
10	26	195
11	28	215
12	30	242

4 结论

（1）该设备能够在全年任何时段加热防腐层，并且能够在大约15min和25min内将防腐层加热到最佳剥离时间。这意味着该设备具有快速升温的能力，能够满足在不同温度条件下对防腐层加热的需求。

（2）使用云母加热片是去除管道中3PE防腐层的有效方法。加热片能够产生足够的热量来削弱保护层和管道之间的黏合，从而可以轻松剥离降解的3PE涂层。

（3）这种新型剥离加热辅助装置操作简便灵活，可以快速安装并开始工作，具有成本低廉、不会引发任何明火及安全性高等优点。

参考文献：

[1] 冯少广,李东阳,胡博,等.3PE防腐层剥离强度测试关键参数[J].油气储运,2020,39(10):1165-1171.

[2] 王治波,吴加友,毛浓召,等.车削工艺在3PE防腐管管端涂层去除中的应用[J].焊管,2021,44(5):56-59.

[3] 管金发,肖栋,瞿德刚,等.去除管道3PE防腐层的轴向扇形喷嘴数值模拟[J].表面技术,2021,50(6):306-316.

[4] 陈泓.基于氟金云母基底的厚膜电阻应变计研制[D].成都:电子科技大学,2022.

[5] 方世杰,李振武,王俊峰,等.防腐弯管聚乙烯复合带的包覆加热温度研究[J].全面腐蚀控制,2021,94(6):94-98.

本文编辑：董 华

"双碳"目标下乙烯装置节能增效优化研究

潘 宇　陈冠州　陈光岩

（中国石油吉林石化公司）

摘 要：在"双碳"战略目标驱动下，裂解炉能效提升已成为石化行业绿色转型的关键路径。以某石化企业乙烯装置为研究对象，通过化工轻油原料优化与工艺参数调控，系统探究了提升乙烯及"三烯"（乙烯、丙烯、丁二烯）收率的综合技术策略。通过建立多变量工艺分析模型，重点考察了裂解温度和稀释比等关键参数对产物分布的协同影响机制。实验数据表明，在恒定稀释比 0.60 与系统压力条件下，将裂解温度由 790℃ 提升至 810℃ 时，乙烯收率显著提高至 37.85%，"三烯"总收率同步提升 1.34%；维持裂解温度与压力参数不变，将稀释比优化至 0.65 时，"三烯"收率达到 55.27% 的工艺峰值。研究结果揭示了原料特性与工艺参数的耦合作用规律，为构建低碳高效裂解工艺体系提供了理论支撑与工程实践依据。

关键词：化工轻油；裂解；乙烯；稀释比；温度

乙烯工业是石油化工行业的龙头和国民经济的重要支柱产业。大多数国家采用以石油烃类为原料的蒸汽热裂解及催化裂解方式生产乙烯，其中 98% 的乙烯是采用裂解炉以蒸汽裂解方式生产[1]。在蒸汽热裂解生产乙烯过程中，原料成本占总成本的 70% 以上。因此，优化利用乙烯裂解原料成为乙烯行业降本增效的重要途径。我国乙烯工业经过几十年持续发展，形成裂解原料来源广和复杂多变的独特格局，乙烯装置依然存在原料利用率低、能耗大、投资成本高和乙烯收率波动大等问题[2-6]。对不同裂解原料裂解性能的评价和优化加工利用，是影响我国乙烯工业的重要问题。对现有乙烯裂解原料进行优化裂解条件研究，降低乙烯生产成本，提高裂解装置经济效益，也是炼化企业普遍关注的热点[7-8]。

近年来，原料优化逐渐成为乙烯工业降本增效的核心突破口。研究表明：原料的分子组成（如 PINA 值、BMCI 指数）直接影响裂解反应路径与产物分布，轻质化原料虽能提升乙烯收率，却受限于资源供应稳定性；而重质原料的高芳烃含量虽可延长运行周期，但会导致结焦速率加快与选择性下降。如何在原料适配性提升与工艺参数优化间建立动态平衡，成为行业技术攻关的关键。此外，工艺参数（如裂解温度、稀释比、停留时间）的协同调控机制尚不明确，现有研究多聚焦单一变量影响，缺乏多因素耦合作用下的系统分析模型，导致工程实践中能耗与收率的优化空间未能充分释放。

乙烯裂解炉装置和裂解原料是优化乙烯生产过程中的重要环节，裂解炉的运行状态和裂解原料直接决定了乙烯生产所需的能源消耗。裂解炉导致能耗过大，主要是乙烯生产过程中排烟携带大量的热能；另一方面就是炉管堵塞造成受热不均、热效率过低和烧焦方式不合理等。要想实现"双碳目标"，仅依靠优化裂解炉装置是不够的，乙烯企业还要从乙烯裂解原料优化方面有所突破。

1 模拟评价装置

蒸汽裂解制乙烯模拟评价装置（图1）的设计进料规模为 1~3kg/h，装置采用模块化设计，其中包括：装置进料区、高温裂解反应区和裂解产品冷却分离区。装置采用 DCS 控制，温度误差 ±1℃，压力偏差 ±5kPa，物料平衡率大于等于 98%。裂解产品的液相部分通过中间罐收集，液体产品的计量通过放料收集称量的方式进行，而没有被冷却和冷凝下来的裂解尾气则通过湿式转鼓计量后排入尾气放空系统。

裂解评价装置具备全流程、多维度原料适配性分析能力，可覆盖从轻质乙烷到重质尾油的宽谱原料评价需求。针对乙烷和丙烷等轻烃原料，装置通过高精度温控系统（±1℃）模拟短停留时间（0.1~0.3s）下的高温裂解条件（820~850℃），精准测定乙烯选择性峰值；对于石脑油、加氢尾油等复杂原料，则集成在线气相色谱—质谱联用（GC-MS）与近红外光谱（NIR）实时监测体系，可解析原料中

作者简介：潘宇，男，1992 年出生，2019 年毕业于延边大学化学专业，现从事炼油化工相关工作，高级工程师。通信地址：中国石油吉林石化公司研究院精细化工研究所，邮编：132021，联系电话：0432-63994017。

链烷烃（P）、异构烷烃（I）、环烷烃（N）、芳烃（A）的分子组成（PINA值），并结合裂解产物分布构建原料特性与产物收率的定量关联模型。特别针对高芳烃尾油原料，装置创新性引入两段式梯度升温工艺，前段设置680～720℃低温区抑制结焦前驱体生成，后段提升至800℃以上强化烯烃生成，使双烯收率较传统单段裂解提高5%～8%。

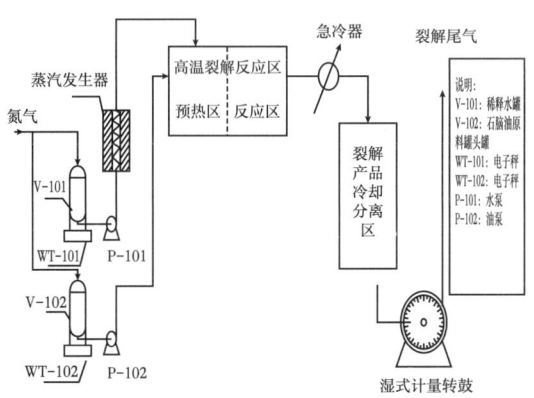

图1 乙烯原料蒸汽裂解模拟评价装置流程示意图

在工业炉型模拟方面，包括全球主流裂解炉型、斯通—韦伯斯特的USC超选择性炉型、Lummus的SRT型短停留时间炉型以及中国石化CBL新型炉等。通过动态调节停留时间等操作参数，可复现不同炉型的裂解深度与产物选择性特征。装置的核心优势在于其结焦预测与工艺优化能力。通过结焦模拟实验模块，可在线监测焦层厚度（精度±0.1mm）、热阻变化及压差上升趋势，结合基于Arrhenius方程的结焦动力学模型，预测不同原料在特定工艺条件下的结焦周期，误差范围控制在±10%以内。

2 装置分析系统

烃类高温裂解是以气相产物中乙烯、丙烯、丁二烯和液相产物中苯、甲苯、二甲苯（即BTX）为目标产品的工艺。因此，配套分析系统安装了两台安捷伦7890A气相色谱。

（1）采用一台色谱分析裂解气组成和氢气分析。

（2）采用一台色谱分析小于180℃轻烃组分中BTX和PONA分析。

（3）全自动恩氏馏程分析仪一台，主要用于油品馏程分析。

（4）裂解油品蒸馏分离仪一台，主要用于裂解油蒸馏切割分离。

裂解气相产物：Agilent-7890气相色谱仪，Al_2O_3/KCl，7.2mL/min毛细管色谱柱，PLOT-Q 6.8mL/min，升温速率10℃/min。

裂解液相产物：Agilent-7890气相色谱仪，PONA柱，前进样口250℃，后检测器FID 250℃，分流比100:1，校正面积归一进行定量分析。

3 原料性质

炼油厂烃重组装置生产的化工轻油馏程及密度分析结果。在馏出体积测试中，各阶段对应的馏出温度：初馏点174.9℃、10%体积馏出时193.4℃、30%体积馏出时223.1℃、50%体积馏出时242.8℃、70%体积馏出时262.7℃、90%体积馏出时296.6℃及终馏点351.3℃。此外，其15.6℃条件下的密度测定值为0.8024 g/cm³。

4 结果与讨论

4.1 裂解温度对化工轻油裂解性能影响评价

为了确定该油品的裂解性能，在评价装置上设定在工艺条件下对不同裂解温度进行裂解反应，反应时间为60min，期间进行2次裂解气的分析，研究裂解温度对裂解产物分布的影响。按照工业乙烯生产装置轻质原料的稀释比条件，通过改变裂解温度来调整裂解深度进行评价，并对裂解结果进行比较，最后确定最佳裂解条件。

由（图2和图3）可以看出，化工轻油在固定稀释比（0.65）条件下，不同裂解温度条件裂解性能曲线变化趋势，通过调整裂解温度来实现对裂解产物的控制，最佳裂解温度范围为810～820℃，此裂解温度下，双烯收率可以达到47.46%～48.88%，三烯收率可以达到53.71%～55.27%，裂解深度技术指标丙烯/乙烯值为0.55～0.51。

为确定该油品的最佳裂解条件，对该油品不同温度下的评价数据进行了经济评价（图4），从评价图可以看出，在固定稀释比条件下，虽然820℃裂解产物中相关烯烃收率会高一点，但从经济性上来看，化工轻油在810℃裂解时的经济性最好，说明其最佳裂解条件为810℃。

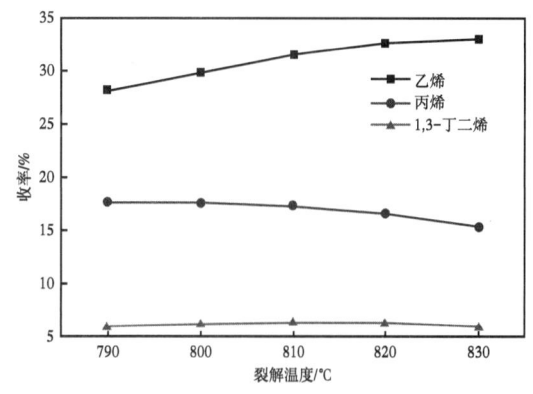

图2 裂解温度对化工轻油裂解性能影响评价曲线图

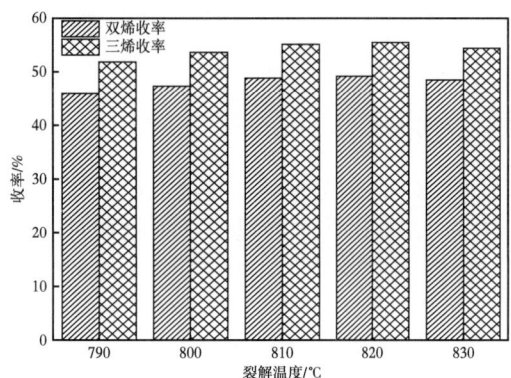

图3 双烯和三烯收率对比柱状图

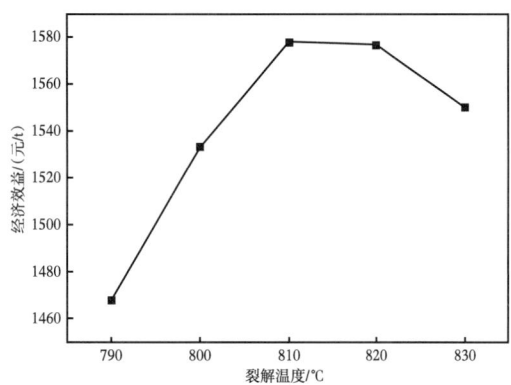

图4 化工轻油的经济评价趋势曲线图

4.2 稀释比对化工轻油裂解性能影响评价

为了研究稀释比对化工轻油裂解性能的影响，选择该油品在最佳裂解温度（810℃）为固定条件，通过改变稀释比来进行评价研究，在固定裂解温度，稀释比对化工轻油裂解性能影响评价。

通过对（图5和图6）中固定裂解温度下稀释比对化工轻油裂解影响的实验结果分析可知，稀释比对"三烯"收率的调控作用较为有限。实验数据表明：当稀释比提升至0.80时，裂解深度参数丙烯/乙烯值及"三烯"总收率仅出现轻微波动，其变化幅度分别维持在±0.15和±1.2%范围内。这印证了在保证裂解

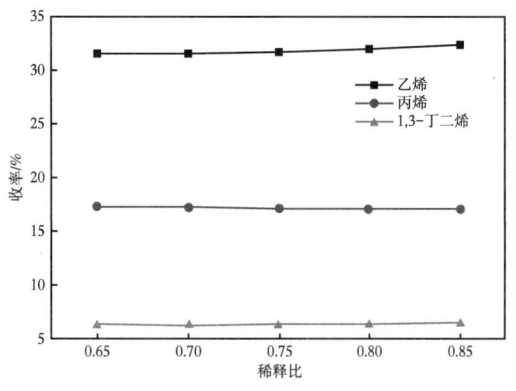

图5 稀释比对化工轻油裂解性能影响曲线图

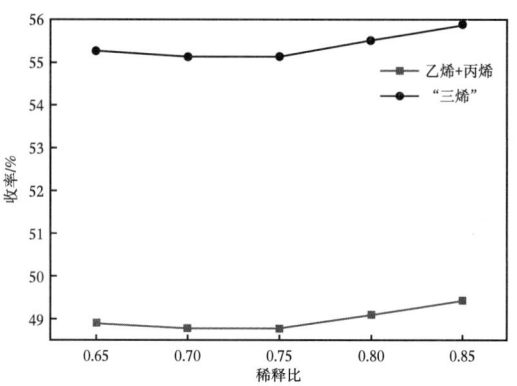

图6 不同稀释比下双烯和三烯收率情况曲线图

反应稳定性的前提下，采用较低稀释比进行工艺操作的可行性。基于经济效益与产物收率的综合考量，在810℃裂解温度条件下，0.65的稀释比展现出显著优势：该参数组合不仅使"三烯"收率稳定在42.6%~43.1%的高位区间，同时可降低15%~18%的蒸汽消耗量，实现能耗与产物收益的优化平衡。因此，建议工业化生产中优先采用0.65的稀释比配制方案。

5 结论

（1）化工轻油在稀释比为0.65时，最佳裂解温度为810℃，此时，双烯收率可以达到48.88%，三烯收率可以达到55.27%，在此温度下裂解原料的裂解经济性最好。

（2）裂解温度对化工轻油的裂解性能影响程度大于改变稀释比影响程度。在生产中不建议通过改变稀释比来调整裂解温度。

（3）在双碳背景下，乙烯裂解装置通过优化乙烯裂解原料，实现节能降耗和体质增效势在必行，能有效地缓解能耗过大造成经济效益低的局面。

参考文献：

[1] 彭英桂,范鑫鑫,李虎强,等.蒸汽裂解原料研究进展[J].广州化工,2016,44(16):41-43.
[2] 唐铭辰,王志伟,李林.延迟焦化装置掺炼乙烯裂解重油的工业应用[J].石油与天然气化工,2020,49(3):34-38.
[3] 潘宇,赵胜博,张宝泽,等.化工轻油与加氢裂化尾油单独裂解及共裂解的技术分析[J].浙江化工,2022,53(2):27-30.
[4] 邱雨佳,孙伟,王勇猛,等.乙烯装置裂解炉节能降耗措施分析[J].节能与环保,2022(5):68-69.
[5] 刘学龙,周雪梅,潘宇,等.产能变化对加氢裂化尾油裂解性能及经济影响研究[J].石油化工技术与经济,2021,37(6):21-24.
[6] 潘宇,高大坤,孙宝园,等.加氢轻柴油作乙烯原料应用评价研究[J].化工科技,2022,30(3):26-29.
[7] 徐海丰.2021年世界乙烯行业发展状况与趋势[J].国际石油经济,2022,30(4):55-62.
[8] 王小强,程中克,李博,等.轻质烃共裂解技术优化研究及应用[J].石油与天然气化工,2021,50(5):33-37.

本文编辑：温志杰

风光短期功率预测及不确定性研究

吴冬琳

（中国石油吉林油田公司新能源事业部）

摘　要：针对风光短期功率预测问题，研究引入了 ELM 算法、CSO 算法、LSSVM 算法以及 GMM 算法，建立了基于 CSO 优化 ELM 算法的风电短期功率预测混合模型、基于 CSO 优化 LSSVM 算法的光伏短期功率预测混合模型、基于 GMM 算法的风光短期功率预测不确定模型，开展了风电短期功率预测及不确定性研究，为准确预测风电短期功率和保障风光并网过程中的稳定性奠定基础。研究表明，使用 CSO 优化 ELM 算法开展风电短期功率预测的 4h、24h 和 72h 误差分别为 3.17%、5.76% 和 5.38%；使用 CSO 优化 LSSVM 算法开展光伏短期功率预测的春季、夏季、秋季及冬季误差分别为 1.13%、2.00%、3.56% 和 1.32%；使用 GMM 算法开展风光短期功率预测不确定性分析发现，随着置信水平的不断提升，备用容量的成本将会增加，在 90% 置信水平购买储备设备时，其储备容量的成本最低。

关键词：混合模型；风光短期功率；功率预测；不确定性分析；置信水平

随着全球对清洁能源的需求日益增长，风力发电和光伏发电作为重要的可再生能源形式，正在成为电力系统中的主要组成部分。由于风速和光照等天气因素的不确定性和变化性，风力发电和光伏发电的功率表现出明显的波动性，给电力系统的运行和管理带来了一定的挑战。因此，对风力发电和光伏发电的短期功率预测及不确定性分析就成为当前研究的焦点之一[1]。本文旨在探索一种基于混合预测模型的风力发电和光伏发电短期功率预测方法，并对预测结果的不确定性进行深入分析。通过将这些算法有效地融合，期望提高风力发电和光伏发电功率预测的准确性和稳定性。

1　风电短期功率预测混合模型

1.1　FCM 聚类算法

FCM（Fuzzy C-Means）聚类算法是一种经典的模糊聚类算法，它是基于 C-Means 算法的改进，能够更好地处理数据集中的噪声和模糊性。

FCM 算法能够有效地处理数据集中的噪声和模糊性，使得聚类结果更加准确和稳健，FCM 算法提供了数据点对于每个聚类的隶属度。因此，可以进行软聚类，即每个数据点可以同时属于多个聚类，不需要假设数据集具有特定的分布形式，故适用于各种类型的数据集[2]。

1.2　ELM 算法

ELM（Extreme Learning Machine）算法是一种快速和高效的机器学习算法，是一种单层前馈神经网络的变种，它与传统的神经网络相比，具有更快的训练速度和更好的泛化能力。ELM 算法的核心思想是随机初始化输入层到隐藏层的连接权重和隐藏层到输出层的连接权重，然后通过解析方法或数值优化方法直接计算输出层的权重，而无须迭代调整隐藏层的连接权重，这样的快速训练过程使得 ELM 算法在大规模数据集上具有很高的效率[3]。ELM 算法的应用步骤：

（1）随机初始化输入层到隐藏层的连接权重，以及隐藏层到输出层的连接权重。

（2）将输入样本通过输入层到隐藏层的连接权重进行线性变换，然后通过一个激活函数进行非线性映射，得到隐藏层的输出。

（3）使用解析方法或数值优化方法直接计算输出层的权重。

（4）将隐藏层的输出乘以输出层的权重得到最终的输出结果。由于不需要迭代调整隐藏层的连接权重，ELM 算法的训练速度非常快，尤其适用于大规模数据集，在训练过程中会随机初始化隐藏层的连接权重，因此具有较好的泛化能力，可以有效避免过拟合问题，ELM 算法不需要手动调整超参数，具有较好的鲁棒性，易于实现和使用。

作者简介：吴冬琳，女，1988 年出生，2010 年毕业于东北电力大学自动化专业，现从事新能源管理工作，工程师。通信地址：中国石油吉林油田公司新能源事业部，邮编：138000，联系电话：0438-6262150。

1.3 CSO 算法

CSO（Cuckoo Search Optimization）算法是一种启发式优化算法，灵感来自布谷鸟的寄生习性。基本思想是模拟布谷鸟的寄生行为，在寻找食物时，布谷鸟会选择一个巢穴，并在巢穴中产卵，然后，布谷鸟会根据自己的觅食经验，在周围的巢穴中选择一个更好的巢穴来寄生，这个过程中，布谷鸟会保留自己的巢穴，也会可能发现一个更好的巢穴并将自己的卵移到那里。CSO 算法的搜索过程类似于布谷鸟的寄生行为。算法通过维护一组候选解，在每一次迭代中，根据一定的规则来更新这些候选解。其中，每个候选解可以看作是一个潜在的最优解，而其质量则由目标函数值来衡量。

1.4 FCM-CSO 优化 ELM 算法

将 FCM 算法、CSO 算法与 ELM 算法结合起来可以得到一种强大的优化算法，这种算法利用 CSO 算法的全局搜索能力来优化 ELM 算法中的权重参数，从而提高模型的性能和泛化能力。使用 CSO 算法初始化一定数量的布谷鸟，每个布谷鸟表示一个潜在的 ELM 模型，其中包括随机初始化的输入层到隐藏层的连接权重和隐藏层到输出层的连接权重，对于每个布谷鸟，使用 ELM 算法计算其对应模型的适应度，通常是通过交叉验证或者其他评价指标来评估模型性能。根据 CSO 算法的选择策略，在周围的布谷鸟中选择适应度更好的候选解，对于选中的布谷鸟，使用 CSO 算法的更新策略来更新其权重参数，例如利用布谷鸟的搜索行为来调整权重参数，重复以上步骤，直到满足终止条件（例如达到最大迭代次数或者适应度收敛）为止。通过结合 CSO 算法和 ELM 算法，CSO-ELM 算法可以在全局搜索空间中寻找最优的 ELM 模型参数，从而提高模型的性能和泛化能力。这种算法适用于解决回归和分类等问题，在大规模数据集和复杂问题中表现出较好的性能。

1.5 预测结果分析

在对 1 月风电短期功率进行预测的过程中，在按年聚类的前提下，4h、24h 和 72h 的预测误差分别为 4.01%、7.08% 和 5.73%；在按季节聚类的前提下，4h、24h 和 72h 的预测误差分别为 3.17%、5.76% 和 5.38%；在按月份聚类的前提下，4h、24h 和 72h 的预测误差分别为 3.73%、7.98% 和 5.92%。在对 4 月风险功率进行预测的过程中，在按年聚类的前提下，4h、24h 和 72h 的预测误差分别为 5.41%、7.20% 和 5.24%；在按季节聚类的前提下，4h、24h 和 72h 的预测误差分别为 4.75%、5.40% 和 3.80%；在按月份聚类的前提下，4h、24h 和 72h 的预测误差分别为 4.41%、6.60% 和 4.28%。由此可见，使用 FCM-CSO-ELM 算法开展风电短期功率预测的误差相对较小，证明了使用该种算法开展风电功率预测的合理性及优越性。

2 光伏短期功率预测混合模型

2.1 LSSVM 算法

LSSVM（Least Squares Support Vector Machines）算法是一种基于支持向量机的回归方法，与传统的 SVM 算法不同，LSSVM 算法通过最小化损失函数来拟合数据，而不是最大化间隔，这使得 LSSVM 算法更适用于回归问题。使用 LSSVM 算法开展预测研究步骤：

（1）准备包含训练样本的数据集，每个训练样本应该由输入特征向量和对应的输出标签组成，确保数据集的质量和完整性，可以对数据进行预处理和特征工程，LSSVM 算法依赖于核函数来进行非线性映射，在选择核函数时，需要根据数据的特点和问题的性质来决定，常用的核函数包括线性核、多项式核和高斯核等。

（2）对于 LSSVM 算法，需要设置一些超参数，如正则化参数和核函数的参数，通常可以通过交叉验证等方法来选择最优的参数值，使用 LSSVM 算法对数据集进行训练，即求解损失函数的最小化问题，这涉及对偶问题的求解或者迭代优化算法的应用，对于线性核函数，可以直接求解闭式解[5]；对于非线性核函数，需要使用迭代优化算法来求解。

（3）在模型训练完成后，需要对模型进行评估以了解其性能，可以使用一些指标来评估模型的拟合程度和泛化能力，如均方误差、均方根误差和决定系数等，经过评估后，如果模型性能满足要求，就可以将其应用于新的数据集进行预测，将新的输入特征向量输入到训练好的模型中，即可得到相应的输出预测值。

（4）根据模型在实际应用中的表现，可以进一步调整模型的参数或选择其他核函数，以进一步提高模型的性能和泛化能力。LSSVM 算法适用于回归和分类问题，能够处理线性和非线性问题，通过引入正则化项，LSSVM 算法可以避免过拟合问题，具有较好的泛化能力，算法的性能对于参数的选择不太敏感，一般只需调节少量参数即可。

2.2 FCM-CSO 优化 LSSVM 算法

将 FCM 算法、CSO 算法与 LSSVM 算法结合起来，算法利用 CSO 算法的全局搜索能力来优化 LSSVM 算法中的模型参数，从而提高模型的性能和泛化能力。CSO-LSSVM算法的应用步骤：

（1）使用CSO算法初始化一定数量的布谷鸟，每个布谷鸟表示一个潜在的LSSVM模型，其中包括随机初始化的LSSVM模型参数，如核函数类型、核函数参数和正则化参数等。

（2）对于每个布谷鸟，使用LSSVM算法计算其对应模型的适应度，通常是通过交叉验证或其他评价指标来评估模型性能。

（3）根据CSO算法的选择策略，在周围的布谷鸟中选择适应度更好的候选解。

（4）对于选中的布谷鸟，即选中的LSSVM模型，使用CSO算法的更新策略来调整其模型参数，例如调整核函数参数或正则化参数。

（5）重复以上步骤，直到满足终止条件为止。通过结合CSO算法和LSSVM算法，FCM-CSO-LSSVM算法可以在全局搜索空间中寻找最优的LSSVM模型参数，从而提高模型的性能和泛化能力。这种算法适用于解决回归和分类问题，在大规模数据集和复杂问题中表现出较好的性能。

2.3 预测结果分析

在对春季光伏功率进行预测的过程中，按年聚类、按季节聚类、按月份聚类的预测误差分别为1.55%、1.13%和1.50%；在对夏季光伏功率进行预测的过程中，按年聚类、按季节聚类、按月份聚类的预测误差分别为2.39%、2.00%和4.49%；在对秋季光伏功率进行预测的过程中，按年聚类、按季节聚类、按月份聚类的预测误差分别为3.85%、3.56%和3.83%；在对冬季光伏功率进行预测的过程中，按年聚类、按季节聚类、按月份聚类的预测误差分别为0.90%、1.32%和1.31%。由此可见，使用FCM-CSO-LSSVM算法开展光伏短期功率预测的误差相对较小，证明了使用该种算法开展光伏功率预测的合理性及优越性。

3 风光功率预测的不确定性分析

3.1 GMM算法

GMM（Gaussian Mixture Model）算法是一种经典的统计模型，用于描述一个数据集的概率分布，它假设数据集是由多个高斯分布组成的混合模型，并通过最大似然估计来拟合数据的分布。在使用该种算法的过程中，首先，需要初始化GMM模型的参数，包括每个高斯分布的均值、协方差矩阵和混合系数，通常可以使用随机初始化或者基于数据集的聚类结果进行初始化，根据当前的模型参数，计算每个数据点属于每个高斯分布的概率，这可以通过计算每个高斯分布对应的后验概率来实现，利用上述步骤计算得到的后验概率，更新模型参数，更新每个高斯分布的均值、协方差矩阵和混合系数，使得似然函数达到最大化，重复执行上述步骤，直到模型参数收敛或达到最大迭代次数为止。在模型收敛后，可以使用一些指标来评估模型的拟合程度，例如似然函数值等，当模型收敛并且拟合良好时，可以使用训练好的GMM模型来对新的数据点进行分类、密度估计或异常检测等任务。

3.2 风光功率预测不确定性分析

在使用GMM算法开展风光功率预测不确定性分析的过程中，在置信度为97.5%时，储备能力为$7.01×10^4$kW·h，惩罚成本为0元，总成本为$7.01×10^4$元；在置信度为95%时，储备能力为$4.91×10^4$kW·h，惩罚成本为0元，总成本为$4.91×10^4$元；在置信度为90%时，储备能力为$2.81×10^4$kW·h，惩罚成本为$0.84×10^4$元，总成本为$3.65×10^4$元；在置信度为85%时，储备能力为$1.66×10^4$kW·h，惩罚成本为$3.24×10^4$元，总成本为$4.89×10^4$元。使用GMM算法开展风光短期功率预测不确定性分析发现，随着置信水平的不断提升，备用容量的成本将会增加，在90%置信水平购买储备设备时，其储备容量的成本最低。

4 结论

准确预测风力和光伏发电的短期功率可以减少对传统发电方式的依赖，优化电力系统的调度和运行，提高能源利用效率，可靠的风力和光伏发电功率预测有助于提高可再生能源的可预测性和可控性，降低对传统能源的依赖，促进可再生能源在电力系统中的大规模应用和普及。未来需要强化混合预测模型在风光短期功率预测领域的应用，以此提高其预测精度。

参考文献：

[1] 尹兆磊,白明辉,袁绍军.智能电网中分布式电源的净负荷预测方法研究[J].自动化技术与应用,2023,42(12):50-54,66.

[2] 王金锋,任正某,格根敖其,等.考虑数据耦合性的分布式风光联合预测方法[J].供用电,2023,40(9):74-82,90.

[3] 曹锦阳,李嘉铮,樊懋,等.基于CNN-BPNN的风光抽水蓄能电站联合优化[J].水电与抽水蓄能,2023,9(4):71-75,97.

[4] 曹锦阳,刘梦,李嘉铮,等.基于随机森林和卷积神经网络的风—光伏—抽水蓄能电站联合优化运行[J].水利与建筑工程学报,2023,21(4):30-37.

[5] 尹兆磊,刘嗣萃,于立强,等.基于深度学习模型的新能源电站一体化短期功率预测[J].热能动力工程,2023,38(6):137-146.

本文编辑：温志杰

浅析吉林油田新能源项目技术经济

张春丽[1]　丛国芬[2]

（1.中国石油吉林油田公司勘察设计院　2.中国石油吉林油田公司建设公司）

摘　要：根据新能源项目发展近几年现状和今后的发展前景，针对油气田地面建设工程围绕"绿电"替代，综合利用地热、光热、光伏、风电及储热等清洁替代措施，打造吉林油田首个零碳油田示范区理念。如何能使吉林油田新能源项目今后更加稳步发展，有效控投降本，提高吉林油田新能源项目技术经济是必要的。首先，要对新能源项目技术发展与应用现状有一定的了解；其次，提升新能源项目技术多元化发展；最后，着力把控新能源项目经济效益质量。有效提高新能源项目技术经济发展，才能推动吉林油田新能源项目事业的发展。

关键词：新能源建设工程；技术发展与应用现状；技术发展多元化；经济效益和社会效益

在全球能源转型的大背景下，随着"双碳"目标提出和深入实施，吉林油田作为典型"三低"油田，面临着前所未有的挑战与机遇。为突破发展困境，吉林油田积极响应国家号召，大力推进新能源项目建设，旨在通过绿色转型实现可持续发展。推进油气与新能源融合发展，通过转变思维，快速行动，吉林油田低碳产业布局已经形成。吉林油田通过重点项目有效集中建产、低成本技术规模应用、无效井负效井区治理、峰值电量压降和自用油气压降等有效手段，实现有效控投降本。新能源项目初期成本高，设备和技术的研发需要大量资金支持，能源转换效率低，储能技术不成熟。因此，要把新能源项目技术经济合理性做好，多方面着手，如政策导向、技术进步和提高经济效益质量。

1 吉林油田新能源技术发展与应用现状

1.1 地热能

利用地热能发电是我国节能环保的重要途径，地热能可以储存在发电装置内，也可以直接利用，进行采暖、洗浴和温湿等应用。地热能具有低成本且可再生等优点，同时能源的转换效率较高，但在20世纪，因为开采的难度性较大，我国一直搁置了地热能的利用。目前，吉林油田大情字井联合站辖区清洁能源综合利用工程，地热、余热利用8MW。英二联合站辖区低碳示范区一期工程项目，地热利用规模6.17MW。

1.2 太阳能和风能

由于太阳能的收集简单与低廉性的特点，深受我国新能源公司的青睐。在发达国家太阳能也是主要的发电能源之一，美国、西班牙、日本相继建立了太阳能运行装置，促进了太阳能从自然能源走向商业化能源的进程。风能的应用作为能源主要有两种形式：第一是风能发电；第二是直接利用风能作为能源，通常的应用是带动水泵提水，利用风能带动各种机械装置。吉林油田主要是风能发电。油田的基本财务核算单位为采油矿，以某用能单位为例，电能消耗占到能耗总量的32.6%，因此可以根据实际需要建设相应规模光伏电站。光伏发电系统虽然初始投资成本高，但是它具有节能环保和投资回收期短等优点。充分利用矿区内的广场和屋顶等空地，建设1MW以下的光伏发电站，不需要征用土地等费用，可以有效降低建设成本；同时，在满足矿区生活用电需求前提下，可以将多余电量有偿提供给电网，具有潜在的经济效益。目前，吉林油田$15×10^4$kW自消纳项目，$7×10^4$kW光伏发电项目，$55×10^4$kW风电项目等全面建成并投运。

1.3 余热利用

余热利用是在一定技术条件下，在能源利用设备中没有被利用的能源，也就是多余、废弃的能源。余热回收是提高经济性和节约燃料的一条重要途径。余热的回收利用途径很多，但主要有三方面（余热的直接利用、余热发电、余热的综合利用）。吉林油田

作者简介：张春丽，女，1971年出生，1995年毕业于吉林省建筑工程学院工民建专业，现从事油田地面工程及民用建筑工程概、预算工作，工程师。通信地址：中国石油吉林油田公司勘察设计院经济室，邮编：138000，联系电话：0438-6259756。

高度重视污水余热回收利用，于2018年建成第一个余热利用项目（英一联合站项目），后期又采取自建和合同能源管理两种方式推广。截至2025年，吉林油田共有在运余热利用项目16个，已积累丰富的项目建设和运行管理经验。

2 新能源项目技术发展多元化

2.1 能源互补技术

利用废弃井场及已建供电线路部署风光电项目，按最大负荷匹配自发自用和余热上网项目。同时，利用废弃井实施地热储层和井筒取热，热泵回收污水余热，逐步替代站场天然气消耗，形成风多能互补的能源供应体系。昂格$55×10^4$kW发电项目是吉林油田在建单体最大的集中风电项目，2024年9月全部并网发电，累计发电量$14×10^8$kW·h，可节约标准煤$49.7×10^4$t，减少二氧化碳排放量约$128.82×10^4$t，同时还可通过绿电外输创效，实现吉林油田绿电由自由消纳模式向并网售电的转变。

2.2 智能管控技术

开发智慧管控与决策平台，实现数据互联共享、CCUS全流程可视化展示和智能预警分析。创新生产运行管理方式，通过物联网和推行"诊断性电网检修"模式，建立电力设施在线监测系统，提高设备检修精准性，从而降低维护成本，提高运行稳定性。如，智能风机系统能够根据风度变化自动调整叶片角度，确保最佳发电频率；光伏发电站则可以通过无人机巡检和热成像检测等手段及时发现并处理潜在问题。智能化运维管理不仅提高设备利用率，延长使用寿命，还能为项目带来长期稳定的收益。

2.3 二氧化碳驱油技术

创新形成了陆相油藏CCUS-EOR全产业链配套技术系列，包括精雕细刻的油藏模式、精益求精的注采模式、精打细算地面模式、精准高效防腐模式和精心管控的生产模式。通过二氧化碳驱油，可大幅提高采收率，同时实现二氧化碳的有效埋存。吉林油田预累计注入二氧化碳量$400×10^4$t，不仅实现了碳减排，还提高了原油采收率。

3 提高新能源项目经济效益质量

3.1 国家政策依据、地方执行标准规范性

3.1.1 投资估算编制依据

（1）中国石油天然气集团有限公司建设项目可行性研究投资估算编制方法（2023版）油气田和储气库工程册、新能源项目册等。

（2）中国石油天然气集团有限公司油气井工程项目投资估算编制方法和费用标准。

（3）地热供暖项目投资编制与工程量清单计价指南（试行）、陆上风电场项目投资编制与工程量清单计价指南（试行）和光伏发电项目投资编制与工程量清单计价指南（试行）等。

（4）中国石油天然气股份有限公司中油计划（2022）24号文件印发的《石油建设安装工程概算指标》《石油建设安装工程预算定额（2022版）》第四册《电气设备安装工程》，不足部分参考《陆上风电场工程概算定额》及《电力建设工程概算定额》等。

（5）土建定额指标依据吉林省建筑工程计价定额（JLJD-JZ-2024）和吉林省装饰工程计价定额（JLJD-ZS-2024）及吉林省建筑工程费用定额（JLJD-FY-2024）。

（6）由中国石油天然气股份有限公司中油计划（2022）23号文件印发的《石油建设安装工程费用定额》、由中国石油天然气股份有限公司中油计划（2022）22号印发的《建设项目其他费用和相关费用规定》等。

（7）工程所在地近期建筑工程造价资料和设备材料价格信息。

（8）专业设计人员提供的主要工程量。

（9）建设期利息：按照最新付息利率通知规定。

3.1.2 经济评价依据

（1）中国石油天然气集团有限公司下发《新能源投资项目经济评价方法与参数》(中油计划〔2022〕235号)。

（2）《中国石油天然气集团有限公司投资项目经济评价参数（2024）》。

（3）《中国石油天然气集团有限公司投资项目经济评价参数》(2020年版)中油计〔2020〕14号文件。

（4）《陆上风电场工程可行性研究报告编制规程》NB/T 31105—2016。

（5）《财政部国家税务总局关于风力发电增值税政策的通知》财税〔2015〕74号。

（6）《中国石油天然气股份有限公司资金配置管理办法》油财务〔2022〕45号。

（7）《关于规范投资项目最低资本金比例的通知》中油计划〔2022〕22号文件。

（8）《关于调整股份公司2025年币负息资金利率的通知》股份财务函〔2025〕2号规定。

（9）《国务院关于修改＜征收教育费附加的暂行规定＞的决定》。

（10）《中华人民共和国企业所得税法》。

（11）《关于实施国家重点扶持的公共基础设施项目企业所得税优惠问题的通知》（国税发〔2009〕80号）。

（12）工艺提供的产品产量、产品方案及消耗量。

（13）国家相关财税政策。

3.2 运用价格体系合理性

对于新能源项目投资设备和主要材料占比很大，为规避一些价格过高或过低，应建立完善的价格体系和相关标准估算指标。比如：地面系统运用价格执行概预算管理部门发布物资采购价及相关部门询价；光伏发电项目中价格来源于《光伏发电项目投资编制与工程量清单计价指南（试行）》及相关部门询价；陆上风电场项目中价格来源于《陆上风电场项目投资编制与工程量清单计价指南（试行）》及相关部门询价；地热计价依据来源于地热供暖项目投资编制与工程量清单计价指南（试行）；还有各相关专业类似工程资料。

3.3 关键影响因素

3.3.1 总成本费用

3.3.1.1 投资成本

新能源的投资成本较高，主要是设备、技术的采购成本和征地费用。例如，风电机组、塔筒、风机基础、升压站和集电线路等，太阳能发电需要安装太阳能电池板和逆变器等设备，这些设备的采购和安装费用较高，风电机组征地费和光伏板征地费用占比也很高，导致新能源的投资成本相对较高。

3.3.1.2 运营成本

新能源设备的日常维护和管理费需要一定的人力和物力投入。例如，风电发电机组需要定期巡检和维修，太阳能电池板需要定期清洗和维护。此外，新能源的发电效率相对较低，导致新能源的运营成本相对较高。

3.3.1.3 维护成本

新能源设备的寿命较短，需要定期更换和维修。例如，风力发电组的寿命一般为15～20年，太阳能电池板的寿命一般20～30年。设备费更换和维修成本相对较高，对于新能源的维护成本提出了更高要求。

3.3.2 营业收入

3.3.2.1 国家政策扶持和市场需求

随着全球气候变化和环境问题的日益严重，国家及政府相继出台政策鼓励新能源行业发展，这是新能源企业盈利的重要途径之一。油田对可再生能源的需求也在持续增长，如风电项目提供税收优惠、补贴和贷款支持等措施，市场潜力巨大。

3.3.2.2 技术创新引领

新能源行业的技术进步是行业利润的重要支撑。随着地热、光热、光伏、风电及储热等技术不断创新，新能源设备的效率和稳定性得到显著提升，成本不断降低，投资回报率提高。

3.3.2.3 产业链协同发展

新能源行业涵盖了设备制造、安装施工和运维管理等多个环节，形成了一个完整的产业链。产业链的协同发展有助于降低整体成本，提高盈利能力。

3.3.2.4 长期回报稳定

新能源项目通常有长期稳定的收益特点，一旦项目建成投产，运营成本相对较低，而能源需求持续增长，能够有效抵御市场波动风险。

3.3.3 新能源售电价格

自6月1日起，风电和光伏等新能源电力将全面进入市场化定价新阶段。存量项目的收益将维持相对稳定，而新增项目在入市后不享受固定电价保护。随着新能源大规模发展，新能源上网电价实行固定价格，已不能充分反映市场供求，也没有公平承担电力系统调节责任。尤其是新能源发电具有随机性、波动性、间歇性及让电网消纳能力持续承压。新能源全面入市交易后，将公平承担电力系统调节成本，有利于新型电力系统和全国统一电力市场的建设。

3.3.4 税费征收抵扣

进项税和销项税直接影响企业的现金流和利润水平。进项税是企业采购环节支付的税款，而进项税是企业销售环节收取的税款。如果进项税大于销项税，企业可以将多余的进项税额抵扣未来的销项税（新建项目投资增值税），减少实际缴纳的税额，从而优化成本结构，提高资金使用效率。

4 结论

随着传统化石能源的日益枯竭和环境污染问题的日益严重，新能源的开发和应用将会成为社会发展过程中最主要的清洁能源。在可持续发展的理念下，节能减排势在必行，发展低碳经济已经逐渐成为社会发展的必然趋势。在积极开展新能源业务的同时，有效地把控各阶段的控制重点，紧抓设计阶段的技术方案优化，同时要兼顾新能源项目工程估算事前控制，实行多维度和一体化管理，加强对新能源技术经济的主动控制，强化全过程的动态管理、预警和纠偏，转变工作思路和工作方式，优化管理业务流程，突出抓好新能源项目基础源头管理工作，对提高新能源项目技术经济性具有非常重要的意义。

本文编辑：温志杰

地面系统判漏找漏技术研究

付天博　丁蕾　杨爽

（中国石油吉林油田公司新民采油厂）

摘　要：目前，吉林油田生产运行监控以物联网为主，充分利用物联网功能，提高地面系统失效事件预警的准确率，形成可操作性强的系统性失效分析技术是非常必要的。近年来，新民油田地面系统根据运行与监控现状，优化物联网监控页面，由单点数据监控转变为连续数据趋势预警，由单组预警转变为多参数双逻辑预警。从实际失效案例入手，通过大量摸索、分析和总结，形成了异常事件预警发布、诊断方法与模版。这些措施提高了失效事件发现的准确率、及时率，减少了员工工作量，降低了找漏时间，有效控制了地面管网失效后果，实现地面系统油气生产过程精细管理，提升了地面系统管理水平。

关键词：物联网应用；管道失效；运行预警；失效诊断

1　研究背景

在物联网应用初始阶段，监控页面仅显示计量间运行页面，而且计量间、集输环和注水环等运行数据也只显示单点数据，导致监控人员浏览界面、记录报警信息量大，每日最多达400条，且信息不连贯，结果误报率较高。为此，就需要与基层队进行反复核对，不仅造成厂、队两级中控室人员劳动强度大，而且发现异常事件的成功率极低。在这种情况下，判断管线漏失仍凭借岗位员工经验，甚至进行大范围巡线，不仅工作量大、耗时久，还会长时间影响产量和注水量，造成淹地面积大和环境污染等严重后果。为降低失效后果，提高管理水平，开展了优化监控参数、运行趋势分析和失效案例总结等一系列工作。

2　建立集输单井管线失效模型

新民油田油品具有凝点高、高黏、高蜡和含水低的特点，无法进行冷输，集输系统地面工程以掺输流程为主。掺输流程井环运行参数受多种因素影响，随计量间总来水波动而波动，如果在监控中只跟踪单点数据，无法结合计量间运行数据进行综合分析，就会出现受正常影响波动的井环误报、已出现失效波动但未及时发现的迟报等问题，难以跟踪实际运行情况，也就难以做到及时发现和事故预警。

2.1　建立集输环运行日曲线

根据生产实际，将物联网应用初期的单点信息监控优化为连贯信息采集，建立了集输单环温度和压力与计量间温度和压力实时对应的关系曲线。该曲线每2min采集一个点，每半小时刷新一次，运行趋势清晰可见，具备进行分析的各种有效条件。曲线上显示的运行参数包括：

（1）计量间总来水温度受中转站及联合站掺输出站情况影响而波动。

（2）计量间总来水压力受中转站、联合站掺输出站及上游计量间调控情况影响。

（3）集输环回油温度受环内流体状态、掺输压力和计量间总来水温度影响，为可控参数。

（4）集输环掺输压力受人为调整、环内液量、温度和计量间总来水压力等影响，它是观察的关键因素，为可控参数。

2.2　形成物联网定标预警模式

应用曲线分析功能，查找集输环回油温度和掺输压力平稳运行段，将该段作为平稳运行基线。此外，摸索到单环温度可控区间为基线±2℃，压力区间为基线±0.1MPa。在此基础上，制定计量间总回油温度区间为基线±1.5℃，压力区间为基线±0.1MPa。

逐环、逐间制定温压控制模版，先后建立了建立夏、春秋、冬三季温度、压力控制区间模版，设置超区间报警，并根据集输管控要求及时更新。

在温压控制模版应用初期，超区间处理方式为：

作者简介：付天博，女，1990年出生，2013年毕业于吉林化工学院油气储运工程专业，现从事油气田开发集输系统管理工作，工程师。通信地址：中国石油吉林油田公司新民采油厂地面所，邮编：138000，联系电话：0438-6338945。

若压力超上限发出高报，查看计量间来水压力是否有变化，再查历史曲线，判断该集输环是否需要提温冲线；若压力超下限发出低报，如为缓慢下降，可能为降温后压力随之下降或冲线后下降，可重新标定区间，如为突然下降，应判断管线是否有漏，并立即进行巡线。由于该判断方式发现失效事件准确率较低，而实际生产运行中异常事件的发生和表现更为复杂，为提高预警准确度，开展了基于实际失效事件的曲线分析工作。

2.3 建立集输单井管线失效模型

物联网集输环运行曲线建立后，得益于其清晰的运行趋势，使物联网预警、判断失效事件成为可能。通过收集大量真实失效案例，开展了集输单井管线失效曲线分析，并按曲线表现将集输单井管线失效分为六种类型。

（1）台阶式大幅降低。对比正常运行，环掺输压力表现为明显下降，大部分环掺输压力曲线表现为突然降低0.08MPa以上，环回油温度曲线则较为平稳或逐渐下降，符合漏失基本特征，漏失判断成功率达90%以上，且预警快，预警时间一般在1h以内。

（2）突然波动型。对比正常运行，环掺输压力有明显下降的小波动，大部分环掺输压力曲线表现为快速向下的凸刺，环回油温度曲线则较为平稳或逐渐下降，存在漏失风险。此类曲线与管线凝堵曲线相似，主要区别在于环掺输压力曲线变化前的凸刺。

（3）"剪刀"形变化。环回油温度曲线逐渐下降，环掺输压力曲线逐渐上升，两条曲线呈"剪刀"形发展趋势，即环回油温度出现降低后，岗位员工经不断调整来提高环掺输压力，但环回油温度仍持续降低，此类失效误报率较高，需要现场人员进行二次判别。

（4）"剪刀"形延展。环掺输压力曲线大幅上升，环回油温度曲线较为平稳或持续下降，与类型三的"剪刀"形变化曲线相似，但此类曲线比"剪刀"形曲线预判成功率更高。

（5）低温凉井型。此类失效主要因集输环出现凝环趋势，环掺输压力升高扫线而导致漏失。在曲线中，环回油温度曲线比正常运行低，环掺输压力曲线则短时间快速升高，高于计量间总掺输压力曲线。此类失效需要发现低温风险环，并及时进行调整，避免事故发生。

（6）混合特征型。此类失效表现复杂，例如，环回油温度曲线出现小的温降，回升波动后随即出现"剪刀"形变化，或在环掺输压力曲线出现快速向下的凸刺后，随即环掺输压力、环回油温度曲线均出现大的台阶式下降等。此类曲线需要持续观察，预警时间较长。

根据六种失效判断模版中环掺输压力和环回油温度变化情况进行总结分析，环掺输压力平稳的情况较容易判断，一旦环回油温度曲线出现较陡波动，需发出预警。而在环掺输压力曲线出现变化的情况下，则需要考虑计量间来水温度、压力是否波动，是否人工调控，以及是否环内有停井等因素，如出现六种波动类型变化则应立即发出预警。为方便理解与操作，建立了预警发布对照表（表1），此表易于理解，可操作性强，员工易于掌握，既能够减少报警的指令次数，提高预警的准确性和指向性，也减少了基层核实的工作量。

表1 物联网集输环温压曲线变化与发布预警对照表

环掺输压力变化情况	环回油温度变化情况	环回油温度是否超限值	曲线变化陡缓	环掺输压力是否调控	是否发出预警
环掺输压力平稳	环温度不变				无须预警
	环温度不变，未受计量间来水温度、压力变化影响				无须预警
	环温度变，间抽影响	是	陡	已调控	无须预警
				未调控	发出预警
			缓	已调控	无须预警
				未调控	无须预警观察1h
	环温度变，间歇出液影响	是	陡	已调控	无须预警
				未调控	发出预警
			缓	已调控	无须预警
				未调控	无须预警观察1h
环掺输压力变化	掺输微调或随计量间来水压力波动，环温未受影响				无明显迹象，无须预警
	环温度随环压力调整升降	是		已调控	无须预警
		是		调控过度	发出预警
	环压力上升，环温度下降剪刀形	是	陡，接近或超来压凉井		发出预警
	环压力上升，环温下降剪刀形态，区分凉井漏失	是	缓，台阶下降判断漏，如凉井则用时长		发出预警
	总来水高影响；环内停井而温度上升				无须预警
	管线漏失六种主要变化	无论是否			发出预警
特殊情况	环压力与计量间来水压力接近无压差	是			发出预警
	图幅变化大杂乱	是			发出预警

3 干线与支干线失效诊断

3.1 优化预警算法

与集输单井管线失效不同，干线与支干线失效波动更为明显，并在第一时间通过物联网上下限发出预警，但预警范围通常较广，即出现报警的计量间、配水间较多，此类失效的判断重点是失效管道的具体位置。

在集输单井管线失效对照表建立后，干线与支干线失效预警初期也沿用了集输单井管线的预警模式，仅设置一组预警值，但由于干线与支干线运行受联合站、中转站出站以及上游计量间调控等因素影响，容易出现波动，导致误报率较高。为提高预警准确率，将干线与支干线预警算法优化为多参数双逻辑预警，增加了对比基准值，即 5 天历史数据高频基准值和 1h 区间内最大值、最小值，针对三项干线与支干线监控参数设置了多组预警逻辑：

3.1.1 计量间总来水预警条件

（1）压力高于基准值 0.3MPa 或低于基准值 0.18MPa 以上。

（2）压力对比 1h 区间内最大值、最小值差高于 0.2MPa。

3.1.2 计量间总回油预警条件

（1）基准值在 0.9MPa 以下的，压力对比基准值降低 0.05MPa 或升高 0.75MPa 以上。

（2）基准值在 0.9MPa 以上的，压力对比基准值降低 0.05MPa 或升高 0.06MPa 以上。

（3）压力对比 1h 区间内最大值、最小值差高于 0.07MPa。

3.1.3 配水间注水压力预警条件

（1）压力低于基准值 0.1MPa 以上。

（2）压力小于 14MPa 或高于 16MPa。

（3）压力对比 1h 区间内最大值、最小值差高于 0.08MPa。

通过优化基准参数与预警逻辑，有效地筛除了误报，提高物联网干线与支干线失效预警准确率，确保集输系统失效不漏报，注水系统失效预警准确率达到 87%。

3.2 干线与支干线失效诊断方法

新民采油厂集输系统地面布局为二级、三级布站。二级布站是由一到多座计量间串联为一条支干线，多条支干线由联合站直接携带；三级布站是由一到多座计量间串联为一条支干线，多条支干线由中转站携带，中转站初步对油、气、水分离后，再将产出液输送至联合站进行处理，集输单条支干线最多辖 7 座计量间，单站最多辖 6 条支干线。注水系统同样是由一到多座配水间串联为一条支干线，多条支干线并联为一条干线，注水单条干线最多辖 8 条支干线，单条支干线最多辖 9 座注水间。

当干线与支干线出现失效时，地面系统布局将会影响多个计量间和配水间，乃至影响多条支干线，引起大范围停井，导致停井时间长，员工巡线面积大，劳动强度高，且干线与支干线的失效往往跑油跑水量更大，造成淹地面积大、赔偿金额高以及环境污染严重等后果。为此，能够快速判断干线与支干线失效位置的方法非常必要。从实际案例分析入手，对逐条干线、支干线以及计量间或配水间运行参数进行综合分析，充分考虑波动幅度、波动时间和影响范围等因素，结合适当调控验证，形成了干线与支干线失效快速诊断方法，推广应用后又进行了精细调整，目前效果良好，准确率较高，有效缩短找漏时间，降低失效后果。

3.2.1 集输干线与支干线失效诊断

集输系统干线与支干线包括掺输和回油两部分，需分类进行分析。主要诊断思路：由上游向下游逐级深入，由区域向计量间逐步确定。

（1）掺输干线与支干线失效预警主要表现为中转站掺输压力降低、一个或多个计量间掺输压力低于下限并发出低报、中转站三合一液位和中转站外输量延后出现降低。出现以上预警及表现后，首先对中转站区域内各支干线首端的计量间掺输压力进行曲线分析，找出压力下降幅度最大的计量间，即判断为该计量间所在的支干线掺输管线发生失效，然后对该支干线所有下游计量间的掺输压力进行曲线分析，再次找出压力下降幅度最大的计量间，即可判断为此计量间掺输支干线发生失效。

（2）回油干线与支干线失效预警主要表现为计量间总回油压力低于下限并发出低报、中转站三合一液位降低和外输量降低。出现以上预警及表现后，首先对中转站区域内支干线首端计量间的回油压力进行曲线分析，大部分回油干线与支干线失效一般仅是单个计量间回油压力会出现下降趋势。与掺输干线支干线失效分析相同，继续逐级分析下游计量间的回油压力，直至找到发生失效的单条回油支干线。

根据真实失效案例规律，建立集输系统干线与支干线失效快速诊断模版（表 2）。首先根据预警信息与计量间、中转站表现判断失效管道为掺输或回油，然后从上游开始向下游逐级进行曲线分析，直至找到失效位置。此类快速诊断模版失效诊断准确率为 80%，有效缩短找漏时间达 6h 以上。

3.2.2 注水干线与支干线失效诊断

注水干线与支干线的失效按程度可分为三类。

（1）支干线微漏。此类失效预警表现为支干线范围内多个配水间注水压力低于下限并发出低报。根据中控室每小时巡查报警可快速地确定此类失效范围。预警发出后，选取该支干线区域内上游、中游、下游的配水间，对各配水间注水压力进行曲线分析。确定压降较大的大致范围，详细地分析该范围内各配水间的注水压力，找到压降最大的配水间，即可判断为该配水间注水支干线失效。

表2 集输系统干线与支干线失效快速诊断表

预警信息		判断结果	步骤1	步骤2	步骤2反馈	初步结论	步骤3	结论
辖区内一或多计量间掺输压力低报		掺输干线支干线失效	物联网曲线分析辖区内所有支干线首端掺输压力，找到降低幅度最大的支干线	关闭该支干线中转站掺输阀门	其他各支干线压力回升	确定该支干线失效	物联网曲线分析该支干线内所有井组的掺输压力，找到降低幅度最大的井组	确定失效位置，巡线找漏
中转站掺输压力降低								
以上报警后	中转站三合一液位降低				其他各支干线压力无变化	重复步骤1~2，至其他各支干线压力回升		
	中转站外输液量降低							
计量间总回油压力低报		回油干线支干线失效	物联网曲线分析辖区内所有支干线首端计量间回油压力，找到降低幅度最大的支干线	物联网曲线分析支干线内各间回油压力，找到降低幅度最大的计量间	—	确定失效位置，巡线找漏	—	—
以上报警后	中转站三合一液位降低							
	中转站外输液量降低							

（2）干线压降大（0.2MPa以上）。此类失效预警表现为注水系统压力下降，不同干线多个配水间注水压力低于下限并发出低报。由于此类失效报警范围大，需要从干线入手进行分析。首先，对各干线首端配水间的注水压力曲线进行分析，判断压降最大的配水间所在的干线失效可能性最大；然后，继续分析该干线内的各支干线，对支干线首端各配水间注水压力进行曲线分析，先从压降情况判断大致失效范围，再确定压降最大的配水间，即可判断该间注水支干线失效。

（3）干线压降小（0.2MPa以下）。此类失效预警表现为一条或两条干线上多个配水间注水压力低于下限并发出低报。由于此类失效同样是报警范围大，仍需要从干线入手分析。与干线压降大的失效分析方法相同，针对发出预警的干线，对其首端配水间的注水压力曲线进行分析，压降最大的配水间所在的干线失效可能性最大。

继续分析失效可能性最大干线内的各支干线，对各支干线首端、末端配水间的注水压力曲线全部进行分析，根据压降情况判断大致失效范围。由于此类失效程度小但范围大，配水间注水压力的压降大小同时受失效与水量影响，根据压降来判断位置的准确度较低，故不再使用压降判断方法，而是要结合调控进行诊断。按照配水间压降大小顺序关闭首端注水阀池，观察其他各配水间注水压力回升情况。如果关闭某阀池后其他各支干线配水间注水压力回升，则判断漏点位于该阀池所在的支干线。

根据真实失效案例规律，建立了注水系统干线与支干线失效快速诊断模版（表3）。首先，根据预警信息与配水间表现判断失效程度；然后，按程度大小，从上游向下游逐级进行曲线分析，并结合注水阀池调控，最终形成失效位置结论。此类失效快速诊断模版失效诊断准确率为70%，可有效缩短找漏时间11h以上。

表3 注水系统干线与支干线失效快速诊断表

预警信息	步骤1	步骤1反馈	步骤2	初步结论	步骤3	其他配水间压力变化	结论
单个支干线多个配水间注水压力低报	利用物联网曲线分析该支干线内所有配水间的注水压力	—	按压降大小顺序关闭井组前端阀池，结合中控室预警信息，观察各配水间压降幅度	—	—	回升	确定失效位置，巡线找漏
						无变化	重复步骤2
系统压力下降	利用物联网曲线分析四条干线首端配水间的注水压力，找到降低幅度最大的干线，查看压降幅度	降幅最大干线压降大于0.2MPa	利用物联网曲线分析该支干线各配水间的注水压力，查看压降幅度	确定压降最高支干线后，利用物联网曲线分析该支干线各配水间的注水压力	漏点位于压降最大配水间附近，关闭该配水间注水阀池	回升	确定失效位置，并巡线找漏
						无变化	重复步骤2
多个配水间注水压力低报	利用物联网曲线分析四条干线首端配水间的注水压力，找到降低幅度最大的干线，查看压降幅度	降幅最大干线压降小于0.2MPa	利用物联网曲线分析该支干线各配水间的注水压力，结合中控室配水间低报预警信息进行分析	确定失效大致范围	按压降大小顺序关闭支干线首端阀池	回升	确定失效位置，并巡线找漏
						无变化	重复步骤3

4 结论

充分应用物联网系统，以运行趋势分析为抓手，形成了集输单井管线失效预警发布对照表、干线与支干线失效快速诊断模版，确保了物联网监控预警发布的准确性，具有指向性和可操作性强的特点。上述研究成果使集输单井管线失效预警准确率提升至70%，集输干线与支干线失效诊断准确率达到80%，注水干线与支干线失效诊断准确率达到70%，有效缩减找漏时间6h以上。大幅度降低了岗位员工巡线工作量，避免了失效后果和环境污染，具有较强的推广价值。

参考文献：

[1] 曾韬.物联网在数字油田的应用[J].电信科学,2010,26(4):25-32.
[2] 李建华,薛广民,陈冰.油气生产物联网技术在油气生产中的应用[J].自动化博览,2013(11):69-72.

本文编辑：台自权

大数据技术在智慧油田的应用与展望

吕微[1]　赵程程[1]　于立舟[2]

（1.中国石油吉林油田公司数智技术公司　2.中国石油大庆钻探工程有限公司地质录井公司）

摘　要：利用物联网、5G等网络技术，实现生产数据的实时采集和传输，并通过大数据技术进行自动化处理和分析，提高数据质量和处理效率。通过机器学习、人工智能等技术，对海量数据进行实时分类、预测和可视化，帮助油田企业了解生产状况，提高生产效率，降低成本和风险。将数据分析结果应用于油田企业整体管控、市场营销、智能化设施运营等方面，实现油田全流程管理的智能化和优化。智慧油田强调人工智能与人类智慧的融合，通过大数据深度应用，推动油田行业实现数字化、智能化和绿色化转型，提高油气田生产效率和经济效益，保障国家能源安全。

关键词：大数据技术；智慧油田；数字化；智能化

随着油田开采和管理技术的不断升级，智慧油田建设已成为当今石油行业的发展趋势，而大数据技术的应用，为智慧油田建设带来了新机遇。

1 大数据技术

大数据技术就是在信息网络技术和科学技术的基础上，经过多元化渠道与途径，对大量数据进行收集、归纳和整理，进而形成具有庞大信息数据的体系。随着社会经济的快速发展和科学技术的不断创新，大数据与传统的数据分析也出现明显的差异，主要表现在数据信息量、数据结构和数据分析方式等方面，数据的储存量变大了，传统的数据存储空间已经不能满足现在的信息量。同时，数据处理模式也在不断地变化中，将大量数据作为新的资源来源方式，而且大数据分析具有更强的灵活性，可以因时而变。大数据具有较强的规模性、数据处理速度高和处理方式多样等特点，使之迅速成为信息领域颠覆性技术之一。总之，数据处理量大、数据种类多、价值密度低和数据处理速度快是大数据分析的主要优点，它不仅改变了人们生活和工作的方式，也推动了各行各业的发展。大数据技术具有三大优势：

（1）可以分析更多数据，可以处理和某个特别现象相关的所有数据，通过更高的精确性能够发现更多细节。

（2）通过大量的数据分析处理，适当忽略微观层面的精确度，能够带来更佳的分析结果和更大的利益价值。

（3）无须挖掘因果关系，而是更注重事物之间的相互关系。大数据打破了传统数据的边界，改变了以往大多数依靠行业内部业务数据的局面，充分利用了数据资源，不仅包括企业内部数据，也包括企业外部数据。

2 智慧油田及现状

2.1 智慧油田概念

智慧油田是一个全新的概念和理念，尚处于发展阶段，它由数字油田发展而来，是一个由量变到质变的演进。数字油田的核心是数字化和智能化，强调的是人工智能；智慧油田就是在数字油田的基础上融入人的智慧，强调人工智能和人的智慧相结合。因为物只有智能，而人才有智慧，与数字油田侧重于数据收集不同，智慧油田更加侧重于数据整理和深度应用发掘，形成由"数据"到"知识"的转变，并以这些知识为基础，对油田生产决策进行辅助和指导，从而优化传统工艺流程，提供科学管理方法，实现由静态到动态、智能到智慧、简单到深入以及被动到主动的跨越。智慧油田具有以下特征：

（1）智慧油田是一个物联网的油田。一个智慧的油田，一定是一个物物相联的油田。油田企业广泛应用物联网，可以形成智能化识别、感知、定位、跟踪、监控和管理的一种体系，可以让人们对油田的事物、事件获得全面感知。

作者简介：吕微，女，1975年出生，2000年毕业于江汉石油学院计算机及应用专业，现从事信息技术工作，工程师。通信地址：中国石油吉林油田公司数智技术公司ＥＲＰ技术部，邮编：138000，联系电话：0438-6258232。

（2）智慧油田是一个信息共享的油田。全面的、系统的、高质量的和可共享的信息是智慧油田的基础。信息只有通过共享，才能最大限度地实现其价值。参与同一信息处理和应用的个体越多，信息的社会价值或经济价值增长就越快，信息的共享程度就越高。

（3）智慧油田是一个面向应用和服务的油田。智慧油田的核心是建立一个由新工具和新技术支持的、涵盖油田生产、管理和居民生活的新油田生态系统，通过管理理念、管理方式变革，转变经济发展方式，实现由传统油田向新兴油田的跨越式发展。因此，智慧油田的最终目的是为油田勘探开发、油气生产、经营管理以及矿区服务提供一种全新的管理手段，提升各方面的可视化、智能化水平，并最终推动油田可持续发展。

2.2 智慧油田现状

在油田信息化建设过程中，人们首先想到的是油田信息化、数字化这些概念，但是对智慧油田却没有深入了解。智慧油田与数字油田之间到底存在怎样的区别？信息行业的专家给出了这样的解释：油田建设追求的最终目标是构建智慧油田，也就是说在油田建设过程中要充分将现代的先进信息技术与相关管理理念结合起来，从而构建一个全新的油田智能化运行模式。智慧油田最终的目的就是要实现油田企业工作、业务流程以及管理的全智能化运行。

智慧油田并不是单纯数字油田的升级。数字油田的构建主要是利用当下的互联网技术，而在智慧油田的构建过程中，还要应用到云计算、物联网和大数据等先进信息技术，甚至未来还会将更多的新技术、新理念融入其中。

智慧油田从产生到逐渐发展是一个动态变化过程，智慧油田必须要持续性满足油田企业发展壮大过程中所有的实际需求。它首先应具备基本的可视性、智能化等相关的功能模块，并在此基础上，要实现油田企业的全面信息化。这样，传统油田以手工作业为主的生产方式将会被计算机所代替，上述功能的实现，必须要求智慧油田具备知识库的管理模块、专家决策模块等相关系统，使油田的生产、决策更加智能化。

智慧油田的应用场景非常广泛，涵盖了油气田的勘探、开发、生产和管理等各个环节。智慧油田解决方案通过构建核心数据平台、开发应用和运营管控系统，提高了生产和运营效率。尽管智慧油田建设取得了显著进展，但仍面临一些挑战。首先，数据管理和平台技术是智慧油田建设的主要挑战之一，由于油田数据量大且复杂，如何进行有效的数据治理和模型构建是一个重要问题；其次，智慧油田建设需要跨学科协同研究，涉及多个功能模块和应用场景之间的交互集成。

3 大数据技术在智慧油田的应用

3.1 数据采集与处理

传统的油田生产和井场管理已经实现了全自动化，所有的生产数据都以数字化的形式传输到数据仓库。在传统的数据处理过程中，数据采集需要经过ETL（数据提取、转换和加载）的过程，并存储到传统的数据仓库中，然后进行下一步分析和挖掘。而通过应用大数据技术，数据采集和处理更加自动化和实时。各种传感器和设备可以捕获生产设施中的海量数据，然后通过物联网或者5G等网络传输到云端，直接进行大数据处理和分析，大大提高了数据质量和精度，加快了数据处理速度。同时，大数据技术还可以帮助油田企业对数据进行智能化分析和处理。

3.2 数据分析

数据分析是智慧油田建设的一个关键环节，也是大数据技术在油田生产中的核心应用。通过对海量数据的分析，可以帮助油田企业深入了解油田生产情况和变化，实现对油田生产过程中的全面监测和预测。大数据技术可以帮助油田管理人员从海量数据中识别有价值的信息，并迅速做出决策，帮助油田企业提高生产效率和降低成本。大数据技术可以应用于以下几方面。

3.2.1 机器学习和人工智能技术

通过机器学习和人工智能技术，可以对油田数据进行实时分类和预测，帮助企业制定更加科学和准确的决策。例如，机器学习可以根据历史数据进行预测，预测产油量、储量等重要指标的变化趋势，帮助油田企业更好地研判生产状况和发展趋势。

3.2.2 数据可视化和实时监测

大数据技术可以将不同的数据以图表形式展现出来，便于管理人员一目了然地了解油田生产情况和变化趋势。同时，还可以通过数据可视化技术将数据实时展现，让管理人员能够及时做出更具针对性的决策。

3.2.3 风险预警和故障检测

大数据技术可以通过对千万甚至亿级的数据进行分析，若发现管道泄漏、设备故障等异常情况，可自动记录并发出警报。应用此技术可以大大减少人工巡检的频率，降低人员工作强度，同时也提高了设备的安全性和可靠性。

3.2.4 安全管理和能源管理

借助视频监控、入侵检测和紧急报警等系统，能够确保油田生产的安全运行。同时，通过人员定位和安全培训等功能，提高员工的安全意识和应急响应能力，从而实现对油田能源（电力、油气等）的精确监控和管理。此外，通过能效分析和节能措施的实施，还可以降低能源消耗，减少环境污染。

3.2.5 一体化平台管理

将各个系统和功能集成到一个统一平台上，实现信息共享和协同工作，可以提高管理效率和决策的准确性、及时性。智慧油田解决方案的实施提升了油田的整体运营水平，实现了数字化、智能化和绿色化的转型升级，为油田企业带来更大的经济效益和社会效益。

3.3 数据应用

大数据技术的应用不仅限于数据采集和处理，还涵盖了更广泛的数据应用。智慧油田建设需要快速地应用所收集、处理和分析的数据，以获得最大的增长潜力。在实际应用方面，大数据技术可以在以下方面发挥作用。

3.3.1 油田企业的整体管控

在数据处理和分析的基础上，大数据技术可以帮助油田企业实现油田全流程管理，包括生产、销售、物流以及财务等环节的管理。

3.3.2 油田企业的市场营销

通过对消费者的数据进行分析，可以帮助油田企业更好地了解消费者需求，预测市场趋势，调整营销策略，提高销售额和市场份额。

3.3.3 智能化的设施运营

通过实时监控和分析，可以预测设施故障和损坏的风险，并及时通知相关人员进行处理，从而提高设施效率，减少运营成本。可以说，大数据技术能够帮助油田企业更加智能化地进行生产运营。

3.3.4 支撑油田生产管理

大数据技术具备强大的数据处理和分析能力，能够帮助管理者对油田生产过程中产生的海量数据进行深度剖析。这些数据涵盖了从油井开采到原油运输的每一个环节，通过对数据研究，管理者能够精准地发现生产环节中潜在的问题。基于这些分析结果，管理者可以对生产流程进行针对性优化，即调整生产参数、合理安排设备运行等。不仅显著地提高了生产效率，还能降低生产成本。大数据技术提升了油田企业的管理水平，推动着油田行业向更高效、更智能的方向发展。

3.3.5 保障油田安全管理

在油田安全管理方面，大数据技术也发挥了重要作用。通过大数据技术对油田生产运营中的各种安全数据进行实时监测和分析，能够帮助管理者及时发现安全隐患，并采取相应措施进行预防和处理；通过大数据技术对油田生产过程中的相关工程设备和管道进行实时监测和预警，也能够帮助管理者及时发现设备故障和管道泄露等问题，保障油田生产安全。

4 智慧油田的前景展望

依托数字油田已有基础，智慧油田将构建起一套更为先进的管理体系。它采用实时监测、自动采集实时数据、实时分析和解释、实时决策与优化的闭环管理模式，把油田上游的勘探、开发、油气井以及数据等资产，紧密且有机地整合于同一条价值链中。如此一来，实现了数据知识的共享、生产流程的自动化、科研工作的协同化、系统应用的一体化、生产指挥的可视化以及决策分析的科学化。这不仅提高了油气田生产决策的及时性与准确性，还能有效节约投资与运行成本。智慧油田这一理念，源于人们对油田管理信息化、智能化的追求，是数字化油田未来发展的必然方向。

5 结论

在当今科技飞速发展的时代，大数据技术的应用无疑为智慧油田的发展注入了强大动力，有力地推动了其快速发展。借助大数据技术，油田在生产、管理和决策等各个环节都实现了智能化升级。通过高效的数据采集系统，精准获取油田生产中的各类信息，再经过强大的处理与分析能力，挖掘数据背后的价值。这一技术显著提升了油田的生产效率，增强了生产安全性，还促进了可持续发展。可以说，大数据技术为石油行业的数字化转型提供了不可或缺的核心支撑。未来，大数据技术还将助力油田企业实现资源的优化配置，使智慧油田迈向更高水平的自动化与智能化，为全球能源行业树立数字化转型新标杆。

参考文献：

[1] 杨善林,周开乐.大数据中的管理问题:基于大数据的资源观[J].管理科学学报,2015,18(5):1-8.

[2] 李志红.基于大数据技术的智慧油田发展现状及思考[J].中国管理信息化,2020,23(10):97-98.

[3] 张凯,赵兴刚,张黎明,等.智能油田开发中的大数据及智能优化理论和方法研究现状及展望[J].中国石油大学学报(自然科学版),2020,44(4):28-38.

本文编辑：台自权

游梁式抽油机井电功率曲线计算油井产量研究

蒋康宁[1]　张杨学[1]　陈钧泽[2]

（1.中国石油吉林油田公司红岗采油厂　2.中国石油吉林油田公司吉林西部油气新能源公司）

摘　要：吉林油田公司油井单井计量采用成本较高的直接计量方式，亟须计量创新以满足油田高效开发需求。凭借对油井示功图计算油井产量基本原理的深刻认识和不断的生产实践，获得了电功率曲线计算油井产量所需的关键参数；基于抽油机扭矩曲线和电功率实际曲线形态分析可得出关键的参数特征，再通过自主研发的多参数同步采集设备开展"载荷—位移—电功率"同步测试，证实了关键参数的对应性，即可以通过电功率曲线计算油井产量。通过每天多次采集电功率曲线并计算油井产量，解决了示功图计算油井产量代表性差的问题，为油井产量计量提供了一条成本更低、更精确的途径。

关键词：电功率；计算油井产量；示功图；扭矩；简谐运动

1 存在问题

吉林油田自营区油井开井15700余口，计量间930余座，油井计量以"手动导井+装置计量"为主，传统的计量方式不仅用工需求多、维护工作量大，而且投入成本高，无法满足现阶段油田效益开发的需求。

1.1 改变计量方式的必要性

目前，单井直接计量以翻斗分离器为主、称重式和质量流量计为辅的计量方式，由于这些计量设施投用年限较长，导致故障率高，整体设备完好率仅为75%左右，年需求维护费140万元以上。此外，油田职工老龄化严重，而油井计量占井组资料员一天工作量的30%以上。因此，亟须创新单井计量方式以满足减员而计量精度不减的要求，为油藏分析提供精确的数据支持。

1.2 示功图计算油井产量的局限性

油井示功图可用于单井计量，但所测试的示功图仅仅代表测试时间点的生产状况，产量计算结果仅能代表这个测试时间点的产出状况。《抽油机井示功图法产液量计算技术规范》中提出了通过加密示功图进行测试，并解决主要问题，但人工长时间加密测试示功图并不符合减员增效的要求。

1.3 电功率曲线计算油井产量的可行性

吉林油田公司自主研发的油井测控仪，可实时且有效监测抽油机用电相关参数，包括电流、电压、功率和功率因数，并进行记录和存储。由于用电相关参数变化是由抽油机、电机、井下生产状况（包括油井产量）等情况变化所引起的，当油井电机、抽油机在正常运行情况下，电机功率的变化（包括形态）对应油井产量变化。因此，采用电功率来计量油井产出成为可能，且电功率可实时、自动地进行多次采集，完全满足油井日产数据的代表性要求。

2 研究内容

计量油井产量的方式主要为直接计量和间接计量。直接计量成本高；间接计量即测试抽油机相关参数，通过相关参数来计算出油井产量。目前，利用示功图计算油井产量已是成熟的间接计量方式，而且油井示功图计算油井产量也已经有了行业标准。此外，由于电功率与示功图之间存在一定的对应关系，也使电功率计算油井产量成为可能。

2.1 示功图计算油井产量原理

根据《抽油机井示功图法产液量计算技术规范》，单张示功图计算日产液量公式：

$$Q_{实}=1440\pi d^2 S_e n/(4B_1) \tag{1}$$

式中　$Q_{实}$——油井产液量，m³/d；

　　　d——泵径，m；

　　　S_e——有效冲程，m；

　　　n——冲次，次/min；

作者简介：蒋康宁，男，1974年出生，1998年毕业于中国石油大学（华东）化工工艺专业，现从事油田物联网相关应用研究工作，高级工程师。通信地址：中国石油吉林油田公司红岗采油厂，邮编：131300，联系电话：0438-6232011。

B_1——井液体积系数；

π——取 3.14。

对于实测某次示功图，A 点为驴头下死点，B 点为抽油杆柱和油管柱变形完成点，C 点为驴头上死点，D 点为抽油杆柱和油管柱卸载完成并排出液体点（图1）。计算此示功图代表油井产量的关键因素是 AD 之间的距离（S_e），即有效冲程。在实际计算过程中，AD 点距离无法直接测量得出，需通过地面光杆的实际冲程计算得出，其公式：

有效冲程（AD）= 光杆冲程（AC）×
 计算油井产量充满系数（AD/AC）　　（2）

由每张示功图计算油井日产液量后，再采用时间加权平均法计算平均日产液量。如果电功率曲线上特征点与示功图特征点有对应，则可按示功图计算油井产量的方式以电功率来计算油井产量。

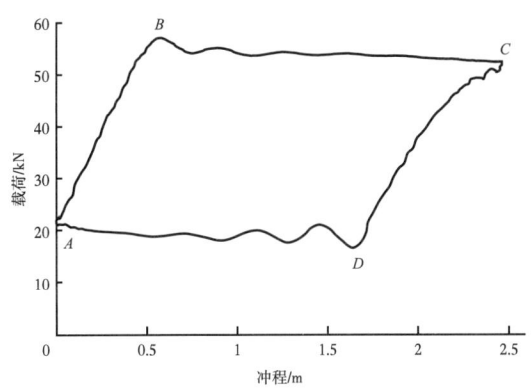

图 1　H5-04 井实测示功图

2.2 电功率曲线与示功图对应关系

抽油机电机做功，其功率电学解释：功率 = 电压 × 电流 × 功率因数，物理解释：功率 = 角速度 × 扭矩。由于平衡的抽油井角速度近似恒定，所以扭矩分析等同于功率分析，而抽油机系统扭矩研究已经非常成熟，可作为电功率研究的基础。

目前，各采油单位已普遍使用抽油机井诊断仪，可同时采集悬点的载荷和位移，从而大大简化了扭矩曲线的计算。从另一个角度而言，扭矩曲线与示功图存在必然联系。

2.2.1 抽油机井扭矩曲线

在抽油机工作时，由于悬点载荷和平衡造成的扭矩与电动机输给曲柄轴的扭矩相平衡，即：净扭矩 = 载荷扭矩 + 平衡扭矩。

可应用功率及角速度计算出电机产生的扭矩，可通过载荷（示功图测试载荷）、位移和角速度计算出载荷扭矩，即根据扭矩与功率、载荷的关系，找出电机功率与井下载荷的关系。在抽油井设备及生产参数等不变的情况下，平衡扭矩呈现为近似规律的正弦曲线。

净扭矩曲线显示一个周期（一个上下冲程，如图2所示），180°点为驴头上死点 C，0°、360°点为驴头下死点对应示功图 A 点，A 点、C 点在扭矩曲线上特征不明显。而示功图中的 B 点、D 点是载荷由上升或下降转为相对平稳点，即图形拐点，在扭矩曲线上 B 点、D 点为曲线上下行程峰值，其特征明显。

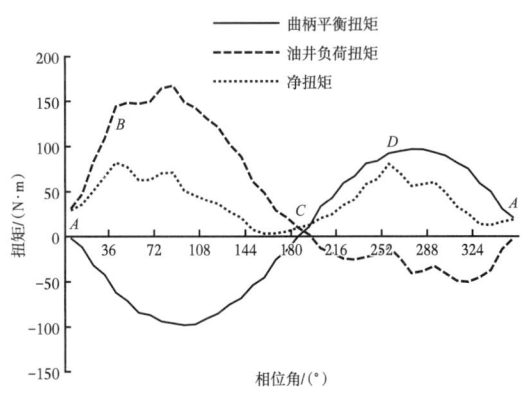

图 2　H4-061 井实际扭矩曲线图

2.2.2 抽油机井电功率曲线

实测油井功率曲线（图3）与扭矩曲线图总体特征一致，即 A 点、C 点在曲线上特征不明显，B 点、D 点特征明显为峰值。

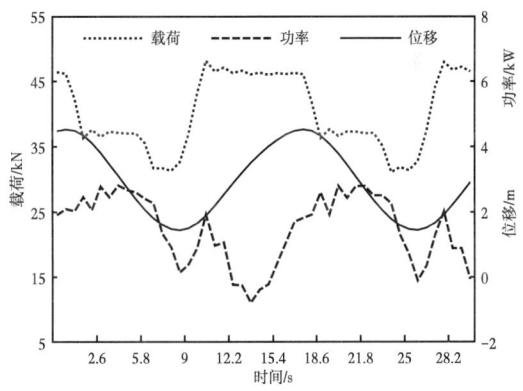

图 3　H7-071 井"载荷—位移—电功率"同步测试图

通过自主研发同步实测仪器，测试某井功率、载荷和位移，示功图中的 A 点、B 点、C 点、D 点完全可在油井功率曲线上得到对应，且功率曲线与扭矩曲线特征点一致，即 A 点、C 点特征不明显，B 点、D 点特征明显。若能找到电功率曲线上 A 点、C 点、D 点的准确位置，就使通过电功率计算油井产量成为可能。

2.3 电功率曲线计算油井产量方法

实际测试电功率就是匀速采集相关参数，即电功率曲线是时间与功率的关系，而示功图是位移与载荷的关系。实际示功图计算油井产量关键参数（有效冲程）是抽油机井泵筒内排出液量在泵筒内的高度（即 A 与 D 之间的距离），电功率计算油井产量需进行 A、D 之间时间和位移的转化。

游梁式抽油机是以游梁支点和曲柄轴中心的连线作为固定杆，以曲柄、连杆和游梁后臂为三个活动杆所构成的四连杆机构。为方便一般分析，可简化为简谐运动进行研究，即计算油井产量充满系数（AD/AC）可利用简谐运动模式进行时间与位移的转化，最终实现通过电功率曲线计算油井产量。

2.4 电功率曲线计算油井产量稳定性

油井正常生产过程中，在电机、抽油机等设备不变和冲程、冲次等生产参数不变情况下，示功图形状基本稳定，电功率曲线上对应的关键点也就基本稳定，此时就可以计算油井产量。

示功图 A 点、B 点、C 点位置稳定，D 点随油层出液情况变化而变化。同等情况下电功率曲线上 A 点、B 点、C 点位置稳定，D 点随油层出液情况变化而变化。在低产出井停井后，通过对其电功率、载荷、位移进行同步测试，证实了油井从充满较好到充满差过程中各点的情况：A 点、C 点在功率曲线上位置相对稳定，B 点位置稳定（即 A 点与 B 点之间时间差稳定），D 点至 A 点间的时间差变小，即泵充满变差。

3 电功率曲线计算油井产量效果

3.1 电功率计算油井产量

吉林油田数智技术公司已经开发出人工计算油井产量的功能界面。在电功率曲线上按要求选择 A 点、C 点、D 点位置后，程序自动进行时间与位移转换，并得出计算油井产量的充满系数，且同一曲线上可选 3 个冲程计算充满系数平均值。另外，通过与相关基本参数数据库连接，就可通过电功率曲线进行油井日产量计算。

3.2 电功率计算充泵满系数准确性

根据加密示功图，同时采集电功率曲线，通过两者计算出各自的充满系数。在完成的 28 口井连续 3 天加密电功率及示功图测试中，共得出 1627 组有效数据，总体趋势明显，拟合度达 95.1%（图 4）。

电功率计算油井产量原理来自示功图，但由于在时间转位移过程中采取简谐运动模式，以及人工计算油井产量过程中的人为选点误差等因素，导致电功率计算油井产量与示功图计算油井产量之间还存在一定误差。

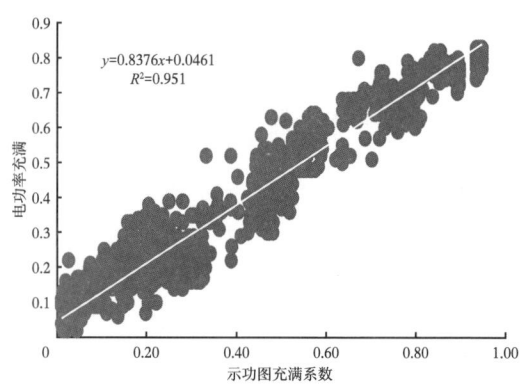

图 4　电功率与示功图计算充满关系图

4 电功率曲线自动化计算油井产量展望

采用人工识别电功率特征点计算油井产量在理论上是可行的，通过计算机自动识别 A 点、C 点、D 点可实现自动计产功能，创新了油井产量计量方式。另外，结合井实际产出状况，一井一策地制定电功率数据采集及计算油井产量频率，可全面满足油井产量的代表性要求，实现油田高效开发的资料录取要求。吉林油田公司主管部门、采油厂和数智技术公司密切协作，已经实现 A 点、C 点、D 点的初步自动识别，且识别精度正在大幅提升，进一步提升计算油井产量精确度也指日可待。

5 结论

（1）通过理论分析和同步测试验证可知，油井电功率曲线与示功图曲线存在必然联系。示功图上计算油井产量关键参数可在电功率曲线上找到。电功率曲线上计算油井产量特征点之间的是时间差值，采用简谐运动模式将其转化成可用于计算油井产量的位移值。

（2）电功率曲线可用于计算游梁抽油机井产量，且每日电功率参数采集可按需求设定，其计算油井产量较示功图精度更高。

（3）示功图计算油井产量的行业标准为示功图理论产量，与实际产量还有一定差距，而电功率计算油井产量与示功图计算油井产量同样存在差距。为此，需结合精确的直接计量方式，按照不同电功率曲线类型、井深等因素确定综合校正系数，进一步提高计算油井产量的精确度。

参考文献：

[1] 国家能源局.抽油机井示功图法产液量计算技术规范:SY/T 7492—2020[S].北京:石油工业出版社,2020.

[2] 张琪.采油工程与设计[M].东营:石油大学出版社,2003.

[3] 张言斌.抽油机井实际扭矩曲线的研究与应用[J].内蒙古石油化工,2013,21(23):132–136.

[4] 张琪,赵长禄.抽油机扭矩曲线的应用[J].石油矿场机械,1984,1(1):22–30.

本文编辑：台自权

吉林油田公司召开四川盆地彭山—青神区块勘探开发交流会

沈华强调：加压奋进、协同攻关，高效推动流转区块建设

2025年6月12—13日，吉林油田公司（简称公司）在自贡召开四川盆地彭山—青神区块勘探开发交流会。公司执行董事、党委书记沈华出席会议并讲话。

会上，公司勘探事业部、发展计划部等相关部室及单位，与应邀而来的中国石油勘探开发研究院（简称勘探院）、中国石油西南油气田公司（简称西南油气田）、中国石油集团东方地球物理勘探有限责任公司（简称东方物探）、中国石油集团测井有限公司（简称中油测井）等单位领导，以及西南石油大学等高校的资深专家学者共聚一堂，热烈交流。各相关单位领导及专家、学者用11个高水平的专题报告，围绕地质认识及技术成果，深入探讨了彭山—青神区块潜力分析及目前研究进展与勘探部署方案，并提出具体建议，助力公司明确重点方向及研究内容、靠实勘探部署方案、提高勘探成效。

沈华代表公司感谢中国石油天然气集团有限公司（简称集团公司）党组在吉林油田从扭亏脱困走向高质量发展的关键阶段，再次给予优质资源的扶持；同时感谢受邀而来的各相关合作单位和西南石油大学从矿权流转到建设过程中给予的支持和帮助。

沈华强调，自贡、彭山—青神两个区块对吉林油田扭亏脱困的意义非常重大，尤其是彭山—青神区块的

获取，为吉林油田建设千万吨级绿色能源企业打下坚实的资源基础，也坚定了吉林油田和集团公司上游业务一起进入到高质量发展的信心。吉林油田要加压奋进，鼓足干劲，以优异的勘探开发成果回报集团公司党组的大力支持，回报各合作单位的无私的支援。

沈华要求，要认真学习和听取专家、学者的宝贵意见，坚定信心，坚持问题导向，按序攻关；要转变观念，认真学习多旋回叠合盆地的勘探开发方法，深刻认识"海相—海陆交互—陆相"长寿命盆地多套含油气系统与吉林油田相对单一含油气系统的不同；吉林油田四院和两部要加强与勘探院、西南油气田、东方物探、中油测井的紧密联系，对口学习，共同制定合作研究攻关方案。要以"协同攻关、敢于争先"为总原则，刚性落实新流转区块的工作整体部署，举全公司之力，打破界限，加快推进流转区块3种资源类型、5套主力含气层系的系统认识与研究，践行地质工程一体化、勘探开发一体化、前后方一体化工作模式，确保各环节高效衔接。要做好风险勘探管理，以"小区带大作为"的魄力，统筹效益与风险，合理控制投资，取得合理预期产量，探索以较低成本实现"三低"气藏效益开发的路径；地震部署要坚持整体规划、分批实施策略，精准把握勘探节奏，同步调整公司投资结构，将资金向核心环节倾斜。

沈华指出，要加强与新流转区块地方政府沟通协调工作，提前谋划，主动协调，优化流程，及时跟进，为项目推进营造良好环境，确保如期达成目标，为集团公司、中国石油油气和新能源分公司交上满意答卷。

公司管理层相关成员参加会议。公司勘探开发研究院、地球物理勘探研究院相关人员以视频形式参加会议。

会议结束后，沈华到自205脱水站，看望、慰问岗位员工，检查安全生产工作，详细了解了现场施工建设及员工工作生活情况。